RENDEZ-VOUS AVEC MONSIEUR X

DU MÊME AUTEUR

Rendez-vous avec Monsieur X – les dossiers inédits, l'Archipel, 2005.

PATRICK PESNOT

RENDEZ-VOUS AVEC MONSIEUR X

LES DOSSIERS SECRETS

France Inter

l'Archipel

Retrouvez « Rendez-vous avec X » et
toutes les émissions de France Inter
sur www.franceinter.com

Si vous souhaitez recevoir notre catalogue et être tenu au courant de nos publications, envoyez vos nom et adresse, en citant ce livre, aux Éditions de l'Archipel,
34, rue des Bourdonnais 75001 Paris.
Et, pour le Canada, à
Édipresse Inc., 945, avenue Beaumont,
Montréal, Québec, H3N 1W3.

ISBN 2-84187-675-6

Il m'est arrivé de rêver à ce qu'il resterait de la version officielle d'un certain nombre d'événements vécus au cours des cinquante dernières années si on y intégrait les produits de quelques opérations de contre-espionnage et les réflexions auxquelles elles ont conduit.

Marcel CHALET
Ancien directeur de la DST.

Avant-propos

C'est un homme sans nom... « X », appelons-le ainsi... Monsieur X ! Il n'a consenti à me confier les secrets de son extraordinaire existence que si je garantissais scrupuleusement son anonymat. Et à plusieurs reprises, lors de nos rencontres, il a menacé : « J'interromprais immédiatement nos entretiens si cette clause n'était pas respectée... »

Alors que puis-je dire sans trahir cet engagement ? Monsieur X est âgé. Il doit avoir entre soixante et quatre-vingts ans, même s'il en paraît moins. Mais allez savoir exactement avec ce diable d'homme !

Malgré son âge, il donne une incontestable impression de vigueur, de force physique, et son regard clair vous transperce. Bref, le bonhomme n'est pas particulièrement commode. Et, lorsqu'il consent à se livrer, c'est toujours au compte-gouttes !

Je l'ai rencontré par hasard. Enfin, c'est ce que je croyais. Mais, à vrai dire, aujourd'hui, je n'en suis plus très sûr... C'était il y a presque deux ans. Je travaillais à la préparation d'un scénario sur l'armistice de 1940 et je courais de bibliothèque en bibliothèque afin de me documenter. Un jour, à l'Arsenal, mon voisin de table s'est tourné vers moi. « Pardonnez-moi mon indiscrétion, mais je vois que vous vous intéressez aux événements de 1940... » C'était Monsieur X, vous l'avez deviné. Et c'est ainsi que tout a commencé.

En sortant de la bibliothèque, nous avons pris un verre. Malgré son air bourru, l'homme est charmant, charmeur conviendrait mieux. J'ai d'abord écouté avec un certain scepticisme ses premiers propos. Il m'a déclaré que, au fond, c'était cette année 1940 qui avait décidé de sa vie. Une vie hors du commun ! Une existence qui lui a souvent permis de passer, comme il le dit lui-même, « de l'autre côté des choses ».

Monsieur X prétend en effet détenir un certain nombre de secrets sur l'histoire du demi-siècle passé. « Il y a toujours deux vérités, me dit-il ce jour-là. La vérité officielle, et l'autre, celle qui ne sera jamais écrite dans les livres d'Histoire mais qu'un petit nombre d'initiés connaît. Moi, j'ai le privilège de faire partie de ce cercle... »

Longtemps, mon métier de journaliste m'a appris à me méfier de ce genre de personnages. Mais il y avait chez Monsieur X une telle force de conviction que ma curiosité a été la plus forte. Je ne le regrette pas.

C'est ainsi que nous avons commencé à nous voir régulièrement et qu'il a consenti, non sans difficulté, à ce que j'enregistre ses confidences et que je les diffuse sur France-Inter. Ces rencontres sont toujours étonnantes. Comme il n'était pas question que je vienne chez lui – toujours la volonté de sauvegarder à tout prix son anonymat –, pas question non plus de l'enregistrer à Radio France, nous sommes convenus de nous voir en terrain neutre, dans les bureaux d'une société d'import-export où, curieusement, nous ne rencontrons jamais personne ! Encore un mystère de plus !

Alors qui est-il ? Ou plutôt que m'a-t-il autorisé à dire de lui ?

Il a accepté de me dire qu'il avait occupé de hautes fonctions, tantôt dans l'administration ou les sphères proches du pouvoir, tantôt dans le privé. Mais jamais sur le devant de la scène. Ce fut un homme de l'ombre, même si cette expression prête à sourire… Un homme qui a, en tout cas, beaucoup fréquenté les officines des services spéciaux, officiels ou non. Et qui en a gardé l'habitude, parfois agaçante, de la dissimulation. J'ajoute que Monsieur X a une âme d'aventurier et que le mystère semble agir sur lui comme un stimulant. Il m'en a donné maintes preuves.

Je sais aussi qu'il a été brièvement parlementaire, sans doute sous la IVe République, et que l'un de ses parents est russe.

C'est bien peu de chose. Monsieur X tient à rester un mystère.

Mais pourquoi, soudain, a-t-il décidé de révéler une partie de ses secrets ? Je le cite : « Sans doute parce que je suis un vieil homme. Il arrive un moment où l'on a envie de déposer son paquet avant de partir… »

Et cet anonymat qu'il m'impose ? A-t-il peur ? Lorsque je lui ai posé la question lors de l'un de nos premiers entretiens, il a éclaté de rire. Et il m'a expliqué qu'il avait encore de la famille, quelques rares amis et des relations haut placées… Et qu'il ne voulait embarrasser personne ! Car ce qu'il souhaitait me confier mettrait à bas un certain nombre d'idées reçues. Je n'ai donc pas insisté. Mais, au fil de mes rencontres avec lui, j'ai compris qu'il puisait parfois ses informations auprès de gens qui avaient vécu dans le même monde que le sien, celui des services secrets.

Existe-t-il une sorte de « club » des anciens du renseignement ? Club dont il serait d'une certaine manière le porte-parole ? Club regroupant des personnages qui ne veulent pas disparaître avant d'avoir révélé leur version sur bon nombre d'affaires troublantes. Je ne peux pas répondre.

Ce que je peux simplement affirmer, c'est que les récits de Monsieur X collent toujours à la réalité historique des faits. La réalité objective, comme il le dit lui-même, car dans la plupart des cas, seul lui (ou ses amis) connaît le dessous des cartes !

1

Le complot

1940, Monsieur X, jeune officier, travaille depuis un an ou deux pour un service secret, vraisemblablement le Deuxième Bureau.

Le 22 juin, le maréchal Pétain signe l'armistice avec les Allemands. Pour Monsieur X, non seulement la France a été trahie, mais encore cette trahison évidente n'est que la partie émergée de l'iceberg.

J'ai vécu intensément cette époque : l'avant-guerre, la débâcle, l'occupation. Mais c'est seulement à la fin de la guerre, avec le recul du temps, que j'ai pu comprendre ce qui s'était effectivement passé. En recoupant les renseignements confidentiels que je détenais, en demandant des confirmations à des gens qui n'avaient pas grand-chose à me refuser, en rapprochant les faits. Et la conclusion s'est imposée à moi : le maréchal Pétain est arrivé au pouvoir à la faveur d'un complot !

La première évidence naît d'un voyage mystérieux. Un voyage oublié par les témoins de notre temps. Le 9 juin 1940, la France vit une des journées les plus dramatiques de son histoire. La veille, les troupes hitlériennes ont franchi l'Aisne. Paris est menacé d'encerclement. Partout sur le front, c'est la débâcle. Nos troupes sont paralysées par l'exode. Le gouvernement, qui est encore présidé par Paul Reynaud, ne songe qu'à quitter Paris et prendre la poudre d'escampette, loin des combats.

Or, ce 9 juin, un homme clé de la politique française disparaît. Pendant six jours, on ne saura pas où il est. Évanoui ! L'homme qui choisit si mal son moment pour jouer la fille de l'air est l'ancien président du Conseil, Pierre Laval. Personnage influent au Sénat, il s'est déjà taillé une solide réputation d'intrigant.

Où est-il allé ? Et pourquoi ? Pierre Laval, j'en ai la conviction, a pris la direction de l'Italie. Il a toujours été un des plus farouches partisans du rapprochement de la France avec l'Italie fasciste. Et s'il a traversé les Alpes, c'est pour rencontrer secrètement son compère Mussolini, quelque part du côté du Brenner.

Un rendez-vous qui n'est guère étonnant quand on connaît les convictions pro-fascistes de Laval. À ceci près qu'il intervient à la veille du jour où Mussolini déclare la guerre à la France. Le fameux « coup de poignard dans le dos », comme les chroniqueurs disent à l'époque. À ceci près aussi que Mussolini et Laval ne sont pas seuls ! Un troisième larron est présent. Un personnage de tout premier plan : Hitler lui-même !

La réunion est secrète. Ce que les trois hommes trament l'est encore plus. Car les trois hommes mettent une touche finale au complot contre la République française.

Dans ces conditions, faut-il encore considérer comme une coïncidence la disparition du maréchal Pétain ce même soir du 9 juin 1940 ? Le Maréchal part en même temps que Laval mais dans une autre direction. Il est le premier membre du gouvernement à abandonner Paris. Lorsqu'il réapparaît au Conseil des ministres, c'est le 13 juin à Cangé, en Touraine.

Le Conseil des ministres s'ouvre dans une atmosphère de panique. Paul Reynaud vient de supplier Roosevelt, qui se dérobe, d'entrer immédiatement dans la guerre. Soudain un message venu de Paris annonce au généralissime Weygand que Thorez va s'installer à l'Élysée. Mandel, ministre de l'Intérieur, téléphone à Paris et dément avec vigueur. Chacun prend conscience qu'un putsch militaire se prépare.

C'est alors que le maréchal Pétain prend la parole, un papier à la main. La salle est mal éclairée. Il va jusqu'à une fenêtre et lit un appel à l'armistice, ultime possibilité. Puis il trace les grandes lignes du programme de ce qui sera la Révolution nationale et qu'il appelle la « renaissance française ». Enfin le Maréchal se désolidarise à l'avance des membres du gouvernement qui envisageraient de quitter la France pour poursuivre le combat.

Ce qui étonne surtout les spectateurs de cette scène dramatique, c'est que Pétain lise. Habituellement il improvise, développe son sujet de mémoire. L'importance de son intervention peut expliquer cette rupture avec ses habitudes. Mais une autre raison s'impose : le maréchal Pétain lit un texte dont il n'est pas l'auteur, un texte rédigé par des comploteurs qui veulent le porter au pouvoir. Un coup d'État en douceur, dira-t-on plus tard. Un coup d'État dont les derniers détails ont été mis au point en Italie par Pierre Laval, Mussolini et Hitler.

Churchill, immédiatement mis au courant, est effaré. Il s'insurge contre un tel défaitisme. En vain.

Ultime coup de théâtre : trois jours plus tard, à Bordeaux, en plein Conseil des ministres, Pétain fait une nouvelle déclaration : en se désolidarisant, le vice-président du Conseil assassine le gouvernement. Paul Reynaud annonce sa démission. Pétain triomphe. Séance tenante, le président de la République Albert Lebrun le nomme à la tête du gouvernement en remplacement de Paul Reynaud. Comme un prestidigitateur le Maréchal sort un papier de sa poche. C'est la liste de ses ministres. Tout était prévu !

La comédie, parfaitement orchestrée, est finie. L'armistice honteux signé avec Hitler et Mussolini en est la conclusion inéluctable. La République a vécu.

Le maréchal Pétain a-t-il été l'âme du complot ? Ou bien n'a-t-il été qu'une marionnette ?

Aujourd'hui encore, le mystère subsiste. Et Pétain, principal bénéficiaire de l'opération, s'est bien gardé de se « mouiller ». Longtemps il a fait semblant de ne pas savoir, laissant ses amis agir dans l'ombre mais sans jamais protester lorsque ces derniers se sont servis de son image et de son prestige.

Ce dramatique épisode de l'Histoire de la France a été précédé par des mois de trahison attribués à la trop célèbre cinquième colonne.

Au moment de l'invasion allemande, il s'est en effet produit un peu partout en France des événements extrêmement curieux. Ainsi, de mystérieux coups de téléphone, censés venir de « l'État-major », demandaient par exemple à la population civile d'évacuer les villes et les villages frontières du Nord.

Et si l'évacuation tardait, comme par hasard les Allemands bombardaient un peu, juste ce qu'il fallait pour provoquer la panique. Cette panique a précipité des milliers, des centaines de milliers de gens sur les routes. Non seulement le moral de la population a été cassé mais encore, et surtout, ces colonnes de voitures, de charrettes surchargées de meubles, d'ustensiles de cuisine, ont encombré les routes, gênant la progression des troupes françaises allant au front. L'embouteillage du siècle provoqué par la cinquième colonne !

Il a suffi d'un tout petit nombre d'agents manipulés par l'ennemi et les comploteurs pour organiser cette gigantesque confusion. La guerre psychologique a été réellement inventée à cette époque, même si elle ne portait pas encore ce nom. L'effet a été tel que les Français se sont persuadés que les agents ennemis étaient partout. Il fallait fuir, vite et loin, pour échapper à la catastrophe.

À cette psychose s'est ajoutée la propagation de fausses nouvelles. Un parachutage imaginaire de soldats allemands immobilise une garnison, le temps de découvrir la supercherie. Ailleurs, dans un village normand – j'ai personnellement assisté à cette scène –, une paysanne tue son chien d'un coup de feu. Immédiatement, les habitants pensent que les Allemands sont là. Ils fuient précipitamment et contribuent à encombrer encore un peu plus les routes !

Bien sûr, on a parlé de l'incompétence (notoire) du commandement, de l'état d'impréparation de l'armée, des fautes du gouvernement de Front populaire qui n'aurait pas donné suffisamment de moyens à notre industrie d'armement. Plus tard, les hommes de Vichy, et d'abord Pétain, évoqueront la déliquescence morale de la France et le « péché » de 1936...

Pourtant, nous n'étions pas aussi désarmés qu'on l'a prétendu. Et c'est une nouvelle preuve de l'existence de ce complot destiné à abattre la République : il y avait en effet au moins un secteur qui n'avait pas failli, c'était celui du renseignement ! Nous savions tout, réellement tout, sur les Allemands, leurs préparatifs de guerre et leurs manigances à l'intérieur même de nos frontières. Mais les comploteurs ont fait en sorte que ces précieux renseignements ne soient pas exploités.

Nous savions par exemple qu'il existait une véritable « cinquième colonne des intellectuels ». À la tête de ces agents d'influence pro-nazis, un diplomate allemand, Otto Abetz, marié à une Française, avait créé le comité France-Allemagne qui regroupait des gens comme Jules Romains, Benoist-Méchin, Drieu la Rochelle et Sacha Guitry. Autant de germanophiles qui contribuaient volontairement ou non à la pénétration des idées allemandes, sans toujours comprendre que derrière se profilait le nazisme.

Il faut se rappeler qu'il est alors de bon ton dans les milieux conservateurs de considérer qu'il faut faire les yeux doux à Hitler afin de mieux repousser Staline. Des journaux comme *Je suis partout* (« ma trompette », confiait Ribbentrop, amusé) sévissent déjà. À cela s'ajoutent ceux qui touchent des enveloppes pour écrire et publier des articles favorables à l'Allemagne nazie.

Au contre-espionnage, le colonel Rivet, un type formidable, et son chef adjoint, le capitaine Paillole, ont très vite mis au jour les réseaux d'Otto Abetz. Nous connaissons le nom de ses agents, nous veillons, recoupons, démasquons sans relâche les espions nazis. En 1939, le service a accumulé tant de preuves sur les menées d'Otto Abetz que le gouvernement va devoir agir, prononcer enfin son expulsion. Mais aussitôt c'est le tollé ! Daladier, le président du Conseil, mais aussi le général Gamelin, le chef de nos armées (celui qui allait mener la pitoyable guerre que l'on sait), et bien d'autres protestent. Et c'est Rivet qu'on accuse ! Rivet, l'artisan infatigable de la lutte contre l'espionnage nazi. Un comble ! Surtout quand on songe que, dès que la France sera occupée, Otto Abetz reviendra triomphalement à Paris, comme ambassadeur du IIIe Reich en France, avec le grade de général SS.

Mais nous ne nous contentions pas de surveiller et démasquer ces agents d'influence pro-nazis. Malgré un pouvoir français incompétent, miné par la trahison, le Deuxième Bureau avait réussi à pénétrer les secrets les plus importants des Allemands, grâce à une taupe exceptionnelle.

C'est une histoire extraordinaire. Celle d'un déçu du nazisme : Hans Thilo Schmidt. Ancien combattant de 14-18, décoré de la croix de fer, gazé, Schmidt bénéficie longtemps après la guerre d'allocations diverses. Mais tout a une fin. Et Schmidt doit trouver un travail. Le seul emploi qu'il obtient est une place de rond-de-cuir au service du chiffre du ministère de la Guerre. Un emploi mal payé et modeste qui ne le satisfait guère car il a une haute idée de lui-même. Il est d'autant plus aigri que, dans le même temps, son frère poursuit une brillante carrière dans l'armée. Général, il est même nommé à la tête de la Ire division blindée de la Wehrmacht.

Hans Thilo, lui, continue à végéter, bien qu'il ait adhéré au parti nazi. Un jour, il n'en peut plus. Il lui faut gagner de l'argent à tout prix. Et c'est ainsi qu'il prend sa plus belle plume et nous écrit au siège du Deuxième Bureau, 2 *bis*, rue de Tourville à Paris ! Oui, si invraisemblable que cela paraisse, Schmidt nous fait une offre écrite d'emploi ! Il est prêt à nous donner le secret du chiffre allemand si nous sommes disposés à payer. Les chefs du Deuxième Bureau sont d'autant plus intéressés que Hans Schmidt travaille sur une machine à crypter et décrypter les messages, un engin ingénieux et encore mystérieux, l'« Enigma ».

Particulièrement sophistiquée et révolutionnaire pour l'époque, c'est une sorte de machine à écrire munie de trois tambours ou rotors. Pour la première fois au monde, des messages sont chiffrés mécaniquement. Le destinataire possède une machine semblable. Grâce à un livre de clefs, il règle son Enigma qui décode automatiquement le message. Ces Enigma sont des ordinateurs avant la lettre. Elles représentent un progrès formidable dans le domaine de la cryptographie. L'Allemagne nazie peut ainsi communiquer avec ses agents sans aucun risque tandis que Français, Anglais, Polonais et bien d'autres se cassent les dents à essayer de décoder les messages allemands. En vain. Et voilà que ce Hans Schmidt propose de nous offrir contre monnaie sonnante et trébuchante le mode d'emploi d'Enigma !

Le colonel Rivet n'hésite pas longtemps. Il paie. Et Schmidt nous communique le secret d'Enigma. Avec l'aide des Polonais, le code est cassé. Désormais, les futurs Alliés pourront déchiffrer les communications militaires allemandes. Cette réussite aura des conséquences incalculables pendant les hostilités. Et cela a été un des secrets les mieux gardés de la Seconde Guerre mondiale. Mais un secret payé par de grands sacrifices.

Un seul exemple : grâce à Enigma, les Anglais ont appris que la ville de Coventry allait être bombardée. Que faire ? Donner l'ordre d'évacuer la ville, c'était alerter l'ennemi, lui laisser penser que les Alliés pouvaient décrypter les communications les plus secrètes de l'armée allemande. Mais pouvait-on envoyer à la mort autant d'innocents ? Churchill en personne a tranché. Résultat : 554 civils ont été tués et 865 autres blessés sous les bombes.

Pour notre part, Hans Schmidt nous a offert une abondante moisson. Avant la déclaration de guerre de 1939, nos services connaissent dans le détail le programme de réarmement de la Wehrmacht. Nous avons percé le secret de la stratégie allemande. Nous nous attendons, lors de l'offensive, à une utilisation massive des blindés. Une utilisation que, chez nous, seul le colonel de Gaulle préconise, sans être écouté malheureusement.

Mais Hans Schmidt annonce aussi l'occupation de la Rhénanie, l'annexion de l'Autriche, l'invasion de la Tchécoslovaquie et de la Pologne. Mieux, dès le début du printemps 40, il envoie les plans de l'offensive allemande qui va déferler, sur la France, la fameuse percée de Von Rundstedt et Guderian que nos braves militaires ne sauront pas prévoir ! Alors même que le haut commandement français était informé par nos soins. Voilà pourquoi je parle de trahison.

Alors que nous disposons de sources exceptionnelles, on ne veut pas nous écouter ! Je sais bien que l'incompétence a été l'un des défauts les mieux partagés au sein de l'État-major, mais ça n'explique pas tout. La cinquième colonne a sévi aussi au sommet. Au cours de ce dramatique été de 1939, Hans Schmidt nous bombarde d'informations toutes plus précises les unes que les autres. Dans ses messages écrits à l'encre sympathique, une méthode simple et efficace, il nous annonce l'invasion de la Pologne pour fin août. Immédiatement, cette information capitale est transmise à l'État-major. À charge pour lui de la communiquer au gouvernement. Or, quand elle arrive sur le bureau du président du Conseil, il n'est plus fait mention d'une attaque de la Pologne mais d'une « tension possible »! La différence est quand même de taille. Elle n'est en aucun cas innocente.

Dans la hiérarchie militaire, tout en haut de la pyramide, des hommes ont intérêt à minimiser systématiquement l'importance des formidables renseignements de notre taupe. Quand, le 1er septembre 1939, la Wehrmacht entre en Pologne, il est trop tard pour alerter nos alliés. Ils ont résisté héroïquement pendant un mois mais leur défaite est une victoire de la cinquième colonne française.

Après le 14 juin 1940, les Allemands ont identifié Hans Schmidt sans difficulté. Entrés dans Paris, ils ont découvert intacts tous les fichiers des ministères, y compris celui de la Sûreté, rue des Saussaies. Quant aux archives du haut commandement français, elles se trouvaient dans un wagon plombé que les gens de Canaris et de Heydrich[1] n'ont eu qu'à ouvrir. Ils ont ainsi appris qu'ils étaient espionnés depuis des années. Et Hans Schmidt a été discrètement assassiné.

Dans le même temps, la France a découvert son « sauveur », son personnage incontournable, Philippe Pétain, un homme qui se prépare dans l'ombre depuis très longtemps.

---

1. Respectivement chefs du service de renseignement de l'armée et du SD (Sicherheitsdients), service de renseignement de sûreté.

À lui tout seul, Pétain est un mythe, une statue vivante. L'œil bleu du héros de 14-18 fascine. Sa forme physique impressionne, même les dames. Sans verser dans le ragot, on ne peut s'empêcher de constater qu'entre les deux guerres elles sont nombreuses à tourner autour de lui et même, parfois, à partager son intimité. On s'en amuse, on sourit. La France est demeurée gauloise : ce vieux militaire, marié à une divorcée et amateur de bonnes fortunes, ne peut être que républicain. Alors même que les officiers supérieurs de l'époque sont farouchement conservateurs, monarchistes pour beaucoup, calotins en majorité.

Pétain, courtisé par les femmes, l'est aussi par la gauche. Blum lui-même lui fait les yeux doux, tout disposé à le faire entrer dans son gouvernement.

En fait, tous les partis politiques veulent s'annexer le maréchal Pétain, une vedette qui apporte une garantie de popularité. Mais le « vieux », matois, prudent, se tait. Il se fait désirer. Il sait qu'un jour ou l'autre les gouvernants devront faire appel à lui. Il laisse d'autant plus faire que ses amis œuvrent pour lui en coulisse.

Le plus discret d'entre eux, mais pas le moins efficace, s'appelle Henry Lémery. Avocat, il a siégé au Sénat et, grâce à Pétain, il a été brièvement ministre de la Justice au moment de l'affaire Stavisky. Il est donc aux premières loges au moment où l'extrême droite clame qu'elle veut nettoyer les écuries d'Augias, c'est-à-dire essentiellement les caves de la République. Henry Lémery fait l'éducation politique du Maréchal. Pétain est un élève doué qui apprend vite à se taire lorsqu'il le faut et à parler lorsqu'il sait qu'il sera écouté.

Autre mentor et complice : Raphaël Alibert. Ce monarchiste avoué (qui sera ministre de Vichy) est un féroce ennemi de la République. Comme Henry Lémery, il ne va pas quitter d'une semelle le Maréchal, lui prodiguant en permanence avis et conseils.

Ces deux hommes œuvrent dans la lignée de la Cagoule, cette organisation secrète qui regroupe les sympathisants de l'extrême droite et bénéficie de l'appui financier de très grands industriels. La Cagoule a constitué des caches d'armes un peu partout en France. Il s'en est fallu de peu qu'elle ne fasse tomber le pouvoir républicain après la victoire du Front populaire. Sa puissance de nuisance a été sous-estimée à dessein. Trop de personnes de premier plan sont compromises avec elle. Au sein même de l'une des plus hautes instances du pays, le Conseil supérieur de l'armée, une majorité de cagoulards est implantée. Or Philippe Pétain est membre de ce Conseil supérieur de l'armée.

Le troisième homme à faire partie de l'entourage direct de Philippe Pétain est Loustanau-Lacau. Il est officier au cabinet du Maréchal lorsque celui-ci est ministre de la Guerre et il devient la « plume » de Pétain quand de Gaulle rend son tablier de nègre. C'est aussi et surtout l'animateur d'un réseau cagoulard, le réseau Corvignoles.

Parmi les proches, il y a encore le capitaine Bonhomme, l'aide de camp du Maréchal. Lui aussi est cagoulard.

Philippe Pétain ne peut pas ne pas savoir que ces hommes qui l'encadrent depuis plus de dix ans appartiennent tous à la Cagoule. En était-il lui-même ? Franchement, je ne le sais pas. Mais ce que je peux affirmer, c'est qu'il était d'accord avec eux dans leur volonté d'abattre la « Gueuse ». D'accord aussi pour se servir d'eux et de leurs amis politiques afin de concrétiser son ambition : la prise du pouvoir !

Un des interlocuteurs privilégiés de ces comploteurs est Pierre Laval. Le maréchal Pétain se méfie de cet aventurier de la politique au bagou extraordinaire. Mais il a besoin de lui. L'homme qui fait le lien, qui évite les conflits, est précisément Loustanau-Lacau.

L'appartenance de Laval à la Cagoule est peu probable. Il se contente de grenouiller dans le même sens.

Il agit en sous-main auprès de ses amis allemands, italiens et espagnols. Il demande leur aide non pour lui, mais pour Pétain qui est derrière lui et dont il fait habilement la promotion. Pour faire aboutir un complot, au-delà des appuis politiques, il faut avant tout de l'argent. Beaucoup d'argent. L'Italie fasciste, avec les grands industriels français, est le principal pourvoyeur de fonds de la Cagoule. Et donc des comploteurs qui arriveront à leurs fins en 1940.

Dès 1938, le journal cagoulard de Lémery, *L'Indépendant,* fait éclater sa bombe : la France a besoin d'un chef, un vrai. Ce chef, c'est bien sûr le glorieux maréchal Pétain. Plus tard, bien plus tard, le général de Gaulle dira que c'est à cet instant que le processus a été engagé.

En 1939, le Front populaire est déjà oublié. La guerre approche, la République se déchire. Avec la drôle de guerre, ça va être encore pire. Paul Reynaud ne supporte pas Édouard Daladier et veut avoir la peau du patron de l'armée française, Maurice Gamelin. Pendant ce temps, dans l'ombre, les comploteurs tissent leur trame.

Le maréchal Pétain est alors ambassadeur en Espagne, chez son vieil ami Franco. Il a été envoyé de l'autre côté des Pyrénées par Édouard Daladier, soucieux de l'éloigner de Paris. Car, déjà, le « taureau du Vaucluse » le soupçonne d'être de connivence avec les ennemis de la République.

Philippe Pétain piaffe en Espagne. À la première occasion, en mai 1940, il revient à Paris alors que les événements se précipitent. Le Maréchal est aussitôt reçu par le président Paul Reynaud. Ça, c'est pour la galerie. Car Pétain fait une rencontre autrement plus importante. À peine arrivé à Paris, il se rend en effet chez un homme que nos services ont à l'œil depuis longtemps : Anatole de Monzie.

Ce politicien fait partie de la catégorie des ministres à répétition. Lorsque le Maréchal le rencontre il est en charge des Travaux publics. Il est surtout connu pour être un homme d'influence. Officiellement radical de droite, il a été agent soviétique au début des années 30, avant de faire un virage à cent quatre-vingts degrés. Anatole de Monzie est maintenant pro-italien. Il fait partie des intimes d'Otto Abetz, de Darquier de Pellepoix, de Fernand de Brinon. Bref, il approche de tout ce qui constituera la fine fleur de la collaboration.

Alors pourquoi l'une des premières démarches du Maréchal consiste-t-elle à aller voir un politicien que nous suspectons d'être un agent de l'ennemi ? Nous n'allons pas tarder à le savoir : Anatole de Monzie est l'une des chevilles ouvrières de la conspiration, l'homme des contacts avec les Italiens !

En ce mois de mai, tout va très vite. Le 10, c'est l'attaque des Panzers d'Hitler, la débandade du côté français. Le 18, la situation est tellement préoccupante que Paul Reynaud fait entrer le maréchal Pétain dans le gouvernement. Le loup s'est glissé dans la bergerie. Il n'en ressortira pas.

Puis Paul Reynaud limoge Gamelin pour le remplacer par Weygand, soixante-treize ans. Un vieux général qui ne souhaite qu'une chose, tout comme le maréchal Pétain, dont il est politiquement proche : arrêter les combats !

À partir de là, il suffit de décrypter les événements à la lumière de l'existence du complot contre la République. Les comploteurs n'ont qu'un but, en finir avec cette guerre désastreuse dont la responsabilité, selon eux, incombe au régime. L'arrêt des combats implique la signature de l'armistice ou de la paix afin que le pouvoir tombe dans leurs mains comme une pomme trop mûre. Ils parient sur la défaite, le plus sûr moyen de prendre le pouvoir.

Fin mai, Laval déclare au Sénat : « C'est Pétain qu'il nous faut ! » Dans le même temps, le Maréchal dépose une note sur le bureau de Paul Reynaud. Il abat ses cartes, prend la défense de l'armée et accuse le pays d'avoir péché par paresse et manque d'effort. C'est Vichy avant l'heure.

Encore quelques jours et ce sera le « coup d'État en douceur » de Cangé, puis la prise du pouvoir. Le complot a réussi !

La rencontre Hitler-Mussolini-Laval a été évoquée publiquement une seule fois, lors du procès de Laval devant la Haute Cour. D'après Fred Kupferman, biographe de Laval, un diplomate portugais a affirmé avoir vu l'homme politique français sur le quai de la gare de Milan, le 10 juin 1940. Peu après, dans la même gare, ce diplomate a croisé Ciano, le gendre du dictateur italien. Ciano lui aurait confié que Laval venait de rencontrer secrètement Hitler et son beau-père.

Dans son livre, Service de renseignements, *paru chez Plon Henri Navarre écrit :* « La cinquième colonne n'était pas, comme on l'a souvent cru, de nature militaire. Elle était politique, idéologique, intellectuelle, journalistique, mondaine. Elle avait ses représentants dans tous les milieux. Par l'anesthésie du moral de la nation et par l'affaiblissement de la volonté de défense, qu'elle contribuait largement à provoquer, elle allait être l'une des causes de notre défaite. »

D'autre part, dans l'imposant ouvrage d'Anthony Cave Brown sur la guerre secrète, il est question d'Hans Schmidt, désigné comme la « Source D ». Il s'agit bien de la taupe évoquée par Monsieur X. L'auteur affirme que, grâce aux données fournies par Source D, les Français ont été en mesure de présenter une réplique d'Enigma, réplique qui fut construite par une usine franco-américaine établie hors de Paris et spécialisée dans la fabrication de caisses enregistreuses. Source D a par ailleurs régulièrement envoyé une communication des changements mensuels de clefs de code...

Enfin, Philippe Simonnot, dans son livre Les Secrets de l'Armistice, *paru chez Balland en 1990, cite les Mémoires d'un fasciste italien qui s'est trouvé* à *Vichy dans les services d'information, Angelo Tasca. Philippe Simonnot écrit :* « L'une des révélations contenues dans les carnets de Tasca est que Lémery, en 1936, a lancé son propre journal, *L'Indépendant*, avec l'argent de la Cagoule, pour soutenir à fond et sans réserve l'organisation secrète. Alibert, lui aussi, appartenait à la Cagoule. Par conséquent, les deux mentors politiques du Maréchal complotaient contre la République. Comment imaginer que Pétain n'en fût pas averti ? »

2

Prosper

Prosper, c'était le nom d'un réseau du fameux SOE, le Special Operation Executive, c'est-à-dire l'organisme secret anglais chargé de diriger la lutte clandestine sur le sol de l'Europe occupée. Avec comme directive le célèbre slogan de Churchill : « Et maintenant mettez le feu à l'Europe ! »

Malgré son expérience, malgré les drames qu'il a connus ou les tragiques événements auxquels il a été mêlé, le sens de la justice de Monsieur X, sa conception de l'amitié, font qu'il est encore capable de s'indigner... des décennies après les faits qu'il évoque.

Donc, le réseau Prosper, en 1943, est l'un des réseaux les plus importants de France puisqu'il couvre une bonne moitié du pays et regroupe des centaines de résistants. Malheureusement, tous, ou presque, ont été démasqués, arrêtés, torturés, déportés et la plupart ont péri dans des camps allemands. Pourquoi et dans quelles conditions ce réseau est-il tombé ? Y a-t-il eu trahison ? Oui, à l'évidence. Mais pour Monsieur X, au-delà de cette simple explication, il y a autre chose, une vérité incroyable. Et pour tout dire effrayante... Mais, avant de s'aventurer dans ce sombre épisode de la Seconde Guerre mondiale, voici quelques éléments d'information sur ledit réseau Prosper.

Prosper était le surnom d'un major anglais, Francis Ayred Suttil. Né à Lille de père anglais et de mère française,

Suttil connaissait parfaitement notre langue. Avoué dans le civil, il s'était engagé dès le début de la guerre et il avait été affecté à la section française du SOE. Là, il avait subi un sévère entraînement de plusieurs mois avant d'être parachuté en Touraine en 1942 et de retrouver un petit groupe d'agents du SOE, en particulier un jeune et courageux lieutenant français, Pierre Culioli.

En quelques mois, Suttil alias Prosper va réussir à *créer soixante branches de son réseau, voyageant sans cesse sous une fausse identité, d'Orléans* à *Saint-Quentin en passant par Angers, Bourges, Troyes, Châlons-sur-Marne. Mais c'est surtout en Sologne que le réseau Prosper s'est montré le plus actif. Dans cette région propice à la lutte clandestine, les agents du major Suttil ont mis en place toute une organisation destinée à recevoir les parachutages anglais. Ils ont créé aussi des terrains d'aviation clandestins pour la réception ou l'évacuation des agents... Enfin, et surtout, en rayonnant à partir de la Sologne, ils ont commis des dizaines de sabotages contre les installations industrielles contrôlées par les Allemands. À Blois, à Orléans, à Tours et jusque dans la région parisienne. Parmi les nombreux exploits de ce réseau, il faut mentionner en particulier le dynamitage d'un train qui a explosé en gare de Caen devant un hangar bourré de munitions et de matériel militaire. À noter qu'un des jeunes résistants de Prosper s'appelait... Gérard Oury. Lui, heureusement, a survécu.*

Suttil avait donc fait un excellent travail, Mais, en grossissant, son organisation devenait aussi de plus en plus difficile à *contrôler. La sécurité, l'indispensable cloisonnement y perdaient en efficacité. Et par là même, la pénétration du réseau devenait possible. Son démantèlement aussi. C'est d'ailleurs ce qui s'est passé... Mais le plus étrange dans cette affaire, c'est que Londres, constamment informé, ne pouvait ignorer ce danger. Et qu'apparemment Londres a laissé faire, condamnant ainsi ce réseau* à *la destruction et ses membres à la mort ! L'émotion et l'indignation de Monsieur X sont encore intactes.*

J'ai connu personnellement un certain nombre des agents du réseau Prosper, à l'occasion d'une mission en France. Des hommes et des femmes admirables ! D'un courage exemplaire ! Et puis j'en ai rencontré aussi en Angleterre, parmi ceux, très rares hélas, qui ont réussi à s'en sortir. C'est de l'un d'eux dont je veux raconter l'histoire. Un homme étonnant et qui a joué un grand rôle dans cette affaire. Il s'appelait Henri Déricourt. Oui, « il s'appelait » car il est mort peu après la guerre. Une mort qui lui ressemble, au cours d'un accident d'avion au Laos dans des circonstances pas très claires... Cet homme a eu en effet le chic pour cultiver le mystère tout au long de sa vie, jusqu'à la fin.

Déricourt – c'est son véritable nom – est aviateur et il commence sa carrière comme pilote d'exhibition. Engagé par la toute nouvelle compagnie Air France, il vole sur la ligne Paris-Berlin. C'est un très bon pilote. Un sang-froid à toute épreuve, beaucoup d'intelligence aussi. Et du charme. À la déclaration de guerre, en 1939, Déricourt est pilote dans l'aviation française et il est basé en Syrie. Mais bientôt les Anglais entrent dans ce pays. Déricourt quitte l'armée et travaille alors pour une compagnie aérienne britannique. Toutefois, en 1942, il revient à Paris, se marie et installe sa femme dans un bel appartement du XVIe arrondissement. Soudain, il passe en Angleterre : il veut combattre !

On ne refuse pas la candidature d'un pilote aussi expérimenté ! Seulement, avant de l'engager, on s'informe, on lui pose des questions. Premier mystère : c'est le contre-espionnage anglais qui l'interroge. Pourquoi ? Second mystère, Déricourt n'est pas un inconnu pour les services. Les Anglais savent en effet qu'il a été en contact avant-guerre avec un réseau d'espionnage. Mais lequel ? L'enquêteur du contre-espionnage, qui connaît le dossier de Déricourt, l'interroge donc. « Avez-vous déjà été en contact avec un service de renseignement ? — Moi ? Jamais ! » Déricourt ment. Et il ment avec un bel aplomb, aplomb qu'il manifeste dans tout ce qu'il fait, d'ailleurs...

Or, s'il ment, c'est qu'il a quelque chose de grave à cacher, et on pourrait penser qu'à la suite de ce mensonge Déricourt ne va pas être engagé ! Eh bien, non ! C'est le contraire qui se passe.

Car un homme intervient, un certain major Bodington, l'adjoint du colonel Buckmaster, le chef pour la France du SOE, le Special Operation Executive. Ce Bodington vient affirmer solennellement qu'il connaît Déricourt depuis longtemps et qu'il lui porte une haute estime ! Conclusion apparente : Déricourt est un homme des services secrets anglais. Alors, pourquoi l'interroge-t-on ? Parce qu'en Angleterre il existe plusieurs services, comme dans toute organisation secrète d'ailleurs : d'un côté le MI 5 (le contre-espionnage) et de l'autre le MI 6 (l'Intelligence Service). Déricourt serait donc un agent anglais ? On pourrait le croire.

À la suite de cet interrogatoire Déricourt est engagé par la section française du SOE, dirigée par le colonel Buckmaster. Aussitôt, étant donné son expérience, il est envoyé en France avec mission d'organiser, pour le réseau Prosper, les liaisons aériennes entre les résistants et Londres. Il est chargé de trouver des terrains clandestins d'atterrissage.

Des terrains clandestins qu'il est nécessaire de baliser puisque les vols, naturellement, se font de nuit. Ces « escadrilles de la lune » accomplissent des missions très dangereuses... Car il faut faire vite, très vite, pour échapper aux Allemands. À chaque atterrissage, dès que l'avion est posé, Déricourt et ses hommes réceptionnent passagers et matériel, et font éventuellement monter des agents qui rentrent à Londres. Aussitôt, l'avion redécolle pendant qu'on efface toute trace de son passage. Tout cela sous l'entière responsabilité de Déricourt. Un homme en qui les Anglais ont donc toute confiance. Alors où est la faille ? Car il y a une faille, et même une sacrée faille.

Quelques jours seulement après son arrivée en France, Henri Déricourt dîne à Paris avec un nommé Hans Boemelburg... Un officier supérieur du sinistre SD allemand, c'est-à-dire le service de renseignement des SS ! Et ce n'est pas tout ! Déricourt, qui s'est installé dans le XVIe arrondissement de Paris, a un voisin, son plus proche voisin même : un certain Hugo Bleicher, le plus célèbre chasseur de résistants au sein de l'Abwehr, le service de renseignement de l'armée allemande ! Je suis en mesure d'affirmer que ce curieux voisinage ne doit rien au hasard. Je vais même aller plus loin : Bleicher et Déricourt savent l'un et l'autre qui ils sont en réalité, et j'affirme avec certitude qu'ils sont en quelque sorte complices, ou plutôt partenaires.

Alors, Déricourt est-il un traître ? Eh bien, pas du tout ; et je suis formel car, croyez-moi, cette affaire, qui a vu mourir tant et tant de femmes et d'hommes formidables, me tient particulièrement à cœur ! Au cours du printemps 1943, Déricourt déborde d'activité. Les Lysander de la Royal Air Force livrent des quantités de matériel énormes. Des mitrailleuses, des mitraillettes, des grenades, des explosifs. Les membres du réseau Prosper utilisent du mieux qu'ils le peuvent ces armes tombées du ciel. Sabotages, attentats se multiplient dans cette première moitié de 1943... Mais soudain, alerte : les premiers membres du réseau commencent à tomber.

On sait maintenant que Hitler, exaspéré par la recrudescence d'activité de la Résistance française, décide de frapper un grand coup. C'est l'opération Donar. Donar, pour l'anecdote, est le dieu allemand du tonnerre. Tous les services de police et de contre-espionnage allemands, Abwehr, SD et Gestapo, sont mobilisés pour la grande traque qui commence. Et c'est d'abord de Hollande que vient le danger.

Là-bas, les nazis ont réussi une jolie manipulation. L'année précédente, un Hollandais dont j'ai oublié le nom, un professeur réfugié en Angleterre, a été renvoyé dans son pays par le SOE, afin de prendre la direction de l'armée secrète. Seulement, aussitôt arrivé, cet homme s'est fait prendre, avec son opérateur radio. Tous les membres du réseau ont subi ensuite le même sort. Mais les Allemands ont été assez astucieux pour faire croire à Londres que ces deux Hollandais étaient toujours en liberté et effectuaient normalement leur tâche. En utilisant bien sûr le poste de radio du professeur.

Les Anglais ont marché, pendant des mois et des mois. Mais quand même, au bout d'un certain temps, ils ont fini par avoir des doutes, surtout parce que le professeur ne fournissait pas la preuve d'une grande activité. Londres demande donc son retour. Ordre lui est donné de passer par Paris où les gens du réseau Prosper organiseront son départ en avion. Les Allemands vont alors, une nouvelle fois, se montrer très forts. Ils répondent à Londres que le professeur ne peut pas se déplacer mais qu'il envoie à sa place deux hommes, dont son adjoint, un capitaine. Ils ont tout simplement fabriqué deux faux agents hollandais ! Deux « taupes » chargées de prendre contact à Paris avec les hommes du réseau Prosper.

Les Allemands ont parfaitement préparé leur coup et, pour mettre en confiance les résistants français, ils organisent même la fausse arrestation d'un des deux Hollandais. Voilà comment Prosper a été pénétré. Ensuite, il a suffi de dévider la pelote !

Quant au départ pour Londres, il est bien évidemment annulé, le faux Hollandais ayant fait valoir qu'après l'arrestation de son camarade son exfiltration pour l'Angleterre devenait dangereuse.

Il est incontestable que le démantèlement du réseau Prosper commence par cette manipulation. Aussitôt, les arrestations débutent et les hommes de Prosper tombent les uns après les autres. Et, inévitablement, quelques-uns parlent !

Prosper, le major Suttil, échappe, lui, provisoirement aux Allemands. Mais il sait bien qu'il y a des traîtres dans son organisation. L'homme qu'il soupçonne, c'est Déricourt ! Parce que c'est Déricourt l'homme des contacts aériens avec Londres, Déricourt qui transmet aussi tout le courrier de l'organisation... Or Prosper acquiert peu à peu la certitude que ce courrier, avant d'être acheminé vers l'Angleterre, est lu par les Allemands !

Le major Suttil fait le voyage de Londres pour voir ses chefs du SOE, et leur faire part de ses soupçons à propos de Déricourt. On l'écoute à peine... et on le renvoie en France.

L'explication est simple, mais terrible : pour Londres, ce que fait Déricourt est plus important que la sécurité du réseau Prosper ! Plus important même que la vie des gens du réseau Prosper ! Et si Déricourt trahit effectivement, c'est sur ordre. Sur ordre de Londres.

Lorsqu'il revient en France, le major est persuadé que le débarquement va bientôt avoir lieu. Or, je vous le rappelle, nous ne sommes qu'en 1943. Cette information est capitale. Si le major Suttil croit que le débarquement est imminent, c'est qu'on lui a donné des informations, précises et confidentielles. En conséquence, dès son retour sur notre sol, et malgré le danger, Prosper redouble d'activité. À tous ses agents qu'il rencontre, il affirme que l'explosion est proche, qu'il faut se préparer à la guérilla. Malheureusement, dix jours plus tard, fin juin, Prosper est arrêté. Trahi à son tour, comme tant d'autres membres du réseau qui tombent comme des mouches.

Prosper arrêté, la Gestapo le prend en main et l'interroge. Comme par hasard les premières questions portent non pas sur le réseau dont les Allemands n'ignorent plus grand-chose, mais sur la date du débarquement allié. Où ? Et quand ? Les nazis croient eux aussi au débarquement. Ils savent que tôt ou tard il se produira. Courageusement, malgré la torture, Prosper ne parle pas, mais son silence même est une information. Soudain les hommes de la Gestapo changent de tactique : ils affirment à Prosper qu'ils savent que des dizaines de tonnes de matériel ont été parachutées par les Anglais en vue de l'insurrection qui doit accompagner le débarquement. Si Prosper indique les lieux où sont cachés ces matériels, ses hommes seront libérés.

Cela ressemble à un piège mais Prosper se dit que, s'il y a la moindre chance de sauver des vies humaines, il faut la tenter... Et puis c'est un officier britannique, un gentleman, et il n'imagine pas une seconde que d'autres soldats puissent renier leur parole. Alors, la mort dans l'âme, il accepte ce drôle de pacte d'honneur.

Les Allemands raflent donc le matériel parachuté par les Anglais, des centaines de tonnes d'armes ! Et, naturellement, après avoir mis la main sur cet extraordinaire butin, ils envoient la plupart des femmes et des hommes du réseau Prosper en Allemagne, où la majorité finiront par être exécutés dans les camps. Le réseau est presque complètement démantelé. Mais, depuis le début, il était condamné et ses membres promis à la mort.

Et Déricourt ? Lui, il s'en sort, et quand l'un des adjoints de Buckmaster, le major Bodington dont je vous ai parlé, vient personnellement en France se rendre compte de l'importance du désastre, c'est Déricourt lui-même qui le prend en main. C'est dire si le pilote a toujours la confiance de ses patrons anglais. D'ailleurs, bientôt, il est rappelé en Angleterre. Sa mission en France occupée est terminée.

Dès son arrivée en Angleterre (à noter d'ailleurs qu'il a eu l'autorisation assez exceptionnelle de partir avec sa jeune épouse), il est d'abord logé par le SOE dans un grand hôtel. Aux frais de la princesse, donc. Pourtant, curieusement, après quelques semaines, on le convoque devant un tribunal secret. De quoi l'accuse-t-on? Si j'avais le cœur à plaisanter, je pourrais dire qu'on l'accuse d'abord d'être vivant! Seul – ou presque – survivant du réseau Prosper qui a eu quatre cents de ses membres arrêtés et déportés. En fait, une nouvelle fois, Déricourt est victime de la rivalité entre MI 5 et MI 6, entre service d'espionnage et service de contre-espionnage. Le contre-espionnage l'accuse, le soupçonne d'avoir trahi au profit du SD allemand. Mais l'Intelligence Service le défend et, sans révéler sa vraie mission, le tire des griffes de ses accusateurs. il n'est ni inculpé ni condamné et repart vivre dans le meilleur hôtel de Londres, le Savoy. Quelque temps après, l'agent très spécial Henri Déricourt est proposé pour le DSO, le Distinguished Service Order, une distinction qu'on ne remet qu'aux plus braves, qu'aux héros. Et qui le propose? Le général Menzies lui-même! C'est-à-dire le patron de l'Intelligence Service.

Déricourt n'en reste pas là, ce n'est pas dans son caractère. En 1944, il combat comme pilote de Spitfire. Abattu au-dessus du ciel de France, grièvement blessé, il reçoit la croix de guerre. La paix enfin revenue, il retrouve son poste de pilote de ligne à Air France. Mais il est dit que, vraiment, ce Déricourt n'est pas un homme comme les autres. En 1946 la douane anglaise le contrôle à Londres alors qu'il doit s'envoler pour Paris. En fouillant sa valise, on découvre de l'or, des billets de banque en quantité. Et aussitôt on l'accuse de contrebande.

De quoi s'agit-il ? Sans doute d'un transfert de fonds effectué pour le compte d'un service secret. Le plus remarquable, c'est que sa défense est assurée par l'un des plus grands avocats anglais et que l'amende à laquelle il est condamné est payée par un inconnu. Bizarre, non ? Mais Déricourt n'en a pas encore fini avec la justice. Cette fois c'est en France qu'on lui « cherche des poux dans la tête » ! En effet la police française essaie de faire la lumière sur les activités des responsables du SD allemand. Et le nom de Déricourt est apparu dans le dossier.

Il lui serait facile de dire qu'il a agi sur ordre en fréquentant des agents allemands... Hélas, il ne peut pas ! Cette vérité ne lui appartient pas, même deux ans après la fin de la guerre. Car il s'agit d'un secret d'État. Un formidable secret. Déricourt est en fait la cheville ouvrière d'une incroyable opération d'intoxication connue sous le nom de code « Starkey ». Le but est, en 1943, de faire croire à l'État-major allemand que les Alliés vont débarquer dans le Pas-de-Calais et la région de Bordeaux. Pour qu'ils dégarnissent leurs forces en Europe du Sud, là où les Alliés vont réellement débarquer en cette année 1943, c'est-à-dire à Salerne, en Italie.

Pour les intoxiquer, on se sert de Prosper. Voilà la triste vérité : les résistants du réseau Prosper ont été encouragés à entreprendre des actions clandestines afin de soutenir un débarquement qui n'était encore nullement prévu...

On les a envoyés sciemment à la mort. Je vais même plus loin : Prosper et ses hommes ont reçu de fausses informations sur ce prétendu débarquement ! Et les dirigeants des services secrets anglais, très cyniquement, avaient prévu que certains d'entre eux allaient craquer lors des interrogatoires et livrer ainsi à leurs tortionnaires le secret du faux débarquement.

Quant à Déricourt, son rôle est atroce ! On l'a fait trahir sur ordre. On l'a obligé à livrer Prosper en communiquant à ses correspondants allemands des informations sur le réseau. Alors maintenant, vous comprenez pourquoi il lui est impossible de dire la vérité devant le tribunal militaire français ? Au nom de ce secret qui n'est pas le sien, il va donc se laisser condamner...

Heureusement ses amis anglais viennent à son secours. Le major Bodington – toujours lui ! – témoigne pour Déricourt. Et, très solennellement, il déclare que si la guerre recommençait, oui, il n'hésiterait pas à faire de nouveau appel à lui !

Après ce témoignage décisif, les juges ne peuvent qu'acquitter Henri Déricourt. Mais, et cela il est difficile de l'oublier, près de quatre cents résistants ont payé de leur vie le secret de l'opération Starkey.

Le livre de Cookridge, Mettez l'Europe à feu, *paru chez Fayard, qui raconte l'histoire du SOE, renseigne sur Bleicher, le « voisin » de Déricourt que Monsieur X nous a signalé comme l'un des plus fameux chasseurs de résistants. Modeste sous-officier, il a d'abord été affecté à un bureau de gendarmerie militaire à Cherbourg parce que sa mauvaise vue le rendait inapte au combat. C'est à Cherbourg que cet homme intelligent, qui parlait couramment le français, se fit remarquer par les agents de l'amiral Canaris en démantelant un réseau auquel appartenait Mathilde Carré, qu'on connaît plutôt sous son pseudonyme, la Chatte*[1]*. La Chatte qui, devenue la maîtresse de Bleicher, a trahi ses amis...*

Par la suite, Bleicher, nous dit Cookridge, est devenu le principal chasseur d'espions du contre-espionnage allemand. « Sous de nombreux déguisements, s'appelant tour à tour M. Henri Castel (homme d'affaires belge), ou

1. Voir *Rendez-vous avec Monsieur X – les dossiers inédits,* l'Archipel, 2005.

M. Jean, ou le colonel antinazi Henri, de la Luftwaffe, il réussit à s'introduire dans les milieux de résistants français et belges, à détruire plusieurs réseaux du SOE, et à capturer un grand nombre d'agents de cette organisation. » *Tel était donc le curieux voisin de Déricourt !*

Michael Foot, l'historien officiel du SOE, évoque dans son livre les causes réelles du démantèlement du réseau Prosper. « La vérité est que la chute de Prosper, tragique comme le furent ses conséquences, fut imputable, en dépit de leur courage, à l'incompétence et aux imprudences des agents du réseau. Prosper avait grossi comme une boule de neige. Sa croissance même rendait la catastrophe certaine. Ce n'était plus qu'une question de temps, ou de hasard, mais inévitablement un des Français inexpérimentés récemment recrutés par le réseau devait tomber un jour ou l'autre entre les mains des Allemands, ou bien un autre devait changer de camp, ou encore les Allemands devaient bénéficier d'une indiscrétion. Et c'est bien ce qui s'est passé. »

Et Foot de conclure assez cruellement : « L'étonnant en vérité n'est pas que Suttil et ses amis aient été capturés… Mais bien que les Allemands aient attendu si longtemps avant de les capturer ! »

Il est difficile de vérifier pourquoi il en a été ainsi. Aujourd'hui encore, l'histoire de la Seconde Guerre mondiale garde jalousement ses secrets.

Toutefois, il faut signaler que, dans leur monumentale Histoire de la Résistance, *Henri Noguères et Marcel Degliame évoquent l'hypothèse de Monsieur X sur une possible utilisation de la Résistance à des fins d'intoxication des Allemands. Quant à Gilles Perrault, dans son magnifique livre sur* Le Secret du Jour J, *il écrit :* « Londres n'ignore pas que l'organisation Prosper est à la dérive. Comme les autres, elle a voulu se faire aussi grosse que le bœuf. Elle en a oublié la règle du cloisonnement. Elle est pénétrée par l'ennemi. On sait que la trahison existe, mais on ne sait pas jusqu'où s'étend la gangrène. On conserve le contact mais on est prudent. Dans le doute, on distille de faux renseignements, on parle de débarquer à l'automne 1943. » *Ainsi, selon Perrault, les Anglais, quand ils ont compris que Prosper était un réseau infiltré, ont décidé de s'en servir cyniquement pour intoxiquer les Allemands. Et Perrault de conclure :* « Il demeure que des hommes ont été délibérément sacrifiés ! »

3

Joinovici : collabo ou agent ?

Les fausses factures, un mal de notre époque. Par elles, ou grâce à elles, passent les valises bourrées de billets, les pots-de-vin des marchands d'armes, les commissions obligées des grands entrepreneurs de travaux publics lorsqu'ils veulent emporter un marché et enfin les « ABS », les fameux abus de biens sociaux.

L'inventeur de la fausse facture, « un génie dans son genre », Monsieur X l'affirme, est Joseph Joinovici. Familièrement ses amis l'appelaient « Joino » ou « M. Jo ».

Chiffonnier, un temps milliardaire, ce petit bonhomme gros et laid, toujours mal fagoté, parlait le français avec un accent impossible. Son histoire est extravagante. Il est né en 1902 en Bessarabie, un petit pays aux confins de la Roumanie et de l'ex-empire soviétique. Cette province, tantôt roumaine, tantôt russe, terre d'invasion et de pogroms, a toujours été disputée par ses puissants voisins.

La famille Joinovici est juive. Très vite, le jeune Joseph rêve de fuir ce pays de persécutions. La liberté est à l'Ouest. Sa terre d'asile, la France, là où les Juifs ne savent pas encore ce qu'est un pogrom...

Joseph Joinovici arrive en France à la fin de la Grande Guerre. Il se fixe à Clichy, commune qui n'est encore qu'un village aux portes de Paris. Il ne possède rien, juste une petite expérience de plombier et une fantastique envie de réussir. Ses débuts, il les fait en tirant une charrette à bras dans les rues de Clichy : chiffonnier, biffin, comme on disait à l'époque. Dix ans plus tard, il emploie vingt ouvriers et son entreprise de récupération de métaux utilise cinq camions. Dix ans encore et Joino fête son premier milliard.

La guerre arrive. Juif, Joseph Joinovici peut craindre le pire. Bien au contraire, pendant cette période, le fabuleux M. Joseph donne toute sa démesure.

L'explication de cette réussite singulière aurait dissimulé une activité parallèle. Lui-même se cachait derrière son personnage fruste, illettré, capable d'une extrême finesse ou des pires grossièretés. Lui, qui prétendait ne pas savoir compter, avait le génie de tromper son monde. La légende veut qu'il ait inventé un système de calcul bien à lui. Dans ses livres de comptes, un dessin de semelle de chaussure aurait signifié 100 000 francs. Le dessin d'un soulier : 1 000 000 de francs. Une botte : 10 000 000. En réalité, son histoire, comme ses comptes, est beaucoup plus compliquée que cela.

Comme tous les survivants de cette époque, j'ai connu Joino. Il était partout, avait des relations dans tous les milieux, à droite comme à gauche. Il avait ses partisans chez les résistants comme chez les collabos, chez les communistes comme chez les vichyssois. Longtemps il a été l'interlocuteur indispensable, en particulier parce qu'il arrosait tout le monde.

Il achetait ainsi des complicités tout en étant capable de beaux gestes, gratuits, de pure générosité. Il se faisait plaisir tout en sachant que c'était des placements, une façon de marquer son territoire, de construire sa légende.

Son premier chef-d'œuvre a été l'invention de la fausse facture. À travers toute la France, il a monté une myriade de sociétés qui commerçaient fictivement les unes avec les autres. Au centre de cette toile d'araignée, il y avait un inspecteur des impôts qui signait de faux bons à l'exportation. Fausses exportations mais vraies fausses factures. Ça permettait aux sociétés de M. Jo non seulement de récupérer des taxes mais de revendre les fausses factures à d'autres sociétés sœurs. Ce système complexe rapportait des sommes considérables. Tout cela se passait dans le milieu de la ferraille, un matériau de récupération difficilement quantifiable et identifiable. C'est pour cette raison que la première grande vague de fausses factures, dans les années 50, concernera ce domaine d'activité.

Le domaine est vaste, la ferraille est un déchet qui, retraité, se retrouvera dans l'industrie de l'automobile mais aussi de l'armement, du bâtiment ou de tout autre corps de métier. Dans le domaine de l'affairisme, M. Jo était un précurseur, un pionnier.

L'Histoire, avec un grand H, peut conduire un homme à devenir ce qu'il sera. C'est un peu le cas de Joseph Joinovici. Les pogroms le font fuir son pays. Lorsqu'il entre en France il est citoyen de l'URSS. En 1940 la Bessarabie, son pays, devient roumaine, et donc Joseph Joinovici roumain ! Les Allemands envahissent la France. Le pacte germano-soviétique protège les citoyens russes. Joseph Joinovici ne s'est jamais senti aussi russe. La répression, les pogroms où son père et sa mère sont morts, vivre dans l'illégalité, tout cela il connaît. Il file à l'ambassade d'URSS à Paris. Fait stupéfiant, il obtient très vite la nationalité soviétique.

Les pactes ne durent pas, surtout dans une Europe en guerre. L'opération Barbarossa marque l'entrée en guerre de l'Allemagne contre la Russie. Joseph Joinovici découvre le danger d'être russe en France occupée. La Roumanie est devenue une alliée du IIIe Reich. Aussitôt Joseph Joinovici, accompagné d'un ami de la Préfecture de police de Paris, court chez le consul de Roumanie et redevient roumain.

Dans les deux cas, il n'est pas difficile d'imaginer ce fabuleux comédien plaider son amour pour la patrie qu'il convoite. Son plaidoyer est d'autant plus émouvant qu'il a l'art de sortir, au bon moment, la liasse de billets qui fait céder l'employé d'ambassade à qui il a été recommandé. L'argent et le copinage sont depuis toujours les deux mamelles de l'affairisme.

M. Joseph rend tellement de services à tous, y compris et le plus souvent à l'occupant, c'est-à-dire au plus fort, que certains m'ont même affirmé qu'il s'est fait délivrer un certificat de bon Aryen. Tout est possible.

Mais j'ai été beaucoup plus troublé en apprenant que la citoyenneté soviétique lui a été accordée par un décret du Conseil suprême de l'URSS. À l'évidence, M. Jo n'était réellement pas n'importe qui.

Il a laissé le souvenir d'un champion du double jeu, organisant des trafics avec les Allemands dans la France occupée. Moi, ce qui me surprend le plus, ce sont ses liens très spéciaux avec les Soviétiques. Il faut bien admettre que, si les plus hautes autorités de l'URSS ont jugé bon de lui octroyer la nationalité soviétique, c'est que le bonhomme a été jugé utile. Utile à l'Union soviétique évidemment !

Il ne s'agit pas d'un simple espion tel qu'on l'entend habituellement. À mes yeux, Joseph Joinovici a été un agent de l'Est, un pion indispensable, un homme du Komintern. Informateur de premier plan, il pouvait rendre n'importe quel service.

Les preuves de ce que j'avance, je les ai trouvées après la guerre dans les dossiers confidentiels de la DST. Il y a d'abord le rôle de Joseph Joinovici dans la fameuse compagnie France-Navigation, créée par les communistes pour ravitailler les républicains espagnols.

Joseph Joinovici a été l'un des fournisseurs de cette compagnie forte de vingt navires, et peut-être même l'un de ses dirigeants clandestins. Cela n'a rien à voir avec l'image traditionnelle du chiffonnier crasseux, l'illettré, le rustre multimillionnaire qui sait à peine compter, image colportée par la presse pendant de nombreuses années. L'homme est d'une tout autre dimension, donnant, il est vrai, le change, jouant son rôle afin d'amuser la galerie.

J'ai acquis la conviction que Joseph Joinovici était en relation avec les dirigeants officieux du parti communiste. Son contact était un personnage mystérieux, sachant entretenir le mystère autour de lui, qui n'est jamais apparu dans l'organigramme du Parti. Ce personnage, Jean Jérôme, le financier occulte des communistes, en a toutefois été l'un des dirigeants les plus influents. C'était un juif polonais, une véritable puissance à l'intérieur de l'appareil. Les liens entre Joseph Joinovici et Jean Jérôme étaient particulièrement étroits. Le chiffonnier milliardaire a sauvé Jean Jérôme après que celui-ci a été arrêté par la Gestapo.

La question qui se pose et dont la réponse me semble évidente est : Pourquoi Joseph Joinovici n'aurait-il pas fricoté avec les nazis sur ordre ?

Examinons dans le détail l'activité de M. Jo pendant la période dramatique de l'Occupation.

Avant même l'invasion allemande de la France, Joseph Joinovici est milliardaire. Fortune faite, ayant prouvé sa capacité à s'expatrier, menacé physiquement compte tenu de ses origines juives, il a tout loisir de gagner des contrées plus calmes, l'Angleterre ou même les États-Unis. Bien au contraire, il reste dans sa terre d'adoption. Dès que les nazis sont en France, Joseph Joinovici, un des plus importants récupérateurs de métaux du pays, devient le fournisseur attitré des bureaux d'achat allemands. Partie prenante dans l'organisation Otto, il vend des métaux, des machines, des chaussures, des textiles, tout ce qui a une valeur. Il participe ainsi activement à l'effort de guerre allemand.

Paradoxe majeur pour un homme qui fait partie du Komintern. Paradoxe inimaginable pour un juif dont personne n'ignore les origines. Les intérêts supérieurs de la guerre font oublier la propagande, les fondements mêmes du nazisme. Les Allemands se moquent des origines juives de Joseph Joinovici. Ce qui compte pour eux c'est que le ferrailleur leur fournisse ce dont ils ont besoin pour la fabrication des canons. Juif ou pas, malgré l'extermination programmée, il est jugé indispensable à l'effort de guerre. Cette situation est d'autant mieux acceptée par les Allemands que Joseph Joinovici les aide en permanence. À force de les fréquenter, de leur graisser la patte lorsqu'il le faut, il devient un complice, un homme à qui on peut se confier.

Tant par son commerce que par ses relations, Joseph Joinovici soutire des informations capitales. Reste à savoir à qui il les transmet. Joseph Joinovici voyage beaucoup, il a toutes les facilités pour passer les frontières. Il saute sans difficulté de la zone occupée à la zone libre. Mais il se rend aussi fréquemment en Suisse, paradis de paix pour la finance, même pendant cette période troublée. Là, M. Jo a tout loisir de rencontrer ses amis puisque l'Orchestre rouge a implanté une branche importante en Helvétie.

Nous sommes loin de la simple image de Joseph Joinovici agent double. Cette image m'est d'ailleurs toujours apparue comme suspecte, en particulier lorsque j'ai constaté qu'il avait sans doute approché les tortionnaires de la Carlingue.

La Carlingue, ce sont des Français, installés rue Lauriston, ramassis de malfaiteurs, gangsters de tout poil, qui se sont mis au service de l'occupant. Pour être plus juste, ils se servent de la couverture de l'occupant pour créer une Gestapo parallèle encore pire que celle instituée par les nazis.

L'équipe de la rue Lauriston est dominée par deux personnages, Bony et Lafont, ancien policier et ancien truand devenus tous les deux des tortionnaires au service de l'Allemagne.

C'est Joseph Joinovici qui prend l'initiative d'aller les voir. Des concurrents lui font des ennuis. La jalousie ! Il gagne tellement d'argent qu'il a rapidement fait naître des convoitises. Dur en affaires, il n'hésite jamais à marcher sur les plates-bandes des voisins. Un concurrent, en particulier, lui cherche des poux dans la tête : Michel Szkolnikoff, un type qui a réussi à acheter les plus grands hôtels de Paris et de la côte d'Azur, grâce à ses trafics avec les Allemands.

M. Jo va donc voir Lafont afin de lui demander, contre monnaie sonnante et trébuchante, une protection. C'est ainsi qu'il se retrouve avec, pour gardes du corps, des hommes de main tout droit issus du grand banditisme. Lafont ne délègue pas n'importe qui. L'un s'appelle Pierre Loutrel. Il se rendra célèbre plus tard sous le surnom de Pierrot le Fou. L'autre est Georges Boucheseiche, le futur patron de l'équipe de truands de l'affaire Ben Barka. Le monde de la truanderie est tout petit ! Donc Joseph Joinovici fréquente la Carlingue. Avec ces « gestapistes », il va, en plus de son commerce de métaux non ferreux en direction de l'Allemagne, participer à tous les petits et grands trafics.

Les multiples facettes de Joseph Joinovici apparaissent ainsi, en complète contradiction les unes avec les autres : l'agent du Komintern fréquente les truands de la Carlingue. Le milliardaire aide à armer les Allemands, mais il œuvre aussi en faveur de la Résistance en livrant des armes, en soutenant les maquis et, au moins une fois, en intervenant auprès de Lafont en faveur de la propre nièce du général de Gaulle, Geneviève. Il n'obtiendra pas sa mise en liberté mais cette intervention indiscutable sera toujours portée à son crédit.

Joseph Joinovici joue donc la carte du machiavélisme jusqu'au bout. Gestapiste et allié commercial des

Allemands le jour, il est résistant la nuit. Avec son argent, cette fortune qui ne fait qu'enfler grâce aux trafics avec l'occupant, Joseph Joinovici s'offre en effet un réseau de résistance.

Un mouvement de résistance a besoin d'argent, d'armes. La clandestinité coûte très cher. Le hasard, qu'il a toujours su provoquer, sert Joseph Joinovici. En 1943, il apprend que ses amis de la rue Lauriston viennent de démanteler un modeste réseau, dirigé par un commissaire de la Préfecture de police, qui s'appelle « Honneur de la police ». Au cours de la rafle, seuls deux policiers, de simples gardiens de la paix, arrivent à échapper à l'arrestation. M. Jo est bien placé pour savoir qui ils sont. Il les contacte discrètement et devient le financier occulte du réseau Honneur de la police.

Le réseau se trouve soudain supérieurement armé. Les hommes circulent dans des voitures achetées par Joseph Joinovici et légalement pourvues d'Ausweiss. Dans quelle mesure Joseph Joinovici préparait-il l'avenir ? Seul lui aurait pu répondre. Une analyse, à peine cynique, permet de penser qu'en faisant de la résistance, M. Jo, après s'être autant mouillé avec les Allemands et les pires collaborateurs, se contentait d'être fidèle à son opportunisme. Sa seule fidélité est réservée à l'argent, cet argent qui lui a permis d'échapper à la misère pour devenir un personnage recherché par de trop nombreux arrivistes influents.

Curieusement cette appartenance à un réseau de résistance sera à l'origine de sa dégringolade, de sa chute, bien des années après la Libération. Il sera alors question de la visite d'un homme, que tout désigne comme étant Joseph Joinovici, à des moines résistants. L'homme venait chercher des armes. Au lendemain de son passage, la Gestapo a fait une descente, les moines torturés sont morts. Un témoin a survécu... Encore et toujours une affaire de double jeu.

Avant d'en arriver là, il est intéressant de voir comment M. Jo traverse la difficile période de l'après-guerre, celle des procès expéditifs, au cours de laquelle, en toute logique, il aurait dû se retrouver dans le box des accusés.

Paris libéré, contrairement à ce que certains pouvaient pronostiquer, Joseph Joinovici ne se fait nullement discret. Même s'il lui est difficile de se faire petit, on peut s'étonner de le voir se pavaner. Il est sûr de lui, comme un homme qui a su placer ses pions aux points stratégiques. La Préfecture de police est tenue par son réseau, les hommes qu'il a soutenus et dont il est devenu l'ami. Ces hommes, il les entretient grassement. Il offre des voitures, pour les besoins du service, évidemment. Dans ces temps de vaches maigres où la police a aussi besoin de changer son image et de faire oublier qu'il n'y a pas si longtemps elle raflait, torturait, pour le compte de l'occupant, cette aide est cruciale.

En cette période troublée, il est difficile de tout bien contrôler. Aussi Joseph Joinovici est arrêté par des maladroits qui croient en la justice et l'honnêteté. Les copains flics de M. Jo viennent à son secours et le font immédiatement libérer. La comédie se solde même par une médaille. Joseph Joinovici est décoré pour faits de résistance. Une grande et belle cérémonie dans le fief de Joino, la cour de la Préfecture de police, en présence du préfet de police et de quelques personnalités. Un exploit pour un homme qui était à tu et à toi avec les gens de la Carlingue avant d'avoir le bon sens politique de les dénoncer et de permettre ainsi leur arrestation !

Ces nouveaux fastes, Joseph Joinovici les vivra pendant près de trois ans. Il s'est acheté un hôtel particulier boulevard Malesherbes. Le Tout-Paris y défile. Les temps ont changé, les références aussi. Dans le hall un grand portrait du général de Gaulle toise les invités. La nuit, dans une pièce voisine, on joue au poker. De grosses, très grosses sommes. Pourtant il n'y a jamais de perdants.

Toute personnalité, en signe de bienvenue, à son entrée se voit remettre un portefeuille garni d'une liasse de billets. Il ne s'agit pas d'acheter qui que ce soit, c'est comme un jeton de présence à une assemblée de conseil d'administration. Un jeton que l'invité pourra faire fructifier à une table de poker ou perdre, au pire.

La corruption ne porte plus son nom puisqu'il s'agit d'une distribution afin de permettre à chacun de jouer. La convivialité inventée avant l'heure.

Arrive 1947. Les communistes sont chassés du gouvernement. Hasard ou justice enfin rétablie ? Joseph Joinovici commence à avoir des ennuis sérieux. Le rapport entre les ennuis de M. Joseph et le départ des communistes ne peut évidemment pas être établi, prouvé. À l'inverse, les deux faits ne peuvent pas être séparés, surtout si on a la certitude, comme je l'ai, que Joseph Joinovici est un agent du Komintern.

Les ennuis de M. Jo ont pour auteur le célèbre commissaire Wybot, patron de la DST, champion de la lutte contre l'Union soviétique. Pour ce policier farouchement anticommuniste, Joseph Joinovici est un membre influent du parti de Moscou. Roger Wybot a fait la guerre dans les services secrets à Londres. Il dispose d'informations de première main. Les ministres communistes ont à peine quitté leurs ministères qu'il passe à l'offensive.

Premier désagrément pour Joseph Joinovici, son ennemi Wybot dégote une carte d'affiliation du ferrailleur à la Gestapo. Un faux, dira-t-on ! Je reste persuadé que Joseph Joinovici était tout à fait capable de s'être fait faire une carte de la police politique allemande. Encore et toujours le double jeu.

Le commissaire Wybot compte beaucoup plus sur l'affaire des moines pour faire trébucher M. Jo. Il reconstitue les faits : ce couvent de Seine-et-Marne dissimule des activités de résistance depuis longtemps. Une nuit, cinq hommes se présentent. Cinq résistants, et parmi eux un militant qui évite de se faire connaître mais qui ressemble à s'y méprendre à Joseph Joinovici. Ils viennent chercher des armes. Les moines, prudents, refusent de montrer leur cache, mais confient les armes demandées. La Gestapo investit le lieu quelques jours plus tard. Tortures et exécutions. Comme nous le savons déjà, un jeune homme survit. La suspicion s'arrêterait là si ce n'est qu'à la Libération le jeune homme est arrêté par des hommes du réseau Honneur de la police, des hommes de M. Jo donc, qui l'exécutent sous prétexte de collaboration.

Au procès, il sera question de méprise, le jeune homme a été pris, à tort, pour un traître. Pour le commissaire Wybot, pour l'accusation, il s'est agi en réalité de faire disparaître le seul témoin de l'exécution des moines, un jeune homme qui aurait pu mettre en cause cet homme qui ressemblait étrangement à Joseph Joinovici.

Mon intime conviction est que Joseph Joinovici n'est pas coupable. Mais une telle affaire, à une époque où la justice a ses faiblesses mais aussi ses expédients, pouvait, pour le moins, déstabiliser Joseph Joinovici. Son pedigree lui colle à la peau. Non seulement son passé récent, ce double jeu qui empêche tout examen judiciaire objectif, mais aussi son passé plus lointain de Bessarabien venu faire fortune en France. Sa réussite même est une insulte à la France des restrictions qui croyait que, le pays libéré, la richesse allait renaître, et qui, l'occupant parti, est toujours contrainte à subir le rationnement. Cette France demande des exemples, des têtes.

Joseph Joinovici panique. Il s'enfuit, se réfugie à l'étranger. C'est le commencement de la fin. Pour lui, c'est d'autant plus dramatique qu'il ne peut pas se défendre en disant la vérité. Il ne peut pas avouer que depuis de longues années il est un agent soviétique !

Quand bien même, son appartenance au Komintern n'explique pas ses magouilles et ses alliances pour le moins douteuses. Mais rien n'est simple avec un personnage de cette ampleur.

Loin de France, Joinovici discute avec les autorités son éventuel retour. Lorsqu'il se livre, il sait qu'il ne sera pas jugé pour le meurtre d'un enfant de vingt ans, résistant exécuté au nom d'une trahison inventée. Il sait que son procès sera celui de sa collaboration économique. Contre toute attente, malgré sa qualité de résistant, Joseph Joinovici est condamné à quelques années de prison.

Ce qui aurait été la fin pour tout autre est un intermède pour M. Jo. Depuis sa prison, sa résidence surveillée de Mende en Lozère, il met au point des circuits de fausses factures jusqu'au jour où son ingénieuse industrie sera récupérée par les partis politiques pour alimenter leurs caisses.

Joseph Joinovici n'a alors plus aucune utilité pour ses employeurs d'un côté ou de l'autre de ce qui est devenu le rideau de fer. Il sombre peu à peu dans l'oubli, retourne dans son eldorado, Clichy, pour y mourir.

Henry Sergg, dans un livre publié aux éditions du Carrousel, fait un portrait de M. Jo. Malveillant il est dans la couleur de l'époque. Joseph Joinovici est alors devenu un important chef d'entreprise. « Son français s'est très légèrement amélioré mais son sabir demeure effrayant. Il réinvente la syntaxe, supprime les articles, massacre la conjugaison, dynamite la construction des phrases. On croirait un matelot levantin en goguette dans le bouzbir de Casablanca. Physiquement, il s'est épaissi. Sa taille s'arrondit. Le cou gonfle. Les joues bouffissent. Sur le plan sexuel, il affectionne les prostituées, mais, toujours méfiant, utilise des préservatifs. Ses amis arméniens l'ont emmené chez un compatriote, un tailleur. Joinovici a haussé les épaules. Il se contentera de la confection. À cette époque, il se montre avaricieux.

Pas de folles dépenses, pas d'inconséquences. D'abord creuser son trou ! »

Ailleurs, l'auteur parle de ses mains sales et moites, de sa peau toujours grasse... Bref, une caricature digne des journaux de la collaboration ou des hebdomadaires dits nationaux et très actuels.

Dans son livre Trafics et crimes sous l'Occupation, *paru chez Fayard, Jacques Delarue écrit pour sa part :* « Des intermédiaires – Joinovici fut de ceux-là – et parmi les plus importants – achetaient eux-mêmes la marchandise et la revendaient le même jour ou le lendemain au bureau Otto... En prenant au passage, évidemment, une forte commission. Otto était d'ailleurs souvent à compte à demi dans le superbénéfice de l'acheteur. Le destinataire final de l'opération, l'administration allemande, ne s'intéressait pas à ces détails négligeables : tout cela n'était-il pas finalement payé par les Français eux-mêmes ? Le pactole qui coulait quotidiennement dans les caisses des autorités d'occupation en était à peine diminué. La seule chose vraiment importante était d'obtenir des marchandises, à n'importe quel prix... »

Jacques Delarue fait allusion à la mise en application d'une clause de l'armistice prévoyant des indemnités dues par Vichy aux troupes d'occupation allemandes. Ces indemnités, colossales, englobaient le fonctionnement de l'organisation Otto.

En 1947, dans un article de France-Soir, *une drôle de comptabilité est énoncée sur deux colonnes. D'un côté les bonnes actions de Joseph Joinovici, de l'autre les mauvaises. Ainsi on peut lire qu'il a subvenu pendant toute l'Occupation à l'entretien de deux cents enfants israélites. Qu'il n'aurait trafiqué sur les métaux précieux que pour pouvoir payer l'élargissement de patriotes et corrompre les Allemands. Qu'il a sauvé de la déportation Mme Campinchi, le juge Marsat et d'autres. Qu'il est intervenu en faveur de Geneviève de Gaulle. Qu'il était en contact dès 1940 avec le chef du réseau Honneur de la police. Qu'il a affrété un bateau à La Rochelle pour organiser des passages en Angleterre. Qu'il a cherché par tous les moyens à sauver l'inspecteur Gaget du peloton d'exécution et qu'ayant échoué il a versé une pension de 10 000 francs* à *sa veuve. Que ses bureaux de la rue Albert-Samain ont donné asile à des parachutistes. Qu'il a prêté ses camions et fourni une grande partie des armes aux insurgés de la Préfecture de police de Paris. Enfin, que c'est lui qui a permis la découverte du refuge des sinistres Bony et Lafont.*

Il faut constater que la colonne du passif, dont nous avons amplement fait état, est au moins aussi longue et fournie.

Partial mais très informé, Roger Wybot dans ses Mémoires, Bataille pour la DST, *écrit :* « Dans tous ses déplacements, Joinovici était protégé par une véritable garde prétorienne. Les entrées de son hôtel particulier, ses bureaux de l'avenue de Messine, les domiciles de ses lieutenants, bénéficiaient de l'évidente protection d'hommes que mes services identifièrent peu à peu comme appartenant presque tous à la Préfecture de police. Les hommes de la PP qui assuraient le service d'ordre du ferrailleur ne se contentèrent pas d'une protection passive : à plusieurs reprises, les inspecteurs de la DST furent dissuadés de s'intéresser de trop près aux allées et venues de Joinovici... »

Enfin Philippe Robrieux, historien spécialiste du parti communiste, laisse entendre, comme Monsieur X, que Joseph Joinovici était un agent secret soviétique. Il estime que le ferrailleur n'a jamais cessé d'être lié au Komintern, même à l'époque où il fréquentait assidûment les hommes de la Gestapo.

4

Les vrais faux nazis

Henriette Trémeaud, une jeune femme mince, douce, au teint éclatant, à *l'allure princière. Pour sa grande beauté, on eût pu la comparer à Grace de Monaco. Et pourtant ce nom n'a pas laissé de grandes traces dans l'histoire de notre pays. Malgré tout, sa mort horrible a provoqué une intense émotion en 1957. Qui pouvait en vouloir* à *cette femme belle et délicate ? N'était-ce pas plutôt son mari, le préfet Trémeaud, qui était visé ? Pour quelles raisons ? La police, les services spéciaux, ont enquêté pendant de longs mois. Leurs soupçons se sont portés vers les milieux néo-nazis. Autant le dire tout de suite, cette piste n'a donné aucun résultat probant. Le juge d'instruction chargé de l'affaire a fini par prononcer un non-lieu. On a peu à peu oublié la belle Henriette Trémeaud. Sa mort, vraisemblablement, resterait donc à jamais une énigme…*

Bien des années plus tard, une partie de la vérité a été révélée. Mais, raison d'État oblige, rien ne s'est passé. L'enquête n'a pas été rouverte et les mêmes journaux qui avaient fait de grands titres sur la mort d'Henriette Trémeaud se sont contentés de publier de brefs articles sur la nouvelle. Comme si cette vérité était trop dérangeante ou trop sulfureuse ! Ce qui a provoqué, il faut le dire, la colère de Monsieur X. Une colère froide, impitoyable. Oui, a-t-il répété, elle fut une innocente victime.

Et jamais cette expression n'a été aussi justifiée, a-t-il poursuivi. Parce que, victime, elle l'a été incontestablement. Et innocente également. Tant cette jolie créature était incapable de soupçonner la saloperie qui allait la massacrer ! Tant elle était étrangère aux obscures machinations qui l'ont broyée !

Il me faut commencer par les circonstances exactes de la mort d'Henriette Trémeaud, telles que j'ai pu les reconstituer. Nous sommes donc en 1957, en mai exactement, et André Trémeaud est préfet du Bas-Rhin depuis deux ans. C'est un homme d'une cinquantaine d'années qui a déjà fait une belle carrière dans la préfectorale. En fait, après des passages à Poitiers, Orléans, Alger, Nantes, il atteint pratiquement le sommet de sa carrière quand le gouvernement le nomme à Strasbourg. La capitale alsacienne, en ces années 50, est devenue la ville du symbole européen. Le traité de Rome vient d'être signé, la Communauté européenne du charbon et de l'acier est en place ; on évoque, dans les couloirs des différents ministères, une future coopération nucléaire, l'Euratom. Et il y a aussi le Conseil de l'Europe, l'Union de l'Europe occidentale. Or de nombreuses réunions de ces différents organismes se tiennent à Strasbourg, ville européenne par excellence où le préfet, naturellement, est en première ligne…

En ce 17 mai 1957, la journée commence très bien pour les Trémeaud. Lui a présidé l'assemblée générale de la chambre d'agriculture et, à cette occasion, on lui a remis la décoration du Mérite agricole – ce que les initiés appellent le poireau. Quant à elle, elle se livre à une activité coutumière en préparant une réception que doit donner son préfet de mari. De l'avis général, Mme Trémeaud est une excellente maîtresse de maison et elle veille à ce que ses invités soient parfaitement traités.

Il me semble que cette réception était destinée à honorer quelques dirigeants de la Régie des tabacs venus inaugurer un nouvel établissement. Mme Trémeaud mène rondement son affaire. Dans la salle à manger de la préfecture, tout est en place. Après le déjeuner, on ira prendre le café dans un salon voisin. Et Henriette Trémeaud pense aux cigarettes, ce qui lui paraît indispensable pour des gens de la Régie des tabacs. Elle fait donc préparer un plateau où elle dispose plusieurs paquets. Soudain, elle se rappelle : il y a très peu de temps, son mari a reçu une splendide boîte de havanes. Il voulait les offrir lors d'une autre brillante réception qui a eu lieu trois jours plus tôt, mais il a oublié de le faire.

Je dis « brillante réception » parce qu'il y avait là des hommes politiques importants, plusieurs anciens présidents du Conseil. L'occasion ou jamais d'offrir des cigares... Mais Trémeaud, je l'ai dit, les a oubliés. Son épouse demande donc à sa femme de chambre d'aller chercher cette boîte.

Revenons aux circonstances qui ont amené ces cigares à la préfecture. Le service du courrier a noté que la boîte en question, une boîte d'Upmann, a été expédiée depuis un bureau de poste du XIIe arrondissement de Paris. Elle est accompagnée d'une carte de visite émanant du représentant pour l'Europe de cette fabrique de cigares. Et les employés du courrier l'ont transmise au secrétariat du préfet. Aucune précaution spéciale n'a été prise. Pourquoi en aurait-il été autrement ? Ce cadeau ne semblait aucunement suspect.

La femme de chambre apporte donc le paquet contenant la boîte de cigares et s'en retourne pour se préparer à faire le service du déjeuner. Mme Trémeaud s'empare d'une paire de ciseaux et entreprend d'ouvrir le paquet. Soudain c'est l'explosion. Toute la préfecture tremble. C'est l'affolement dans le bâtiment. Henriette Trémeaud est morte sur le coup, littéralement déchiquetée ! C'est son mari, sorti en hâte de son bureau, qui la découvre dans le salon. Un choc épouvantable dont il ne se remettra jamais. Il quittera d'ailleurs Strasbourg définitivement quelques jours plus tard.

Très vite l'enquête établit que ce n'était pas cette pauvre femme qui était visée, d'autant que la boîte de cigares était destinée à son époux. La cible de l'attentat, ce n'était pas spécialement lui, mais les gens invités à la réception qui s'était tenue trois jours plus tôt. Si Trémeaud avait ouvert la boîte d'Upmann au milieu de ses prestigieux invités, c'eût été un beau carnage ! Mais il a oublié les cigares, heureusement pour ces personnalités et malheureusement pour la charmante Henriette.

Étant donné le caractère particulier de cette affaire, l'enquête est confiée à la DST, dont le patron, à l'époque, est le célèbre Wybot. Le bouillant et ténébreux Wybot ! Si je suis ironique c'est parce que je me suis toujours méfié des gens qui ont tendance à voir des complots partout. C'était le cas de Wybot, qui par ailleurs n'était pas un mauvais flic, bien au contraire.

Dans cette affaire, Wybot joue un rôle important, puisque ce sont les services placés sous ses ordres qui ont obtenu les premiers résultats. L'attentat contre cette malheureuse Henriette Trémeaud a eu lieu, je le rappelle, en mai 1957, autrement dit en pleine guerre d'Algérie. Il ne faut pas oublier que Trémeaud a été préfet d'Alger. Les enquêteurs pensent donc à un attentat perpétré par le FLN. Une hypothèse vite abandonnée : ce style très sophistiqué n'est pas dans la manière des combattants algériens.

Pourquoi « sophistiqué » ? Parce que le système de mise à feu utilisé, la puissance exceptionnelle de la charge, indiquent à l'évidence que, derrière, il y a des gens très pointus, des professionnels. Après avoir abandonné la piste FLN, les enquêteurs de la DST commencent à regarder chez nous. Quand je dis « chez nous », je pense à la « Main rouge[1] », cette fausse organisation

1. Voir chapitre 5.

contre-terroriste qui lutte contre le FLN mais qui en réalité est entièrement organisée par le SDECE, afin de combattre les trafiquants d'armes qui approvisionnent les combattants algériens. Mais quel rapport avec le préfet Trémeaud ? Dans les services secrets on ne cesse de jouer au billard à trois bandes ! Et il n'est pas tout à fait stupide de penser que la « Main rouge » a organisé cet attentat afin d'en attribuer la responsabilité au FLN.

Là je suis formel : la « Main rouge » est étrangère à l'attentat qui a coûté la vie à Henriette Trémeaud !

Au fil de l'enquête de la DST, les policiers du contre-espionnage vont assez vite établir un rapport entre cet attentat et le fait que depuis quelques mois, fin 56 exactement, les deux départements alsaciens sont inondés de tracts et de lettres émanant d'un mystérieux groupe néo-nazi, le Kampfverband...

Mystérieux, parce que jusque-là personne n'a jamais entendu parler de ce groupe. Et que son existence se limite, semble-t-il, à ces envois de tracts. Des tracts qui revendiquent essentiellement le rattachement de l'Alsace-Lorraine à l'Allemagne. Il est vrai qu'il y a toujours eu en Alsace des irrédentistes et des autonomistes, très minoritaires il faut le dire ! Mais ils ne se réclament pas forcément de l'idéologie nazie. Or les tracts du prétendu Kampfverband sont tous frappés de la croix gammée.

Si les policiers de la DST peuvent établir un rapport avec l'attentat de la préfecture, c'est qu'ils ont fait la preuve que ces tracts néo-nazis et l'adresse dactylographiée (une adresse bidon) qui figure sur l'emballage de la boîte de havanes ont été tapés sur la même machine à écrire. En effet, la secrétaire du préfet, particulièrement consciencieuse, a conservé cet emballage afin d'envoyer un mot de remerciement à l'expéditeur. L'enquête s'oriente donc vers les milieux néo-nazis, et tout d'abord en Allemagne ! La guerre est encore toute proche, et la dénazification n'est bien souvent qu'incomplètement accomplie. Les nostalgiques du IIIe Reich y sont encore légion, même s'ils demeurent discrets. Pourtant, très courageusement, les dirigeants de l'Allemagne fédérale mènent une politique délibérément européenne. Il est par ailleurs important de signaler que, quelques mois avant le drame de Strasbourg, le chancelier Adenauer a échappé à un attentat : il a reçu un livre piégé. Curieuse coïncidence, non ? Heureusement pour le chancelier, les services de sécurité allemands ont détecté à temps l'engin meurtrier.

En tout cas, cette coïncidence accrédite l'hypothèse de l'existence d'un groupe néo-nazi prêt à tout. Policiers allemands et français redoublent d'efforts pour découvrir ces hommes. Ils enquêtent aussi en France où il existe encore des nostalgiques de Vichy et de la collaboration. Il y a parmi eux des durs dont beaucoup de gens d'extrême droite parfaitement capables d'organiser un attentat de ce type. Les investigations se poursuivent sans que l'on trouve l'ombre d'une piste. Pendant un instant, on a pu croire qu'un groupuscule néo-nazi de Hambourg dissimulait les activités coupables du Kampfverband. Mais ce groupe de nazis existe-t-il vraiment ? On peut légitimement se poser la question.

La lumière commence à percer quand les policiers de la DST comprennent que les véritables auteurs de l'attentat ont sciemment choisi de taper les tracts néo-nazis et l'adresse du préfet sur la même machine ! Les instigateurs de l'attentat veulent qu'il soit attribué aux néo-nazis. Et ils procèdent de façon très habile. Revendiquer l'attentat au nom du groupe Kampfverband aurait été trop simple, trop grossier. Le coup de la machine à écrire est au contraire vraiment très subtil. Car il permet de mettre en valeur le travail de la police : du coup, l'identification devient irréfutable ! À l'évidence, derrière ces ruses il y a des cerveaux.

En effet ce Kampfverband est une sorte de faux nez ; il a fallu très longtemps avant de le comprendre, et surtout avant de découvrir qui se cache derrière ces faux néo-nazis. J'ai suivi cette affaire de très près.

Les activités de ces prétendus nazis continuent après l'attentat de Strasbourg, et un peu partout ; non seulement en Europe, mais dans le monde entier : à Cologne, à Londres, à New York et même en Australie, des synagogues sont barbouillées de slogans nazis ou de croix gammées, des monuments sont profanés, des magasins appartenant à des juifs sont aussi touchés. Au total, des centaines et des centaines d'actes antisémites sont perpétrés.

Cela peut être une sorte de contagion, on l'a bien vu récemment en France : un jour des voitures brûlent à Strasbourg, le lendemain d'autres véhicules sont incendiés à Saint-Étienne. Des types un peu fêlés, de véritables nazis ont donc spontanément imité ces faux nazis. On a procédé à des arrestations, mais chaque fois on est tombé sur de pauvres types, des « bras cassés » à qui on pouvait faire croire n'importe quoi !

J'ai conservé un exemplaire de ces fameux tracts néo-nazis du Kampfverband qui disaient en substance ceci : *« Groupe de combat pour une Allemagne indépendante. Oppresseurs français, nous avons déjà trop longtemps supporté de vous voir vous pavaner avec arrogance dans Elsass-Lothringen (c'est l'appellation germanique de l'Alsace-Lorraine), territoire que vous avez impudemment usurpé. Le peuple d'Allemagne ne tolérera plus de vous voir faire litière de nos anciennes traditions et imposer à la population autochtone une culture pourrie et décadente. Non pas vos chansons triviales mais bien notre langue et nos chants sonneront sur cette terre. Quels que soient vos efforts et vos artifices, jamais vous ne parviendrez à faire de nos enfants des Français ! Nous abattrons vos sales mains qui étranglent notre peuple et prétendent le mettre à genoux par le chantage et les menaces. Vos espions, vos agents, vos enseignants qui, au nom de votre pays dégénéré, s'emploient à humilier et déraciner la fierté de nos concitoyens, n'échapperont pas au juste châtiment qui les attend. Nos gens vivent au milieu de vous et sont parfaitement instruits de tous vos crimes. Vous voilà donc avertis et chacun de vos forfaits sera désormais suivi d'une vengeance impitoyable.* »

De Noël 1959 à la mi-février 1960, la police ouest-allemande va enregistrer 833 manifestations d'antisémitisme. Détail curieux : je peux affirmer que les deux jeunes gens qui ont inauguré cette campagne en Allemagne, en peignant sur la synagogue de Cologne les mots suivants : « *L'Allemagne réclame l'expulsion des juifs* », appartiennent à un mouvement d'extrême droite mais ont néanmoins fait, à plusieurs reprises, des voyages en Allemagne de l'Est. L'un d'eux portait même caché au revers de son manteau un insigne du parti communiste. D'autre part, le trésorier d'une organisation néo-nazie a reconnu avoir reçu, depuis la RDA, l'ordre de noyauter les milieux d'extrême droite pour y propager des sentiments antisémites... Ce qui n'a pas dû, je le reconnais, être très difficile pour lui !

Mais assez vite les gens des services spéciaux prennent conscience que, derrière tous ces actes antisémites, se cachent une volonté et une organisation ! Et ils cherchent à savoir à qui profite le crime.

Ces années 1950 sont des années cruciales pour l'Europe à naître, qui est surtout marquée par la réconciliation franco-allemande. Le traité de Rome est signé en mars 1957. Et déjà débutent les discussions sur l'Euratom après la mise en place de la CECA, la Communauté du charbon et de l'acier, communauté dont le siège est à Strasbourg. Or que se passe-t-il ? L'information qui attribue l'attentat aux néo-nazis est très vite rendue publique. Immédiatement se déclenche une violente campagne de presse, non seulement dans les journaux français mais aussi dans le monde entier. Douze ans seulement après la fin de la guerre, on a l'impression d'assister au réveil de « la bête immonde », pour reprendre l'expression de Bertolt Brecht. Cela ne peut laisser personne indifférent, en France et partout ailleurs !

Dans cette campagne de presse, l'Allemagne est immédiatement montrée du doigt : c'est elle la coupable. Coupable d'abriter des néo-nazis, coupable de ne pas avoir pu, ou su, rompre avec son passé totalitaire. Il est vrai que de nombreux nazis ont échappé aux purges, et que d'anciens dignitaires du IIIe Reich ont pignon sur rue en RFA ! Donc, écrivent les journaux, si l'Allemagne n'en a pas terminé avec ses vieux démons, rien n'empêche qu'un jour une nouvelle guerre éclate. Et chaque semaine un nouvel acte d'antisémitisme conforte cette opinion. C'est le thème bien connu des « revanchards de Bonn », comme on les appelle à l'époque. Un argument qui est surtout utilisé à l'Est ou dans les journaux communistes.

C'est finalement cela qui met la puce à l'oreille des gens du SDECE. Qui a intérêt à envenimer les rapports entre l'Allemagne et ses alliés occidentaux ? Qui a intérêt à mettre l'Allemagne fédérale au banc des nations ? L'URSS, bien sûr ! L'URSS qui veut empêcher le rapprochement franco-allemand, et qui veut surtout faire échec à la Communauté européenne. Parce que les Soviétiques sont persuadés que cette union se fait contre le bloc de l'Est, et avec le soutien des États-Unis. Paradoxalement, à la même époque, l'URSS entame un rapprochement avec la République fédérale allemande. Cela n'est qu'apparemment contradictoire. Je m'explique : quand on commence à négocier avec un partenaire, quel qu'il soit, on a intérêt à trouver en face de soi un interlocuteur affaibli ! Or, réellement, cette pseudo-résurgence du nazisme va faire très mal à l'Allemagne ! Pour les services auxquels j'appartiens, il est donc évident que l'URSS se trouve derrière cette manœuvre d'intoxication.

Seulement, pour accuser, il faut des preuves et les services n'ont que des soupçons. Des soupçons très sérieux, très solides, très forts. Mais rien que des soupçons. Nous n'avons eu des certitudes et des preuves que bien plus tard. Et encore une fois, grâce à un transfuge qui a vendu la mèche.

Plus de dix ans après la mort d'Henriette Trémeaud, cet homme nous a révélé la vérité : les organisateurs de cette campagne néo-nazie étaient les services secrets tchèques ! Les Tchèques qui n'ont été que des exécutants. Les véritables commanditaires étaient évidemment les Soviétiques, par l'intermédiaire du KGB et de sa division D. Une division dirigée par un personnage que nous connaissions bien, le général Agayantz. Cet homme très brillant, très astucieux, avait été en poste à Paris, à l'ambassade d'URSS, sous une couverture diplomatique ; il y a dirigé le service d'espionnage soviétique ; c'est-à-dire qu'il était le résident du KGB. Dès 1943, à Alger, Agayantz a noué des contacts politiques de premier plan. Et ensuite il n'a cessé de s'informer sur notre pays et d'y recruter des agents d'influence. Selon notre transfuge, ce général a monté cette affaire, une opération d'intoxication très habilement, très cyniquement préparée. Je peux même révéler qu'Yvan Agayantz l'a testée *in vivo* avant de l'exécuter. Une histoire incroyable ! Machiavélique !

Une nuit, il a envoyé un commando d'hommes du KGB dans un village perdu aux confins de l'Oural. Ces militaires un peu spéciaux ont investi un cimetière juif, peint des croix gammées sur les tombes et écrit un peu partout des slogans antisémites. Puis ils ont disparu. Le but de cette mascarade était d'observer ce qui allait se passer. Et ce fut très révélateur. Parce que si beaucoup de villageois ont manifesté leur indignation, quelques autres ont vu se réveiller spontanément l'antisémitisme latent qui sommeillait en eux. Le « succès » de cette diabolique opération va convaincre Agayantz de la possibilité de faire la même chose à l'Ouest, à grande échelle ! Le résultat : une véritable traînée de poudre. Un peu partout sur la planète, on a recommencé à dire que les Allemands, décidément, n'étaient pas des gens fréquentables !

Il est quand même extrêmement dangereux d'ouvrir la boîte de Pandore et de réveiller ces vieux démons du nazisme, parce qu'on ne sait pas toujours si on pourra les contrôler... Mais les dirigeants soviétiques n'ont pas eu ce genre de scrupule, et la malheureuse Henriette Trémeaud l'a payé de sa vie !

La manifestation de la vérité, grâce aux révélations de ce transfuge, n'a eu aucune conséquence, même si cela peut en choquer plus d'un. La France aurait pu émettre une protestation, imaginer des représailles. Eh bien, non ! Dix ans avaient passé, et l'affaire a été promptement étouffée.

Il faut avouer que, lorsque la réalité de cette conspiration a été découverte au début des années 70, la France amorçait un rapprochement avec la Tchécoslovaquie. Est-ce que l'affaire Trémeaud valait de briser ce rapprochement ? Les gouvernants de l'époque en ont jugé autrement, c'est tout ce que je puis dire.

Dans Les Secrets de l'espionnage français, *ouvrage de référence paru chez Jean-Claude Lattès en 1993, l'auteur, Pascal Krop, dresse une liste des opérations contre-terroristes exécutées par la « Main rouge ». Il écrit :* « De 1956 à 1961, la "Main rouge" s'est véritablement déchaînée. Attentats, meurtres, hold-up : les opérations Arma (pour les armes), et Homo (pour les homicides) n'ont cessé de se succéder. » *Et Krop de dresser toute une liste d'attentats attribués à la « Main rouge », c'est-à-dire au SDECE. Cela commence en septembre 1956. Le 28, les bureaux du trafiquant d'armes Otto Schlüter sautent. Une bombe à retardement avait été maquillée en extincteur. L'adjoint du trafiquant, Wilhelm Lorenzen, y perd la vie. Deuxième attentat sur la liste établie par Krop :* « 17 mai 1957, en ouvrant une boîte de cigares Upmann envoyée à son mari par un certain Carlos Garcia Soldevllat, Henriette Trémeaud, épouse du préfet du Bas-Rhin, est déchiquetée par l'explosion d'une machine infernale. Rappelons que M. Trémeaud avait été préfet d'Alger », *précise l'écrivain.*

Monsieur X a formellement démenti cette hypothèse ! C'est un transfuge qui a permis à *nos services spéciaux de découvrir la vérité sur cette opération d'intoxication et sur l'attentat de Strasbourg... Mais il faut signaler qu'une autre version circule : elle est mentionnée en particulier dans* Les Dernières Nouvelles d'Alsace, *qui reprend un article paru en 1971 dans l'hebdomadaire allemand* Der Spiegel. *En fait, l'affaire aurait été rendue publique par une lettre confession d'un officier des services secrets tchèques, lettre adressée au secrétaire général du parti communiste, Gustav Husak. Comment cette lettre est-elle parvenue au journal allemand ? Mystère.*

D'autre part on trouve dans le livre de Thierry Wolton, La France sous influence, *paru chez Grasset, une relation de l'affaire Trémeaud qui ressemble dans ses grandes lignes au récit fait par Monsieur X. Enfin, dans l'ouvrage de Christopher Andrew et Oleg Gordievsky consacré au* KGB dans le monde, *on trouve un rapide portrait du général Agayantz, l'homme qui aurait été le chef d'orchestre de cette campagne d'intoxication. Le chef de la Division D du KGB était, d'après ces auteurs, un Arménien de haute taille, grognon, mais au charme indéniable, qui possédait plusieurs langues, dont le persan et le français. Agayantz devait sa nomination aux succès qu'il avait remportés dans le lancement de faux mémoires et d'ouvrages du même genre. On lui devait en particulier les pseudo-mémoires du général Vlassov. Ou encore la publication d'une fausse correspondance entre Staline et Tito où ce dernier reconnaissait ses sympathies trotskistes. Bref, Agayantz était un spécialiste du faux et de la contrefaçon. Et c'est presque naturellement, écrivent encore Andrew et Gleg Gordievsky, qu'on lui aurait confié la mission qui consistait* à *faire de l'Allemagne une république minée par la résurgence du nazisme. Quitte à sacrifier quelques innocents au passage.*

5

La « Main rouge » ou l'espion amoureux

La « Main rouge ». Un nom qu'on croirait sorti d'un feuilleton du XIXe *siècle. Mais oublions Rocambole : la « Main rouge », c'est le nom d'une redoutable organisation contre-terroriste qui a fait beaucoup parler d'elle dans les années 50 et 60, et à qui on peut attribuer des dizaines d'attentats.*

Ce nom, d'abord : il a été choisi par référence à *la « Main de la Fatma », porte-bonheur des musulmans. Mais, contrairement au talisman arabe qui est généralement noir et or, cette main est rouge, rouge comme le sang.*

En 1955, un important industriel français, Jacques Lemaigre-Dubreuil, est assassiné. Son crime : il était partisan de l'indépendance du Maroc. Dans les années qui suivent, un peu partout en Europe, de nombreux dirigeants algériens sont victimes d'attentats, des marchands d'armes sont liquidés, des bateaux de contrebandiers sautent… Chaque fois, on parle d'une mystérieuse « Main rouge ». Mais personne ne sait qui se trouve réellement derrière.

Un journaliste anglais du Daily Mail *est le premier* à *révéler une piste en 1959. Il recueille le témoignage d'un certain Christian Durieux, professeur d'origine corse qui affirme être un membre actif de la « Main rouge ». Cette organisation, composée d'ultras, de pieds-noirs, de partisans acharnés de la présence française au Maghreb, a un but : s'attaquer aux terroristes du FLN partout où ils se trouvent. Un peu plus tard, un drôle de colonel manchot organise une conférence de presse clandestine à Versailles. Il prétend appartenir à une organisation rivale, la « Catena », qui poursuit à peu près les mêmes objectifs mais se propose aussi d'empêcher, selon ses propres termes, le débordement de l'Occident chrétien par la barbarie...*

Peu après, un livre paraît : il s'intitule tout simplement La Main rouge *et soutient que les deux organisations clandestines n'en forment qu'une. Étrange livre signé par un auteur de romans d'espionnage, Pierre Genève, et paru en Suisse chez une maison d'édition qui ne publiera que cet unique ouvrage. Le livre, qui donne force détails sur l'organisation et ses actions d'éclat, sera abondamment repris par les journaux. Tout en soutenant que la « Main rouge » est une organisation indépendante, on y évoque un certain « colonel Mercier », membre du Deuxième Bureau, lequel donnerait à l'occasion des tuyaux aux contre-terroristes.*

Il apparaît aujourd'hui que ces interviews et ce livre ont été fabriqués de toutes pièces. Il s'agissait de maquiller les agissements, bien réels ceux-là, de tueurs, de commandos d'exécuteurs téléguidés depuis la France par des services officiels, avec la bénédiction des plus hautes autorités de l'État. C'est en tout cas ce qu'affirme Monsieur X.

Au temps de la guerre d'Algérie, le pouvoir devait non seulement faire face à la rébellion sur le terrain, dans les villes et les djebels, mais il avait aussi pour tâche de juguler le terrorisme sur notre propre territoire. Il lui fallait également tarir les approvisionnements en armes du FLN. Vaste programme. Ordre a été donné aux services de mener une lutte implacable contre le FLN. Et les services ont obéi... C'est alors qu'un officier du SDECE a inventé la « Main rouge ». Une pure fiction qui permettrait aux services spéciaux d'entrer dans cette guerre qui ne voulait pas dire son nom et d'utiliser tous les moyens, y compris les moins avouables ! Un mythe indispensable, car beaucoup d'opérations allaient être conduites dans des pays amis. En tout état de cause, le gouvernement français ne pouvait pas officiellement assumer ces meurtres ou ces attentats qui seraient donc attribués à la redoutable « Main rouge ».

Inventée sous la IVe République, celle-ci n'a jamais été aussi efficace que sous la Ve République ! Je peux même affirmer que les actions Arma (actions dirigées contre les trafiquants d'armes, les marchands de mort) ou Homo (comme homicides) n'étaient exécutées par le SDECE que si elles obtenaient le feu vert du Premier ministre en personne. Quelques-unes de ces actions ont été menées par des truands recrutés pour l'occasion ; toutefois, ces mercenaires de la voyoucratie ont été plutôt décevants et ils ont été assez vite remerciés... Ce sont pourtant les mêmes qu'on retrouvera plus tard lors de l'affaire Ben Barka. Et toujours en relation avec le SDECE !

Personnellement, j'ai suivi de très près un des épisodes les plus spectaculaires des sanglantes manœuvres de la « Main rouge », où l'amour le dispute à la logique impitoyable des services secrets : l'affaire Puchert !

À Hambourg, Georg Puchert avait officiellement été à la tête d'une société d'import-export. En réalité, c'était un trafiquant d'armes. Né en Lettonie, il avait acquis la nationalité allemande après la Seconde Guerre mondiale dans des conditions obscures. Nous savions que c'était l'un des fournisseurs d'armes les plus importants du FLN, et depuis longtemps nous le soupçonnions d'être un agent de l'Est. Ce qui permettait à cet habile commerçant d'acheter à bon prix armes et explosifs en Tchécoslovaquie, l'un des principaux pays producteurs.

Pourquoi ces soupçons ? À cause de l'origine lettone de Puchert. Après la guerre, les Soviétiques avaient largement recruté dans les pays baltes. C'était d'autant plus facile que de nombreux Lettons, Estoniens ou Lituaniens avaient collaboré avec l'occupant nazi. Gravement compromis, ils ne pouvaient rien refuser au nouvel occupant ! En outre, un élément de sa biographie avait attiré notre attention : au début des années 50, une « cousine » était venue le rejoindre à Hambourg. Cette jolie cousine, accompagnée d'une adolescente – sa fille –, s'était très bien accommodée de la mainmise soviétique sur son pays et n'avait à aucun moment tenté de fuir. Et quand, soudain, elle choisit de passer à l'Ouest, elle ne rencontre aucune difficulté. Installée à Hambourg avec sa fille, la pseudo-cousine lettone file bientôt le parfait amour avec le trafiquant d'armes qui, brusquement, abandonne femme et enfants. Il part avec sa « cousine » et la fille de celle-ci à Tanger où il monte un nouveau et fructueux commerce d'armes, sans toutefois renoncer à ses activités en Allemagne. Tanger, zone internationale, alors capitale mondiale de tous les trafics. Tanger, si proche de l'Algérie où brûlaient depuis le 1er novembre 1954 les feux de la rébellion.

À Tanger, Puchert crée une seconde société d'import-export, Astramar, et il obtient sans peine un brevet de capitaine au long cours. Très vite, il monte une véritable flotte de petits bateaux modernes et rapides battant pavillon du Costa Rica. À l'évidence, même s'il est parti de Hambourg avec un petit magot, Puchert a été aidé, puissamment aidé ! Et cela nous renforce dans notre idée que Puchert agit sur ordre et que sa belle cousine est également un agent.

Officiellement, les bateaux de Puchert se livrent à la pêche à la langouste… Mais, en réalité, cette flottille est une couverture pour son trafic. Le système est simple : les bateaux de sa flotte rencontrent en haute mer d'autres bâtiments chargés d'armes. Le transbordement s'effectue hors des eaux territoriales. Ensuite, les bateaux de Puchert, très rapides, très maniables, livrent les armes au FLN dans des criques isolées…

Quant aux langoustes, car il faut bien justifier la sortie en mer, elles sont achetées à de petits pêcheurs de la côte, juste avant de regagner le port de Tanger. Et Puchert, comme n'importe quel autre patron pêcheur, les revend ensuite au marché. Son trafic, si bien organisé, passe quasiment inaperçu. À l'époque, à Tanger, les autorités n'étaient guère regardantes… Et puis, pour convaincre Puchert de trafic illégal, il aurait fallu le prendre sur le fait ! Or les vedettes de la douane étaient loin d'être assez rapides.

Le SDECE surveillait très étroitement l'approvisionnement en armes du FLN. Notre correspondant à Tanger découvre assez vite le rôle de Puchert. Un rôle très important, de plus en plus important. La tentation est grande de le liquider purement et simplement. Mais il est décidé de lui donner une chance.

Pourquoi tant de mansuétude ? Parce qu'il était d'abord essentiel de comprendre comment était organisé le trafic et de découvrir quels étaient les contacts de Puchert. Il fallait donc pénétrer son entreprise. Ensuite, mais ensuite seulement, nous tenterons de le dissuader de continuer à livrer des armes aux rebelles algériens. Et nous ne manquons pas d'arguments très convaincants sinon expéditifs.

Un homme est choisi pour infiltrer l'organisation de Puchert. Un ancien légionnaire d'origine catalane, un authentique baroudeur qui a roulé sa bosse en Corée, en Indochine et en Algérie. Petit bonhomme sec, musclé, basané, avec une belle gueule de dur, il répond au pseudonyme de Pedro. C'est Leroy-Finville qui l'a recruté au sein du service action. Leroy-Finville, le chef du célèbre « service 7 » qui regroupe les « plombiers » du SDECE.

Pedro n'est pas un néophyte du renseignement. Il a d'abord travaillé comme opérateur radio pour le service de sécurité de la Légion. Puis il a été envoyé dans le Sud algérien, sous une couverture de responsable d'une station-service, où il a surveillé les caravanes venant de Libye et de Tunisie qui pratiquent la contrebande d'armes. Afin de le rendre à nouveau opérationnel pour une autre mission, le service de sécurité de la Légion a imaginé de le faire mourir fictivement en attribuant son identité au cadavre d'un homme retrouvé poignardé dans le port d'Alger. C'est alors que Leroy-Finville l'a remarqué et intégré au service action du SDECE.

Comme tous les agents, Pedro a fait l'objet d'une véritable évaluation psychologique par nos spécialistes qui l'ont décrit comme quelqu'un d'équilibré, imperméable aux problèmes sentimentaux. Bref, un homme aux nerfs d'acier, idéal pour accomplir cette mission particulièrement délicate.

Pedro arrive donc à Tanger. On a soigneusement confectionné sa « légende ». Pedro est un ancien soldat français. Un type qui en a soudain eu marre de l'armée et qui cherche l'aventure. N'importe quelle aventure bien rétribuée, sans se soucier de savoir si elle est honnête ou non. Pour le reste, c'est un homme qui n'a pas froid aux yeux et qui est sans attaches…

Dans cette ville internationale où les aventuriers de tout acabit grouillent, l'ex-baroudeur ne détonne pas. Dès son arrivée, Pedro commence à fréquenter les gens du port, les bars… Bricoleur, il rend des petits services aux uns et aux autres et creuse son trou. Très vite, il devient un personnage familier de cette ville interlope. Il peut alors passer à l'action. Habilement, il se débrouille pour se trouver très souvent sur le chemin de Puchert. Il fréquente les mêmes bars, les mêmes hôtels. On bavarde, on prend des verres ensemble, on se jauge, et on finit par faire ami-ami. Pedro sait très bien que dans ses entreprises Puchert aime à s'entourer de types comme lui. Mais l'ancien légionnaire ne pousse pas trop vite son avantage. Il attend patiemment. En fait, son objectif, c'est d'abord une jeune fille. Une splendide brune, Marina, la belle-fille de Puchert. Or il se trouve qu'elle accompagne souvent le trafiquant d'armes lors de ses sorties en ville...

Pedro est en liaison radio permanente avec le SDECE. Ses chefs lui conseillent d'être prudent et surtout patient. Très patient. Pedro obéit et joue avec finesse. Il ne brusque pas les choses mais, au contraire, il fait comprendre élégamment à la jolie Marina qu'il la trouve à son goût, qu'il apprécie sa compagnie. Et enfin, un jour, il ose. Il lui propose un rendez-vous sur la plage. Marina accepte : Pedro a incontestablement du charme. Et il sait s'en servir.

Une amourette se noue. Puchert n'en ignore rien. Et il ne voit pas d'un mauvais œil le flirt de Marina et de Pedro. Comme c'est un homme prudent, il mène une petite enquête. Et ce qu'il apprend du prétendu passé de l'ancien militaire lui donne satisfaction. Mais ce qu'il ne sait pas, c'est que Pedro est amoureux sur ordre ! Son but, celui que lui ont assigné ses chefs, c'est de devenir l'homme de confiance de Puchert ! Lui, l'agent du SDECE, homme de confiance du plus gros fournisseur d'armes du FLN !

Pedro est devenu le chevalier servant de Marina. Ils vont se baigner ensemble, ils se voient tous les jours. Ils se tiennent par la main, ils échangent des baisers à la sauvette afin de respecter les apparences. Pedro est maintenant un familier de la famille Puchert. Il est temps de passer à la vitesse supérieure.

Un soir, Pedro demande à Puchert un entretien en particulier. Le trafiquant croit que l'ancien soldat va lui parler de Marina. Peut-être même la demander en mariage. Non, il s'agit d'autre chose : Pedro abat une partie de son jeu. Il sait que Puchert se livre à des activités de contrebande. On dit même à Tanger que les armes l'intéressent beaucoup. Et, justement, lui, Pedro, il est sur une affaire... Puchert ne bronche pas. Il écoute. Pedro poursuit : oui, une affaire exceptionnelle. Des mitraillettes. Des centaines de mitraillettes. Cette fois, Puchert dresse l'oreille. Il interroge : et où se trouvent-elles, ces mitraillettes ? Pedro ne se démonte pas. Elles sont en Espagne. Il suffit d'aller les chercher ! Avec les vedettes ultra-rapides de Puchert, ce sera un jeu d'enfant !

Le trafiquant est alléché. D'autant que le prix est dérisoire. Il a toutes les chances de réaliser un gros coup. Ses clients du FLN lui achèteront sans barguigner ces armes dont ils ont un besoin urgent. Et ils le paieront grassement.

Lorsque Pedro quitte Puchert ce soir-là, il transpire à grosses gouttes. Car il a tout inventé. Les mitraillettes n'existent pas.

La nuit même, Pedro appelle Paris. Il raconte : Puchert est ferré, il a mordu à l'hameçon. Mais, pour aller plus loin, il faut réellement lui livrer les armes promises ! Au SDECE, inutile de le cacher, on grimace. Ces mitraillettes, si on décide de les fournir en les prélevant sur les stocks de l'armée, vont être livrées au FLN. C'est-à-dire que des soldats français risquent de tomber sous le feu d'armes livrées par les services secrets ! Alors le pouvoir politique tranche : le jeu en vaut la chandelle !

C'est ainsi, tout en filant le parfait amour avec Marina, que Pedro devient réellement l'homme de confiance de Puchert. Il se consacre avec dévouement et efficacité à son nouveau travail. Puchert est ravi. Pedro est une recrue de choix ! Les affaires vont devenir encore plus florissantes.

En même temps, Pedro transmet naturellement au SDECE toutes les informations qu'il peut recueillir : les quantités d'armes, les destinations, les lieux de transbordement, de débarquement... Des renseignements inestimables. Mais comment les exploiter ? Intercepter les vedettes de Puchert, saboter les livraisons, c'est exposer Pedro, notre informateur. Toutefois, on ne peut pas indéfiniment laisser Puchert armer le FLN en toute impunité. Alors, après une longue réflexion, la décision est prise d'en finir une fois pour toutes.

Une nuit, Pedro envoie un message urgent : une énorme cargaison d'armes doit quitter le port de Hambourg à destination de Tanger. Puchert a passé commande, auprès de l'un de ses confrères allemands, de milliers de pistolets-mitrailleurs, de carabines-fusils, de pistolets, de fusils-mitrailleurs, de lance-grenades, d'explosifs, etc.

Le bateau, un chalutier, la *Bruja Roja,* appartient à Puchert. C'est un peu délicat d'intervenir à Hambourg même... Les Allemands risquent de le prendre très mal. Alors on décide d'opérer à Tanger. Pedro est chargé de tenir Paris constamment informé de la route suivie par le chalutier et de sa progression. Toutefois, prudemment, nous ne lui disons pas tout. Car nous avons de bonnes raisons de penser que Pedro est en train de flancher.

En effet, au SDECE, les officiers traitants de Pedro se sont peu à peu rendu compte que les informations fournies par Pedro sont moins précises... Et pourtant, on sait qu'il est au mieux avec Puchert et qu'il partage la plupart de ses secrets. Que se passe-t-il donc ? Alors on a envoyé quelqu'un sur place, une femme. Et il lui a suffi de peu de temps pour comprendre : Pedro est tombé amoureux ! Amoureux fou de Marina... Le « dur » est tombé dans le piège. À trop s'approcher des lampes, les agents secrets aussi peuvent se brûler les ailes ! Et cela, nos psychotechniciens n'avaient pas su le prévoir !

L'attentat contre la *Bruja Roja* est donc préparé sans que Pedro en soit informé. Une équipe de spécialistes est dépêchée sur place.

Lorsqu'il voit le chalutier de Puchert exploser dans le port de Tanger, Pedro doit avoir un choc. Mais, d'après moi, il comprend tout de suite. Et même plus, il réalise que, si Puchert ne renonce pas à ses activités, il sera liquidé… À cause de lui, Pedro ! Alors, par amour pour Marina, il essaie de persuader Puchert d'abandonner. Mais le trafiquant ne veut rien entendre ! D'ailleurs le peut-il ? Ses employeurs soviétiques n'autoriseraient probablement pas un de leurs agents à quitter la partie.

Pedro, nous le devinons, était sur le point de trahir. Peut-être même a-t-il commencé à révéler une partie de la vérité à Puchert.

À Paris, Leroy-Finville est partisan de trancher dans le vif : Pedro nous trahit, donc on l'abat ! La sécurité l'impose. Mais d'autres, moins radicaux, mettent en avant les services rendus. Et le pire est évité… Pedro est convoqué à Paris. Il obéit. Très vite, il se met à table. Il raconte tout. C'est un type bien, au fond… Un type si bien qu'il choisit de ne pas retourner à Tanger. Il n'a plus le courage de mentir à Marina et préfère donc sacrifier son amour…

Mais Puchert, lui, ne peut échapper plus longtemps aux exécuteurs de la « Main rouge » ! Alerté par le spectaculaire sabotage de la *Bruja Roja,* il s'est replié sur Francfort, haut lieu du trafic d'armes en Europe. Mais il n'a nullement renoncé à son commerce. Au contraire, d'après ce que nous savons, il a encore accru ses liens avec les indépendantistes algériens, dont il est devenu une sorte de ministre de l'armement. Il importe donc de se débarrasser de lui au plus vite. Et tant pis si ça risque de froisser la susceptibilité de nos amis allemands.

Une équipe du service Action part pour Francfort afin de préparer et exécuter une opération Homo. Seulement il y a un accroc d'importance ! Pedro, qui fait toujours partie des services malgré sa fâcheuse faiblesse pour la belle Marina, apprend par une indiscrétion que l'ordre d'exécuter Puchert a été donné. Et, une nouvelle fois, il craque ! Il saute immédiatement dans un avion pour Francfort et se précipite chez Puchert... Retrouvailles émouvantes avec Marina. Mais c'est Puchert qu'il veut voir. Puchert à qui il déballe tout. Oui, je suis un agent français, oui, je vous ai espionné ! Des tueurs sont arrivés de Paris, ils vont vous tuer. Marina est effondrée. Puchert, lui, réagit avec violence. Il met Pedro à la porte, non sans lui avoir dit qu'à Francfort il dispose de gardes du corps algériens et qu'il se sent parfaitement protégé. Pedro sait qu'il a probablement perdu Marina pour toujours. Car il n'en doute pas : malgré les gardes du corps, malgré toutes les mesures de protection dont Puchert s'entoure, il finira par être tué : les exécuteurs de la « Main rouge » ratent rarement leur cible.

Quelques jours plus tard, Georg Puchert commet une grave erreur. C'est le soir. Le trafiquant revient chez lui. Il se sent fatigué. Sans doute un début de grippe. Il n'a pas le courage de ranger sa voiture dans le box qu'il loue. Et il se gare dans la rue devant chez lui.

Le lendemain matin, au moment où Puchert actionne la clef de contact de son auto, c'est l'explosion. Terrible ! Nos artificiers avaient placé sous le véhicule une bombe remplie de billes d'acier. Puchert ne pouvait pas s'en sortir vivant... La « Main rouge » avait à nouveau frappé de manière spectaculaire !

Et Pedro, l'espion amoureux ? Le cœur brisé, il est revenu à Paris aussitôt après avoir été chassé par Puchert. Il a immédiatement donné sa démission du SDECE. C'est à Paris qu'il a appris l'attentat. Désormais, Marina ne pourrait jamais lui pardonner. Leur idylle a cessé à la seconde même où Puchert était pulvérisé dans sa voiture piégée !

Cette affaire a scandalisé les Allemands. L'assassinat du trafiquant Puchert a même failli tourner à *l'incident diplomatique. Pascal Krop, dans son livre sur* Les Secrets de l'espionnage français, *paru chez Jean-Claude Lattès, écrit que, au cours d'une rencontre avec le général de Gaulle, le chancelier Konrad Adenauer a voulu aborder le sujet de cette curieuse « Main rouge » qui multipliait les attentats sur le territoire de la RFA. Il paraît que le visage du Général s'est aussitôt durci. Et Adenauer a changé de sujet. Pourtant, incontestablement, il avait de quoi se plaindre. Car les hommes du SDECE, sous le couvert de la mystérieuse « Main rouge », ont multiplié attentats et sabotages en Allemagne, frappant des Algériens, bien sûr, mais aussi des citoyens allemands soupçonnés d'aider le FLN. La liste est longue, impressionnante. Pour la seule RFA, voici quelques exemples :*

– Hambourg, 28 septembre 1956, un extincteur piégé explose dans les bureaux du trafiquant Otto Schlüter. Son adjoint, Wilhelm Lorenzen, est tué.

– Hambourg, 3 juin 1957, une Mercedes 220 appartenant à Schlüter saute. Le mère du trafiquant est tuée sur le coup.

– Bonn, 5 novembre 1958, le dirigeant FLN Aït Ahcene est mitraillé. Il mourra quelque temps plus tard.

– Sarrebruck, 19 janvier 1959, l'Algérien Abd el-Soualen est abattu devant la gare.

– Francfort, 3 mars 1959, Georg Puchert meurt dans l'explosion de sa voiture piégée.

– Francfort, 31 décembre 1959, Abdelkader Noassri, ancien collaborateur de Puchert, a les mains arrachées alors qu'il ouvrait un colis postal,

– Munich, 16 novembre 1960, Wilhelm Beissner, dirigeant d'une firme d'import-export, perd les deux jambes dans l'explosion de son auto.

Enfin, Pascal Krop publie une fiche dactylographiée du SDECE consacrée à Georg Puchert. Alias capitaine Morris, Puchert est domicilié à Tanger, Maroc, 7, rue

Vermeer. Marié, un enfant, il réside en Allemagne depuis juillet 1958 en qualité d'acheteur de munitions pour le FLN. Le rapport comporte encore plusieurs pages et relate dans le moindre détail le passé de Puchert, depuis son trafic de cigarettes en Méditerranée, sous le pseudo de Morris, jusqu'aux plus récents achats d'armes en Allemagne. Les Algériens avec lesquels il est en relations d'affaires y sont nommés et fidèlement décrits. La fiche donne enfin des informations très précises sur les déplacements et les voitures utilisées par Puchert et ses amis.

6

La Bleuite

On dirait le nom d'une maladie : la Bleuite ! Et peut-être était-ce réellement une maladie... Une maladie qui a décimé les rangs du FLN pendant la guerre d'Algérie. Une maladie insidieuse et mortelle, volontairement introduite dans les maquis algériens par l'armée française !

Tout commence le 8 novembre 1956. Ce jour-là, le général Salan est désigné comme commandant de la 10e région militaire et commandant suprême en Algérie. Deux mois plus tard, Salan est convoqué par le ministre résident, Robert Lacoste. Celui-ci l'informe que, sur l'ensemble du département d'Alger, il va donner tous les pouvoirs de police à la 10e division de parachutistes commandée par le général Massu. Une décision grave, inédite et très importante, car cela signifie que l'autorité civile se dessaisit de ses pouvoirs et les confie à l'armée. On sait ce qu'il en adviendra : certes les paras de Massu gagneront la bataille d'Alger et la ville recouvrera le calme. Mais ils multiplieront aussi les exécutions sommaires et généraliseront l'emploi de la torture.

Qui sont ces hommes à qui l'on attribue les pouvoirs de police ? La plupart ont déjà combattu en Indochine où ils ont dû faire face à une véritable armée organisée, surtout dans les dernières années. Mais certains, comme le colonel Trinquier et ses officiers, en sont revenus avec des idées bien précises sur les méthodes à appliquer en matière de guerre antisubversive. Des idées qu'ils ont d'ailleurs paradoxalement piochées dans les théories de Mao Zedong...

C'est ainsi qu'ils ont créé en Indochine des maquis pro-français formés de combattants autochtones. Avec une contrepartie de taille : pour obtenir le soutien de ces maquisards anti-Viêt-minh, il leur fallait aussi se transformer en trafiquants d'opium...

C'est donc à ces hommes rompus à *l'action psychologique et à la guerre antisubversive que l'on confie les pouvoirs de police* à *Alger. Il leur faut s'adapter* à *la guérilla urbaine. Les attentats sont quotidiens ; le FLN règne en maître sur la Casbah et jouit incontestablement du soutien de la population musulmane. Il s'agit donc pour les paras de Massu de briser cette organisation en faisant d'abord pression sur la population arabe.*

Trinquier, car c'est lui qui va d'abord être aux commandes, met en place un DPU, un dispositif de protection urbaine. Son but officiel : faire participer l'ensemble de la population, musulmane et européenne, à sa propre protection. 7 500 hommes, la moitié d'une division, sont affectés au DPU. Première tâche : ficher tous les habitants de la Casbah et des bidonvilles. Ceux qui veulent échapper à *ce recensement sont considérés comme suspects et traités comme tels. Mais surtout, on encourage la délation* à *grande échelle.*

Très vite, les résultats sont là : les chefs locaux du FLN sont pris les uns après les autres. Ceux qui ne sont pas tués ou arrêtés doivent fuir la zone algéroise. Le dernier à résister se nomme Yacef Saadi. Mais il finit par tomber à son tour. La bataille d'Alger est pratiquement gagnée.

Ce qu'on sait moins, c'est que cette victoire n'a été possible que parce que des militants du FLN ont été « retournés », ont accepté de collaborer avec les paras et ont dénoncé les leurs... C'est cela la Bleuite. Pourquoi ?

Parce que ces traîtres à leur cause sont vêtus de bleus de chauffe. Une sorte d'uniforme qui, rapidement, va terroriser toute la Casbah, où désormais plus personne ne fait confiance à personne...

Celui qui a inventé la Bleuite est un type étrange, assez redoutable même : le capitaine Léger. À l'époque je ne le connais pas bien, mais il m'est arrivé de le croiser. L'homme ne paie pas de mine : grand, mince, brun, il ressemble à un étudiant, un étudiant bien élevé et bien sage. Or c'est tout le contraire, Léger est un homme d'action, un baroudeur, un gars qui n'a pas froid aux yeux, comme il l'a montré en Indochine où il se trouvait déjà sous les ordres de Trinquier. Mais c'est surtout un spécialiste incontesté du renseignement, ayant fait partie du SDECE. Dans sa biographie officielle, il y a un trou de deux ans entre 1955 et 1957, et je suis intimement persuadé que, dans ces années-là, Léger s'est bagarré contre les marchands d'armes qui approvisionnaient le FLN ! Il n'a pas vraiment quitté le SDECE ; de fait, lorsqu'on a appartenu à ce genre de maison, on en reste, en quelque sorte, pensionnaire à vie... et je sais de quoi je parle.

Mais les connaissances de Léger en matière de renseignement suffisent-elles à expliquer sa réapparition en Afrique du Nord ?

Oui, car Léger a déjà fait ses preuves. En Indochine il a monté un groupe de trois cents paras vietnamiens dont beaucoup étaient d'anciens combattants viêt-minh, faits prisonniers puis « retournés ». Des types qu'il a galvanisés, car c'est un meneur d'hommes ! Ces paras vietnamiens ont fait très mal à leurs anciens camarades...

Fort de son expérience indochinoise, et rompu à ces méthodes qui peuvent paraître discutables, mais qui sont incontestablement efficaces en temps de guérilla,

Léger arrive en Algérie. Il est assurément l'homme de la situation : il est habile et agit en véritable spécialiste de la guerre psychologique. Très vite, il obtient des succès et parvient à retourner des responsables importants du FLN. Sans faire usage de la torture... Bien que Léger soit loin d'être un tendre, cet officier très adroit a mis au point une méthode. Dès qu'un fellagha d'une certaine importance est fait prisonnier, il discute avec lui. Lui disant en substance : « Qu'est-ce qu'on fait en ce moment en Algérie ? On se bat entre Français... Parce que toi aussi, Mohamed, tu es français, aussi français que moi ! Je ne fais pas de différence, moi, entre un Français musulman et un Français de souche, entre un Arabe et un pied-noir ! » Voilà comment il leur parle, et ce discours est entendu ! Je ne dis pas que cela suffisait, que cela se faisait en cinq minutes, mais Léger était vraiment très persuasif, en tout cas d'une efficacité à toute épreuve !

Quoi qu'il en soit, tous les hommes qu'il a convaincus et retournés, il les habille de bleus de chauffe et les sort. Ces promenades en compagnie de paras français inquiètent. La population, qui les connaît bien, est impressionnée. Elle commence à prendre peur. Perfidement, Léger veut aussi persuader les habitants de la Casbah que ses hommes sont partout, et qu'aucune information ne peut leur échapper. Enfin, il ne faut pas oublier que tous ces « bleus », comme on les appelle, sont d'anciens lieutenants des grands chefs FLN d'Alger : Yacef Saadi, Si Mourad, Ali la Pointe... Alors si ceux-là ont choisi la voie de la collaboration avec la France, pourquoi continuer à résister ? La persuasion par l'exemple ! Et si d'aucuns hésitent à comprendre la leçon, on envoie les gros bras. Car auprès de Léger il y en a aussi. En particulier, un certain Abdelaziz, qu'on surnomme « Surcouf » pour je ne sais quelle raison, et qui est un colosse, un vrai tueur...

Donc, cette Bleuite, puisqu'il faut bien l'appeler ainsi, est très contagieuse, et la réputation des bleus de chauffe parvient jusqu'aux chefs de willayas qui tiennent toujours le maquis. Vont-ils longtemps échapper à la contagion ? En août 1957, en pleine bataille d'Alger, le machiavélisme du capitaine Léger s'apprête à donner sa pleine mesure. Les paras de Massu ont mis la main sur un gros poisson : Hacene Ghandriche, dit Safi le Pur, chef de la zone est d'Alger. Son arrestation reste secrète, et Léger entre immédiatement en contact avec lui : Ghandriche est retourné assez rapidement. Léger lui demande de continuer à correspondre avec les autres dirigeants FLN d'Alger car, à cette époque, Ali la Pointe et surtout Yacef Saadi ne sont pas encore tombés. Correspondre ? Mais comment ?

Chacun de ces hommes a une planque, une sorte de boîte postale par l'intermédiaire de laquelle il continue de fournir des informations à Ghandriche, qui s'empresse de les donner à Léger. Les dirigeants FLN ne savent pas que Ghandriche est tombé entre les mains des Français, et n'ont aucune raison de se méfier de lui. Le capitaine Léger est mis au courant jour après jour de tout ce qui se passe au sein du FLN. Ce petit manège dure quelques précieuses semaines. Soudain, coup de théâtre : Yacef Saadi sent qu'il va être arrêté prochainement, et décide de nommer Ghandriche responsable militaire de la zone d'Alger ! Mieux : afin d'authentifier cette nomination, il communique le nom de Ghandriche à Amirouche, le célèbre chef de la willaya trois. Pour Léger c'est un coup de maître ! Mais ce n'est pas fini... Quelques jours plus tard les paras arrêtent le chef de la zone ouest, Mohamed Hani, et lui aussi accepte de collaborer.

Pour expliquer cette série de défections au FLN, il faut dire qu'il y a chez ces combattants arabes une sorte de lassitude. Ils se sont durement battus contre l'armée française, ils ont mis Alger à feu et à sang en provoquant des attentats terriblement meurtriers et ils découvrent soudain qu'en très peu de temps leur organisation a été démantelée, leurs hommes arrêtés, tués... Alors à quoi bon continuer ? Certes, cela ne les oblige pas à trahir, car de la démotivation à la trahison il y a tout de même loin !

Mais ils ont également peur pour leur vie. Les corvées de bois, cela existe, ces corvées au cours desquelles les fellaghas sont froidement abattus dans le dos... On prétend ensuite qu'ils ont tenté de fuir. C'est aussi l'époque des « crevettes Bigeard », ces hommes qu'on retrouve noyés dans le port d'Alger ! En tout cas, après la bataille d'Alger, Léger contrôle pratiquement l'organisation FLN de la Ville blanche. Au fond, le capitaine français est devenu, via Ghandriche, le vrai chef du FLN algérois.

Ghandriche et Hani, les deux importants responsables retournés, ne sont évidemment pas habillés de bleu ; on les cache, car il faut qu'à l'extérieur, dans les willayas, on continue de les croire libres, afin que, tôt ou tard, les hommes du maquis prennent contact avec eux. Seulement un gros problème se pose : pour être crédibles ils doivent continuer à poser des bombes ou à perpétrer des actions terroristes, et cela, c'est un vrai casse-tête pour le capitaine Léger et ses chefs ! Est-il possible d'organiser de faux attentats ? Les chefs de Léger ne sont pas chauds... D'autant que la population algéroise goûte le calme qui s'est instauré après la bataille d'Alger.

Léger est un fonceur, un acharné ; cette opération de retournement, c'est son œuvre, et il est bien décidé à la sauvegarder à tout prix. Alors il fait le siège de ses supérieurs ; il leur dit qu'il y a urgence parce que les chefs des willayas s'impatientent ; ils ont envoyé à Ghandriche et Hani des armes, des munitions, des grenades, des bombes. Or rien ne se passe à Alger. Cela devient suspect. Et puis il y a autre chose, un argument très subtil que Léger utilise. Il dit à Godard, son chef : « Si on ne commet pas de faux attentats, ceux du maquis vont descendre à Alger et ne vont pas hésiter à en commettre des vrais et faire des dégâts ! Des dégâts sanglants ! » C'est ainsi qu'il réussit à convaincre ses chefs, persuadé lui-même que, s'il ne passe pas à l'action, la catastrophe est inéluctable. Et la hiérarchie militaire accepte, à condition qu'il n'y ait ni morts ni blessés ! Uniquement des dégâts matériels.

Le capitaine commence par faire éclater une grenade dans les propres locaux de son commando des « bleus de chauffe »... en veillant bien sûr à ne blesser personne. C'est très malin de sa part, car cela prouve aux hommes des willayas que le FLN d'Alger est encore puissant puisqu'il n'hésite pas à s'attaquer directement à son ennemi le plus redoutable.

Une grenade ne suffisant pas, Léger passe au stade supérieur. Premièrement, accompagné de Surcouf, il arrête un fellagha, ce qui n'est pas trop difficile puisqu'il a la liste de tous ceux qui sont encore en liberté à Alger. Deuxièmement, il s'arrange pour que l'homme essaie de fuir. Aussitôt, Surcouf l'abat d'une rafale de mitraillette. Troisièmement, Léger appelle par radio une patrouille de paras et il explique posément en montrant le cadavre du fellagha : « Ce type a essayé d'échapper à un de vos contrôles ; il vous a balancé une grenade : vous l'avez tué ! » Et pour faire bonne mesure, Léger dégoupille une grenade et la lance contre le véhicule des paras... Cela fait incontestablement plus vrai !

Léger n'est pas un tendre, c'est la guerre, et il est prêt à tout pour réussir son affaire.

Ces deux faux attentats ont calmé provisoirement les gens des willayas. Mais rapidement les chefs FLN du maquis estiment que les journaux n'en ont pas assez parlé. Ce qu'ils veulent, c'est frapper l'opinion musulmane. Après le désastre de la bataille d'Alger, ils ont peur que la population ne se résigne. Dans ce genre de guerre, une organisation clandestine ne peut pas continuer le combat si elle n'est pas soutenue par la population. Léger l'a bien compris, lui qui travaille justement à faire en sorte que les musulmans, affolés par les retournements et les délations, ne sachent plus à qui faire confiance ! La guerre se joue sur le terrain mais aussi dans les esprits.

Quand il apprend qu'un commando va arriver à Alger pour déclencher une série sanglante d'attentats, il décide de frapper le premier, d'attaquer au cœur même de la cible. Au cours d'une opération terriblement risquée, il se rend lui-même avec une dizaine de ses hommes, tous des fellaghas retournés, dans le maquis. Très brun, le teint mat, lui-même passe pour un Kabyle. D'ailleurs il parle parfaitement l'arabe et le kabyle. Son objectif : capturer l'état-major de la zone et éliminer le commando qui doit agir à Alger. Léger est un type très gonflé, rien ne lui fait peur, et comme la victoire sourit aux audacieux, l'opération réussit. Elle réussit même au-delà de ses espérances, et il met la main sur quantité d'informations tout en capturant de nombreux militants et sympathisants FLN. Parmi eux, une très jeune et jolie fille, Tadjer. Ghandriche est chargé par Léger de retourner la jeune fille. Apparemment Tadjer ne fait pas de difficultés. Elle accepte de collaborer avec les Français. Apparemment, parce que Léger se rend bien vite compte que la petite est coriace et que ses convictions pro-FLN ne sont nullement entamées, même si elle feint le contraire. Conclusion : si on la relâche, on est sûr de la voir filer rejoindre le maquis.

C'est alors qu'une idée assez diabolique germe dans le cerveau de Léger : mettre Tadjer en confiance et lui faire croire que les Français sont dupes de son prétendu retournement. Ils sont tellement sûrs d'elle qu'ils la laissent aller et venir dans la villa qui sert de QG à Léger et ses hommes. Et lorsqu'elle jette un œil curieux sur les documents qui traînent comme par hasard sur les bureaux, on feint de ne rien voir. Tous ces documents sont d'origine FLN mais remaniés par des spécialistes et contiennent des noms, beaucoup de noms ! Des noms d'informateurs de Léger. De faux informateurs bien sûr. Mais Tadjer croit à ce qu'elle voit et elle est effarée : sur ces listes figure le « gratin » de la willaya trois. Elle s'aperçoit en particulier que Mayouz, le chef de la zone un, est entouré de traîtres. Tadjer ne peut douter de ce qu'elle découvre puisqu'elle a quotidiennement sous les yeux les preuves vivantes de la trahison... Ces Ghandriche, Hani, Sabri sont des membres éminents du FLN, des chefs respectés, incontestés. Et pourtant ils sont passés du côté de la France, alors pourquoi les maquis ne seraient-ils pas eux aussi infiltrés ?

Un jour Léger prend Tadjer à part. *« Tu es libre, mais bientôt j'aurai besoin de toi pour une mission importante. »* Tadjer promet de revenir dès que le capitaine fera appel à elle. En réalité, dès qu'elle est dehors la jeune fille disparaît. Direction : le maquis.

Tadjer demande à voir Mayouz, le chef redoutable de la zone 1 de la willaya trois. Et là, devant lui, elle déballe tout. C'est le commencement d'une fantastique et, sanglante épuration dans les rangs du FLN. Le début d'une réaction en chaîne incontrôlable. Quand la délation est en marche, on ne peut plus l'arrêter ! Les hommes dénoncés par la jeune Tadjer sont arrêtés, torturés. À leur tour, pour échapper à leurs bourreaux, ils disent n'importe quoi, accusent d'autres camarades et ainsi de suite. La contagion gagne la willaya quatre, celle qui est dirigée d'une main de fer par Amirouche. Amirouche, c'est un féroce qui a déjà une tendance naturelle à voir des traîtres partout. Donc à son tour il fait fusiller ou égorger des cargaisons de djounoud soupçonnés d'être des espions à la solde des Français.

Difficile de chiffrer exactement les dégâts causés par cette entreprise d'intoxication, mais après coup on a estimé que des milliers de combattants FLN ont été éliminés par leurs propres frères. Léger lui-même n'en attendait pas tant !

Quant à Tadjer, qui est, bien malgré elle, à l'origine de ce massacre, elle est l'une des premières victimes de cette campagne de terreur. Mayouz sait qu'elle a été arrêtée par les paras. Pourquoi l'a-t-on relâchée ? N'est-elle pas elle-même une traîtresse qui ne livre des noms que pour se dédouaner ? Mayouz la fait torturer. La pauvre fille est massacrée. Il ne reste plus qu'à l'exécuter.

Léger était conscient du sort qui attendait tous les militants arrêtés et libérés. Ils étaient inévitablement considérés comme suspects. On a vu la même chose en France dans la Résistance et à la Libération. Donc Léger, en libérant Tadjer, ne pouvait ignorer qu'il condamnait la jeune fille à mort. Mais, pour lui, le jeu – si cruel qu'il fût – en valait la chandelle. Léger, quand il faisait la guerre, ne reculait devant rien, il n'avait aucun scrupule.

La Bleuite, du strict point de vue des résultats militaires, a donc été une réussite, et cela grâce à lui. Mais, croyez-le, c'était vraiment la pire des maladies parce qu'elle avilissait les corps et les âmes. Une belle saloperie, en vérité !

Sur cette période, on pourra se reporter à l'ouvrage d'Yves Courrière sur la guerre d'Algérie, et particulièrement au troisième tome intitulé L'Heure des colonels.

Yves Courrière y souligne qu'aux yeux du FLN Ghandriche restait le seul chef encore en liberté dans la zone d'Alger. Le capitaine Léger avait loué pour lui, pour

Hani et pour une autre militante retournée, Oubria, une villa discrète dans le quartier résidentiel d'El Biar. Et Courrière explique très bien ce qu'attendaient les Français et en particulier le colonel Godard, le chef de Léger. « Godard se doutait que le FLN, dont les réseaux algérois avaient été démantelés, allait essayer de reprendre contact avec la population et tenter de se réimplanter grâce à des éléments venus des maquis et inconnus de ses services. Le Front ne pouvait rester sur cet échec. Il ne se trompait pas. La bataille d'Alger avait transformé en policiers chevronnés ces paras qui ne rêvaient que combats purs et durs, où l'on respectait l'ennemi en l'affrontant, et qui avaient tant protesté contre la mission policière que les civils leur avaient imposée. Godard était devenu maître-flic. Il prévoyait tout ! »

Courrière évoque aussi l'opération commando du capitaine Léger dans la région de Bordf-Menaïel. À quatre heures du matin, tout l'état-major de la zone, onze personnes au total, a été arrêté. Léger a ensuite fait appeler deux compagnies de paras en renfort. Toutes les installations, atelier de fabrication de bombes et de réparation d'armes, infirmerie, caches, ont été détruites en deux heures. Explosifs, armes et documents ont été saisis et ces derniers immédiatement exploités. Le chef de la zone, un certain Sabri, offre aussitôt de collaborer avec Léger. Encore un dirigeant FLN retourné. Un dirigeant qui parle et dénonce le commando qui devait frapper dans Alger. En moins de quarante-huit heures, écrit Courrière, Léger vient d'être payé de plusieurs mois d'efforts. La tentative de réimplantation du FLN dans la capitale a fait long feu. Il faudra attendre les derniers mois de la guerre pour que le Front puisse à *nouveau manifester son autorité sur la Ville blanche.*

Dans La Piscine, *un livre consacré au SDECE, Roger Faligot et Pascal Krop estiment à quatre mille le nombre de combattants FLN tués* à *la suite de cette manœuvre d'intoxication initiée par le capitaine Léger. D'autres auteurs citent le chiffre de cinq mille.*

Et pourtant la Bleuite (et plus largement toutes les entreprises de désinformation) a-t-elle été aussi efficace qu'on le prétend ?

Dans un livre récent écrit par un Américain, Douglas Porch, sur l'histoire des services secrets français, cet épisode sanglant est commenté ainsi : « Il est incontestable que la Bleuite introduisit la confusion à l'intérieur des willayas. Jointe à d'autres innovations, telle la ligne Morice qui isola le théâtre des opérations, elle fragilisa à l'extrême les forces rebelles de l'intérieur. Cependant les méthodes de contre-espionnage et de guerre antisubversive ne pouvaient donner leur pleine efficacité tant qu'elles servaient une politique inadaptée. En renforçant la haine à l'égard de la France au sein de la population musulmane, elles contribuèrent finalement à la défaite de celle-ci. » *Où l'on voit que les plus rusés ne sont pas forcément les vainqueurs, et que les stratégies les plus sophistiquées se retournent parfois de façon inattendue contre leurs auteurs. Le tort de ces stratèges de terrain est de n'avoir pas de recul. Avec un peu de connaissances en psychologie ou en sociologie, ils auraient peut-être pu conjurer les effets pervers de leurs inventions, dont le machiavélisme sans scrupule n'avait d'égal que l'étroitesse de vue.*

Plus loin, Douglas Porch est encore plus sévère.

Il met clairement en évidence la politique d'arroseur arrosé dont furent à *la fois les instigateurs et les victimes, dans cette guerre, les hommes de l'étoffe de Léger, si malins, si cyniques fussent-ils.* « Les services secrets français, *écrit Porch,* souffrirent de leur propre Bleuite, sorte de délire qui se reporta toujours davantage sur le gouvernement et, en fin de compte, sur leurs compatriotes. Embourbés dans la lutte, ils se coupèrent de leur base politique et perdirent de vue les buts ultimes d'une guerre qu'ils menaient avec tant de détermination. À terme, ils ne donnèrent à voir d'eux-mêmes que le reflet de leurs adversaires : factieux, brutaux, méfiants et, pour finir, déloyaux. »

Bref, selon cet auteur, ces hommes finirent par être victimes d'eux-mêmes. Juste retour des choses.

7

Si Salah : une occasion manquée

En 1960 se déroule une des affaires les plus secrètes de la guerre d'Algérie, l'affaire Si Salah, connue aussi sous le nom de code d'« opération Tilsit[1] ».

En Algérie, le général Challe, commandant en chef de nos forces, mène la vie dure au FLN, et les rebelles algériens subissent coup dur sur coup dur. L'armée française est en train de gagner militairement. En septembre de l'année précédente, au cours d'une retentissante allocution sur l'autodétermination, le général de Gaulle a clairement indiqué au GPRA (le gouvernement provisoire de la République algérienne) qu'il était prêt à entamer des négociations. Mais à Tunis, les chefs du GPRA n'ont pas répondu à cette invitation. Et la guerre continue. C'est alors que se met en place l'opération Tilsit. Une opération qui, si elle avait réussi, aurait pu aboutir enfin à la paix. Mais en haut lieu, voulait-on vraiment que cette opération réussisse ? C'est l'un des mystères de ce dossier ténébreux, et c'est peut-être aussi l'une des explications de la révolte, un an plus tard, de ce « quarteron de généraux » qui se rebellera contre le général de Gaulle.

---

1. En 1807, à Tilsit, Napoléon a conclu un traité secret avec le tsar Alexandre Ier.

Avant d'en venir à l'affaire Si Salah proprement dite, il me faut signaler l'existence d'un curieux organisme qui s'appelait le BEL, le Bureau d'études et de liaison. Ce BEL était un organisme militaire, un service de renseignement placé sous l'autorité du colonel Jacquin, que j'ai bien connu ainsi que ses hommes.

Encore un service autonome ? En principe non, puisque le BEL dépendait du commandement en chef. Dans les faits, c'est plus compliqué. Et l'on y a vu parfois de simples capitaines donner des ordres à des généraux : c'est dire la toute-puissance de ce service qui, la plupart du temps, obéit directement à Paris, sans en référer d'abord à Alger.

L'une des plus belles mystifications opérées par ce BEL, une manœuvre d'intoxication du FLN, est restée dans l'histoire de la guerre d'Algérie sous le nom bizarre de « Bleuite »... Cette fameuse Bleuite que l'on a pu découvrir au chapitre précédent !

L'idée de départ de l'opération Tilsit est ingénieuse : puisque le GPRA ne répond pas aux offres de négociations du général de Gaulle, pourquoi ne pas essayer de prendre langue avec les combattants de l'intérieur ? Cela peut passer pour une manœuvre de division. Oui et non... Oui, parce qu'on sait que les relations ne sont pas bonnes entre ces moudjahidin de l'intérieur qui combattent durement sur le terrain – des moudjahidin épuisés, au bout du rouleau – et les dirigeants de l'extérieur, qui vivent bien à l'abri en Tunisie et qui, eux, pensent déjà aux luttes futures pour le pouvoir. Non, parce que chez certains militaires il y a une réelle volonté d'aboutir à ce que le général de Gaulle a appelé « la paix des braves ».

Je dis « chez certains militaires », parce que je pense à des hommes comme le général Challe, le futur putschiste : c'est lui le patron à Alger, à ce moment-là, et il estime, non sans raison, avoir gagné militairement ; mais, à son avis, politiquement c'est autre chose... sauf si l'on arrive à traiter avec les combattants de l'intérieur. Dans ce cas, cela ressemblera à un ralliement, l'intégration aboutira vraiment, et l'Algérie française sera sauvée.

On pensera peut-être, aujourd'hui, que Challe se faisait des illusions : la paix, cela ne veut pas forcément dire le ralliement. Dès le départ, il y a une sorte de confusion dans l'esprit de ces militaires, une confusion qui va d'ailleurs en grandissant, car les djounoud, comme on appelle aussi les rebelles, ont, eux, très bien entendu de Gaulle : la paix, le cessez-le-feu, doivent être suivis par un référendum d'autodétermination. Et en aucune façon ils n'ont renoncé à leur objectif final, l'indépendance. Or, malgré les défaites sur le terrain, le sentiment national reste fort dans le peuple !

L'opération Tilsit commence par l'infiltration d'un homme dans les maquis de la willaya quatre. Les willayas sont pour le FLN l'équivalent de nos départements, et la willaya quatre, c'est l'Algérois, une région militaire très importante. À sa tête, un dirigeant intelligent et déterminé : Si Salah.

L'homme infiltré est un légionnaire, soi-disant déserteur ; le but de sa mission est de s'informer, mais aussi de « faire de l'intox », et pour cela les hommes du BEL sont très forts. Quand je dis « faire de l'intox », cela signifie miner le moral des fellagha, leur faire comprendre qu'ils ont perdu sur le terrain, bien sûr, mais aussi, plus subtilement, leur faire savoir que le commandement français prépare un plan de paix. Afin qu'ils se disent : « À quoi bon continuer à se battre ? » Et cela fonctionne ! Au début de 1960, nos services d'écoutes captent des échanges de messages entre Si Salah et le GPRA à Tunis. Leur contenu est passionnant : Si Salah engueule (passez-moi l'expression) Boumediene, le chef d'état-major de l'ALN, c'est-à-dire son patron militaire.

Quels sont ses griefs ? Il n'en manque pas ! Le moral de ses gars est au plus bas ; certains désertent. Et les renforts promis n'arrivent jamais. Alors Si Salah menace. « Vous qui vous prélassez à l'extérieur, faites attention : de Gaulle nous propose “la paix des braves” et l'égalité entre musulmans et Européens. Si vous ne nous donnez pas les moyens de poursuivre la guerre, nous allons finir par accepter ses propositions ! »

À Tunis, les gens du GPRA sont tellement « estomaqués » qu'ils demandent une confirmation du message… parce qu'ils imaginent qu'il s'agit d'une nouvelle manœuvre des services secrets français. Alors Si Salah envoie un deuxième message, encore plus violent ! Et Tunis répond : « Pensez à la révolution et attendez des instructions. »

Pas très encourageant comme réponse ! Et pour le BEL, c'est formidable : l'opération Tilsit entre enfin dans sa phase active ! À partir de maintenant, Paris va tout téléguider… Paris, c'est-à-dire directement l'Élysée !

Et c'est l'un des proches du général de Gaulle, Bernard Tricot, qui agit en personne, en liaison avec le BEL, bien entendu.

Tricot arrive donc en Algérie, accompagné par un colonel qui appartient au cabinet du Premier ministre, Michel Debré. Sa mission : prendre contact avec Si Salah et avec les hommes de la willaya quatre, qu'on appelle d'ailleurs déjà « les gaullistes » parce qu'ils semblent prêts à discuter avec le gouvernement français. Et surtout parce qu'ils ont trouvé positif le discours de De Gaulle sur « la paix des braves ». À Alger le BEL a préparé le terrain : un vieux cheik de Médéa met en présence les deux parties. Au début du printemps, la première rencontre a lieu ; inutile de dire qu'elle a été organisée dans le plus grand secret. Il ne faut pas oublier que c'est la première fois que des officiels français, et pas n'importe lesquels, s'apprêtent à parler avec des rebelles, des « fellagha », comme on dit avec un certain mépris.

Tout cela se passe alors que la guerre continue. Les représentants de Si Salah qui vont à ce rendez-vous sont à la merci d'une mauvaise rencontre avec une patrouille française ! Alors, les gens du BEL se débrouillent pour que ce soir-là les environs de la préfecture de Médéa soient déserts. Et ce n'est pas évident, parce qu'il faut imaginer de « vraies fausses bonnes raisons » pour persuader le commandement militaire local de vider les lieux ! Enfin, à l'heure dite, au début de la nuit, trois hommes en burnous pénètrent discrètement dans les jardins de la préfecture. Quelques instants plus tard, ils se trouvent face au représentant personnel du général de Gaulle.

Je n'étais pas sous la table pour savoir exactement ce qui s'est dit. Mais d'après ce que nous apprenons assez rapidement, le contact entre les gens de Si Salah et Bernard Tricot se déroule plutôt agréablement.

Très vite (en tout cas beaucoup plus vite que prévu) Tricot, l'homme de Matignon et les trois représentants de la willaya quatre trouvent un terrain d'entente sur les conditions d'un cessez-le-feu. Un cessez-le-feu dans l'honneur, c'est-à-dire, pour les rebelles, une paix qui ne ressemble en aucun cas à une reddition. Dès ce moment, les plénipotentiaires envisagent les détails pratiques : la remise des armes, l'avenir des maquisards, et surtout les conditions d'un scrutin d'autodétermination. C'est presque inespéré. Tricot et le colonel qui l'accompagne ont soudain l'impression que la paix est là, à portée de main. Enfin !

Sur le moment, j'y crois moi aussi et la suite va me confirmer dans ce sentiment, car rapidement il y a une deuxième rencontre, toujours avec les mêmes. Et à nouveau le contact est bon. Très bon, même ! Les rebelles acceptent toutes nos conditions. Comme me le dit alors Paul Delouvrier, délégué général en Algérie, ce n'est pas une reddition, mais cela en a tous les effets. Il reste à convaincre les chefs de zone, et ensuite les autres willayas. C'est, peut-être un peu plus ardu.

Même si nous savons que, sur l'ensemble du territoire algérien, les moudjahidin sont dans une situation désespérée.

C'est donc à Si Salah de persuader ses chefs de zone et les autres chefs de willaya. Pour ce faire, il demande un délai de deux mois : les négociateurs français ne peuvent qu'accepter. Et, en témoignage de bonne volonté, Challe interrompt pratiquement les opérations militaires sur la zone contrôlée par la willaya quatre, soit quasiment les trois quarts de l'Algérie.

Pendant ce temps, que fait le GPRA à Tunis ? Les représentants de Si Salah, Si Lalkdar et Abdellatif, disent en quelque sorte : « La légitimité, c'est nous, les combattants de l'intérieur ! Si nous concluons un accord, les autres devront bien s'aligner. » Nous avons confirmation de ces propos dans un nouveau message de Si Salah au GPRA, intercepté par nos services. C'est quasiment une mise en demeure et une mise en accusation en règle.

Si Salah est donc absolument sincère. Mais le drame, c'est que de l'autre côté, c'est-à-dire du côté français, la sincérité n'est pas au rendez-vous ! Et même au plus haut niveau… Alors Si Salah, le malheureux, va servir de monnaie d'échange dans une partie qui le dépasse largement.

Au bout des deux mois convenus, les émissaires français et algériens – toujours les mêmes – se retrouvent. Mais les Français le sentent tout de suite : quelque chose coince.

Si Salah a bien réussi à convaincre ses chefs de zone, mais le commandant militaire de la willaya quatre, un certain Si Mohamed, lui, n'est pas enthousiaste. C'est un homme méfiant, qui voit des traîtres partout ! Cette négociation secrète avec des représentants du gouvernement français lui paraît hautement suspecte. Et puis il y a aussi l'attitude des autres chefs de willaya. « Pour les persuader, dit soudain un des Algériens, Lakdar, il faudrait frapper un grand coup psychologique ! Rencontrer par exemple une haute personnalité politique française »

Bernard Tricot saisit aussitôt la balle au bond : « Donnez-moi quarante-huit heures ! » Il a peut-être déjà une idée, mais il lui faut en référer d'abord à Paris.

Deux jours exactement après cette entrevue, Bernard Tricot annonce aux Algériens qu'il est prêt à les conduire en métropole, où ils rencontreront « une haute personnalité ». Entre-temps un protocole d'accord a été mis au point entre les négociateurs. Il est prévu que les rebelles déposeront leurs armes en « gardiennage » – c'est le mot exact – dans les gendarmeries. Ce mot « gardiennage » n'est utilisé que pour ménager la susceptibilité des combattants du FLN. Deuxièmement, les rebelles auront toute possibilité de rejoindre leurs douars ou s'incorporer dans les forces de l'ordre. Enfin les terroristes coupables de crimes de sang seront placés sous surveillance jusqu'à la cessation complète des hostilités. Les Algériens ont tout accepté et feint de ne pas comprendre que cela ressemblait à une reddition...

Mais revenons-en à ce voyage en métropole. Les Algériens ne savent absolument pas qui ils vont rencontrer ! Mais ils acceptent, c'est dire leur volonté d'aboutir. Le jour du départ – un départ ultrasecret –, trois Algériens se présentent : Lakdar en compagnie de deux inconnus. Un grand type maigre, d'allure sympathique : Si Salah en personne. Et un homme renfrogné, pas commode : le fameux Si Mohamed, le commandant militaire de la willaya quatre, le sceptique qui veut juger par lui-même de la sincérité des Français. Les deux chefs de la willaya quatre sont donc là, cela prouve l'importance qu'ils attachent à ce voyage. Je passe sur les détails de cette pérégrination secrète : Alger, Villacoublay et enfin Rambouillet, château présidentiel où Algériens et négociateurs français logent dans le pavillon de chasse, en attendant, ne sachant d'ailleurs toujours pas qui ils vont rencontrer ! Mais on parle, on sympathise ; même le sinistre Si Mohamed se dégèle un peu. Le lendemain matin, Tricot s'absente. Il revient à l'heure du déjeuner et, solennel, il annonce aux trois Algériens hébétés : « Le général de Gaulle va vous recevoir ce soir à vingt-deux heures ! »

Psychologiquement, c'est très fort. Le soir, lorsque les voitures se présentent pour les transporter à l'Élysée, Si Salah et ses deux compagnons sont encore sous le choc ! Un détail, d'abord, avant de raconter la façon dont se passe la rencontre avec le Général : il est bien entendu que le rendez-vous doit être secret. Les voitures se présentent donc à une porte latérale du palais présidentiel. Tricot a fait en sorte que le palais soit désert : personne ne doit croiser les trois maquisards dans les couloirs.

Je sais à peu près comment l'entrevue s'est passée : en effet ce soir-là, dans le bureau du général, il y a un témoin invisible. Comme Bernard Tricot, contrairement à toutes les règles de sécurité, n'a pas voulu que les Algériens soient fouillés avant de se retrouver face à de Gaulle, il a quand même pris une précaution : l'un des gardes du corps du Général, mitraillette à la main, est caché derrière un rideau. Et de là où il est, il peut tout voir et tout entendre ! C'est grâce à lui que je sais comment s'est déroulée cette extraordinaire entrevue clandestine entre trois rebelles et le président de la République.

Comme je l'ai déjà dit, les trois Algériens sont sous le choc. Très impressionnés. Tellement même qu'ils saluent militairement le Général, qui pourtant est en civil. On imagine bien que l'ambiance est plutôt tendue. D'emblée, il les met en confiance. Très habilement, il leur dit que la dignité doit être reconnue à tous les hommes du djebel ; cela ne peut que faire plaisir aux trois Algériens. Puis les détails de l'accord élaboré avec Tricot sont examinés point par point.

À cet instant, Si Salah peut penser que c'est une vraie négociation qui s'engage. Et quand il dit à de Gaulle qu'il lui faut convaincre les autres willayas et que, pour ce faire, il a besoin d'une liberté de mouvement, le Général accepte tout de suite un cessez-le-feu partiel pour faciliter ses déplacements. Seulement, il y a aussi la question du GPRA. Pour Si Salah, il est exclu qu'une négociation séparée entre Paris et les hommes de Tunis s'engage. Il le dit en substance. « Si vous traitez avec le GPRA, vous ne nous reverrez jamais ! »

La réponse du Général est sibylline. Il se contente d'annoncer que, dans un prochain discours, il lancera un nouvel appel en faveur de la paix des braves. Pas un mot de plus. Mais l'important c'est qu'il ne ferme pas la porte. Bien au contraire. Les trois Algériens peuvent légitimement penser que le processus de paix est enfin enclenché. La rencontre est terminée. Le Général se lève et leur dit : « Vous comprendrez bien, puisque vous êtes encore mes adversaires, que je ne puisse pas vous serrer la main, mais j'espère le faire bientôt ! » Et, par la même procédure secrète, Si Salah et les deux autres regagnent l'Algérie et leur maquis. Assez contents d'eux, ma foi !

Quelques jours après le Général prononce le discours tant attendu. Coup de théâtre, non seulement il n'évoque pas, même à mots couverts, sa rencontre avec Si Salah, mais c'est un véritable appel au GPRA qu'il formule. Si Salah s'estime-t-il trahi ? Pas tout à fait... Après tout, le Général ne s'est pas engagé formellement sur ce point. Mais surtout, Si Salah pense que le GPRA ne répondra pas à l'appel de De Gaulle. Donc, il entreprend ce qui a été convenu. Avec l'aide plus ou moins discrète du BEL, il commence sa tournée des willayas. Sans savoir que, bientôt, le GPRA va envoyer des émissaires discuter avec Paris. Le premier contact, à Melun, provoque un tollé dans les milieux militaires en Algérie :

je veux dire, dans les milieux informés ! Informés que Si Salah et ses hommes sont prêts à conclure un cessez-le-feu. Pour eux, cette rencontre de Melun n'est ni plus ni moins que le torpillage de l'opération Tilsit. L'espoir d'obtenir un ralliement des rebelles de l'intérieur est anéanti, et avec lui la possibilité de voir l'Algérie demeurer française. Effectivement, c'est ce qui va se passer. Pourquoi ? Je l'ai compris seulement après, bien trop tard ! En fait, l'Élysée n'a donné ce feu vert à une rencontre avec Si Salah et ses amis que pour faire pression sur le GPRA. Une sorte de chantage. Le semblant de négociation avec les combattants de l'intérieur n'était qu'un leurre destiné aux chefs du GPRA. Mais les conséquences vont être terribles pour les hommes qui ont cru à la parole de la France !

Un homme (dont je tairai le nom) a tout de suite deviné quand il a su que de Gaulle avait choisi de négocier avec le GPRA, il m'a prévenu : « Maintenant, les purges vont commencer... » Je vais être encore plus cynique que lui : non seulement le FLN de l'extérieur va condamner à mort les dirigeants de la willaya quatre, mais les Français, de leur côté, devront faire en sorte qu'il ne reste plus, du côté algérien, de témoins de cette rencontre nocturne à l'Élysée. Il fallait que personne ne sache qu'un jour Si Salah avait rencontré de Gaulle. Ainsi va la raison d'État...

Yves Courrière, dans sa monumentale et passionnante histoire de la guerre d'Algérie, décrit ce fameux BEL, Bureau d'études et de liaison, et son chef, le colonel Jacquin. « Jacquin était l'un des plus mystérieux colonels de cette armée d'Algérie qui en comptait beaucoup. La cinquantaine sèche, grisonnante et coléreuse, de taille moyenne, Jacquin était considéré comme un seigneur par les rares hommes qu'il avait sous ses ordres. D'abord, en dehors de ses fréquentes colères, il parlait doucement et aimablement, mais sans jamais une once de familiarité. Ensuite, bien qu'il ne l'évoquât jamais, il traînait avec lui sa légende d'ancien des Brigades internationales pendant la guerre civile espagnole. Enfin, au sein du BEL, il montait des coups faramineux dont il réservait les récits aux seuls chefs dont il dépendait directement : Delouvrier, Challe puis Crépin, et le cabinet du général de Gaulle. En dehors du président de la République, du délégué général et du commandant en chef, personne ne connaissait le détail des activités "top secret" du mystérieux colonel Jacquin. »

D'après Roger Faligot et Pascal Krop, auteurs de La Piscine, *livre consacré à l'histoire de nos services secrets depuis la guerre, c'est un homme du colonel Jacquin, le capitaine Heux, qui a travaillé à instiller peu à peu un climat de méfiance entre le GPRA et la willaya quatre de Si Salah.*

D'autre part, le colonel Jacquin a publié, dans un livre intitulé La Guerre secrète en Algérie, *le dernier message adressé par Si Salah au GPRA, message évoqué ci-dessus par Monsieur X. En voici quelques extraits significatifs :* « Puisqu'il semble définitivement établi que nous n'entretiendrons entre nous qu'un langage de sourds, nous nous permettons de vous envoyer ce dernier message. Vous avez interrompu radicalement tout acheminement de compagnies et de matériel de guerre depuis 1958. Vous avez tout le temps méconnu la situation du peuple et de l'ALN. Vous vous êtes fait une règle de nous cacher ce qui se passe à l'extérieur, et c'est par l'ennemi que nous avons une vue sur nos possibilités. Vous êtes enlisés dans la bureaucratie. Nous vous disons : à chacun ses responsabilités. Il n'y a pas lieu de renverser les rôles. Considérant que nos dernières suggestions sont restées sans suite, nous ne pouvons plus assister les bras croisés à l'anéantissement progressif de notre chère ALN… »

Dans le dernier tome de son ouvrage consacré à la guerre d'Algérie, Yves Courrière raconte le voyage des Algériens de Rambouillet à Paris. Et c'est assez étonnant. « La traversée des Champs-Élysées, la vision de l'Arc de Triomphe éblouissant sous les projecteurs, les mille lumières des boutiques et des voitures qui se pressaient les unes après les autres, la succession des feux rouges et verts, furent autant d'émerveillements pour ces hommes simples qui découvraient Paris. Un Paris lumineux, gai, riche, insouciant. Une foule joyeuse avide de son plaisir, bien loin de la guerre et de ses préoccupations. Un monde nouveau insoupçonné. Insoupçonnable pour ces combattants dont l'horizon se limitait depuis cinq ans aux âpres djebels, aux mechtas misérables, aux caches obscures, et qui n'avaient connu jadis que la vie biblique de leur douar natal ou les faubourgs misérables où se terre, la nuit venue, la foule des travailleurs nord-af'. »

Enfin il est notoire que l'épuration qui a suivi l'affaire Si Salah a été rapide et particulièrement radicale. À partir de ce moment, le GPRA frappe très fort. C'est d'abord l'un des négociateurs de l'Élysée, Si Mohamed, qui tourne soudain casaque et fait abattre les premiers négociateurs de Médéa, dont Lakdar et Abdellatif. Mais sa traîtrise ne lui portera pas chance, car Si Mohamed tombera au cours d'une curieuse embuscade tendue par les paras du onzième choc. Or ce bataillon est le régiment action du SDECE, notre service de renseignement. Étrange, non ? En tout cas, une fois de plus, cela conforte la thèse de Monsieur X…

Quant à *Si Salah, il a été abattu dans des circonstances confuses par des soldats du vingt-deuxième bataillon de chasseurs alpins… « Circonstances confuses », parce que le premier rapport militaire le donnait seulement blessé. Et que les officiers du BEL ont toujours eu des soupçons à propos de cette embuscade qui aurait peut-être dissimulé une exécution !*

8

Opération Réconciliation

Les sixties, années de rêve ou années de sang ? 1963. La guerre d'Algérie est terminée depuis presque un an. La France n'a toutefois pas retrouvé la paix, l'OAS (l'Organisation de l'armée secrète) existe encore. Les nostalgiques de l'Algérie française continuent à *tuer, malgré les nombreux coups reçus et leur marginalisation de plus en plus grande dans l'opinion publique.*

En février, plusieurs officiers qui préparaient un attentat contre le général de Gaulle à l'École militaire sont arrêtés. En février toujours, les membres d'un autre commando OAS, qui projetaient d'assassiner le Premier ministre Georges Pompidou, sont neutralisés.

À l'évidence, c'est d'abord le général de Gaulle qui est la cible de ces irréductibles. Ils n'imaginent plus la possibilité d'un retour de l'Algérie à la France. Ils veulent se venger, tuer celui qu'ils accusent de les avoir trompés, celui par qui tout est arrivé. Ils rêvent, pour la plupart, d'un régime nouveau, d'un pouvoir fort, fasciste pour les uns, monarchique pour les autres...

Ces nostalgiques d'une France coloniale sont encore nombreux, disséminés dans plusieurs pays européens, se référant à divers chefs représentant chacun une fraction dans la lutte clandestine. On estime qu'ils sont quatre mille réfugiés en Espagne franquiste, quelques centaines clandestins en France. D'autres sont répartis entre la

Belgique, l'Italie, l'Allemagne et le Portugal. D'autres encore, soldats perdus, légionnaires déserteurs, ont franchi une ultime frontière, celle du banditisme.

Les chefs ne sont guère plus unis. À Lisbonne, Bidault et Soustelle ont créé un nouveau CNR, Conseil national de la résistance. Château-Jobert, un officier extrémiste, exalté et mystique, a fondé en Espagne son propre mouvement. L'ex-colonel Argoud essaie en vain de convaincre les troupes françaises stationnées en Allemagne de le rallier. Quant à l'idéologue de l'organisation secrète, Jean-Jacques Susini, marginalisé, il vit dans la clandestinité en Italie. On parle encore d'une mystérieuse société secrète qui regrouperait des officiers supérieurs et se tiendrait prête, le cas échéant.

Pour neutraliser les éléments les plus dangereux de l'OAS, dans le plus grand secret, à Paris est imaginée une opération qui demeure aujourd'hui encore mal connue, l'« Opération Réconciliation ».

À l'époque, ce qui nous inquiète, tout autant que le pouvoir gaulliste, c'est l'existence en Europe d'un certain nombre d'activistes – de l'ordre de deux cents estime le service –, membres des commandos de choc de l'OAS. Parfaitement formés à la guérilla, spécialistes de l'armement, ce sont de vrais « durs ». Au SDECE comme au contre-espionnage français, nous savons qu'ils ont la volonté d'attenter à la vie du chef de l'État. Nous savons aussi qu'ils possèdent la technicité et les armes nécessaires pour arriver à leurs fins. La situation est critique. En trois ans, la police recensera quinze tentatives d'assassinat contre le général de Gaulle. Et c'est sans compter avec toutes les opérations où nous sommes intervenus à temps et qui ont avorté avant même un début d'exécution.

Ces « commandos » vont et viennent entre la France et les pays voisins, trouvant partout soutien et protection.

Incontestablement, en cette année 1963, ils sont encore potentiellement dangereux.

C'est dans ce contexte que nous apprenons par la bande, et alors que le secret est particulièrement bien gardé, l'existence de l'Opération Réconciliation.

Les ministères renferment des poètes méconnus et le nom de cette opération, tout un programme, en est la démonstration. Alors qu'il n'est question que de violence et de meurtres, tenter une réconciliation avec les membres les plus virulents de l'OAS tient du défi. C'est d'autant plus osé que même si le gouvernement vient de décider, au printemps, la fin de l'état d'urgence, la situation demeure tendue. Dans nos services, comme au ministère de l'Intérieur, les renseignements confirment que les tueurs de l'OAS n'ont pas renoncé à tuer de Gaulle. Et puis se réconcilier avec ces types qui ont tellement de sang sur les mains, ça paraît quand même un peu prématuré. Surtout moins d'un an après la fin de la guerre d'Algérie !

Or la décision est prise au plus haut niveau de l'État. Sous la Ve République, et en particulier à cette époque, rien ne se décide ailleurs qu'à l'Élysée.

Cela n'en demeure pas moins étonnant. Je suis le premier à me poser des questions. Chacun sait que de Gaulle est toujours la principale cible pour les commandos de l'OAS. Et puis, s'il y a en France quelqu'un de farouchement hostile à l'OAS, c'est bien le Général. Après tout, au Petit-Clamart, il a bien failli y passer… Mais n'est-il pas le premier à estimer que parfois, lorsque l'Histoire l'exige, la raison d'État doit l'emporter. Sur tout, y compris les rancunes qui peuvent être jugées trop personnelles. Ainsi c'est la victime potentielle qui donne le feu vert, exige que l'on trouve une solution, y compris par le dialogue.

Alors que l'Opération Réconciliation est décidée, le procès des auteurs de l'attentat du Petit-Clamart est à peine terminé. En mars, Bastien-Thiry, le principal instigateur de l'attentat, est fusillé.

Une anecdote circule dans les services à ce propos. À l'un de ses familiers qui lui demandait pourquoi il n'avait pas gracié Bastien-Thiry, le Général a répondu en substance : « Les Français ont besoin de martyrs. J'aurais pu leur donner l'un de ces cons de généraux qui jouent au football dans la cour de la prison de Tulle... Mais je leur ai donné Bastien-Thiry. Celui-là, ils pourront en faire un martyr lorsque je ne serai plus là. Lui au moins, il le mérite ! » Ça ressemble bien à de Gaulle !

Les éternelles divisions qui écartèlent les services spéciaux font que j'observe cette opération de loin, trop loin à mon goût. Le SDECE est, cette fois, tenu à l'écart autant que faire se peut. Le véritable chef d'orchestre de l'Opération Réconciliation est le ministre de l'Intérieur du moment : Roger Frey. Ce sont ses services qui ont mené la lutte la plus impitoyable contre l'OAS à travers un organisme discret mais efficace : le BDL, Bureau de liaison, qui regroupait des volontaires, policiers venus des Renseignements généraux et de la DST. Ironie de l'histoire, c'est à ces mêmes personnes qui viennent de se bagarrer durement contre l'OAS que le gouvernement demande de mettre en place l'Opération Réconciliation.

L'objectif avoué est de faciliter le rapatriement des exilés d'Algérie en général et de l'OAS en particulier. Un objectif humanitaire, au moins pour la vitrine.

Seulement nous étions nombreux à ne pas avoir la mémoire courte. Nous devions, avant de pouvoir envisager une réconciliation, digérer les exactions de l'OAS dans les rues d'Alger et d'Oran ou en Métropole. Beaucoup de nos amis étaient à compter parmi les morts, les blessés, les victimes des attentats. Autant de crimes difficiles à oublier et encore plus, convenons-en, à pardonner. Il faut donc, pour lui donner quelques chances de réussite, que l'opération soit discrète et qu'à aucun moment le pouvoir ne soit compromis.

Aux problèmes de la mémoire s'ajoutent ceux d'ordre juridique. En cavale et toujours armés, tous ces hommes sont passibles de la Cour de sûreté de l'État dès qu'ils remettront les pieds sur le territoire français.

Il est trop tôt, beaucoup trop tôt, pour envisager une amnistie généralisée ou des grâces présidentielles. L'opinion publique française ne comprendrait pas une telle clémence. Alors, une fois de plus, les gouvernants font fi de la fameuse séparation des pouvoirs. Le pouvoir politique fait très fermement comprendre aux magistrats de la Cour de sûreté de l'État, des magistrats sachant appliquer avec zèle les décisions que les événements imposent, qu'il leur faudra être très compréhensifs, encore plus que d'habitude.

Bien évidemment les magistrats obtempèrent, fidèles à cette notion de tribunaux d'exception, comme le proclament alors les adversaires de tous bords du Général. Bref, tout est en place pour faire avaler la pilule, enfin presque tout. Il faut encore convaincre les principaux intéressés, les membres de l'OAS, d'accepter cette drôle de paix des braves, ou au moins des combattants. Et c'est là que la difficulté essentielle apparaît. Ces hommes que je connais pour m'être confronté à eux, qui vivent pour la plupart en Espagne, ne sont pas des tendres, des enfants de chœur. L'oisiveté engendrée par la clandestinité, financée par des réseaux parallèles, n'a pu que favoriser les pires excès chez un grand nombre de têtes brûlées. Bref, certains d'entre eux étaient à l'évidence tentés par le banditisme. Ils y sombrèrent.

L'Opération Réconciliation a mobilisé quelques figures assez intéressantes. Des hommes peu ordinaires. Le premier qui me vient à l'esprit est forcément Michel Baroin, dont le fils deviendra plus tard un fidèle de Jacques Chirac.

Ce futur grand maître du Grand Orient, dont on évoquera la mort mystérieuse dans un accident d'avion en Afrique[1], est alors commissaire principal aux Renseignements généraux. Il est en contact direct avec les deux responsables officiels du Bureau de liaison.

C'est ainsi que Michel Baroin se retrouve « officieusement » envoyé en mission en Espagne. Le territoire de chasse des Renseignements généraux se limite normalement à la France. Mais Michel Baroin avait, avant son entrée aux RG, évolué à la DST, un autre service cantonné dans les frontières de la France mais qui, par sa vocation, s'en échappe de temps en temps. Alors que l'Espagne est le territoire privilégié d'opposants politiques dangereux, la DST a souvent l'occasion de passer une frontière amie.

Michel Baroin est un homme d'autant plus précieux qu'il connaît bien la péninsule ibérique et ses habitants, tant espagnols que français. Et puis ses supérieurs ont déjà discerné en lui un homme habile. Dans les services, un petit monde où tout le monde se connaît beaucoup plus qu'il ne le faudrait, nous avons remarqué son immense talent lorsqu'il s'agit de s'adapter à toutes sortes de situations. Son rôle est de prendre contact avec un second personnage haut en couleur, une figure, une forte personnalité, Athenas Georgeopoulos.

Georgeopoulos s'est rendu célèbre à Oran. Familièrement appelé Tassou, ce pied-noir a longtemps été remarqué par le service, qui le situait à la tête de la rébellion. Membre influent de l'OAS, il a quitté l'Algérie pour s'installer en Espagne.

Athenas Georgeopoulos, activiste jusqu'à l'irrévocable départ, est un homme intelligent. Il se refuse à vivre sur des souvenirs et, la guerre terminée, a su rapidement tourner la page.

1. Voir chapitre 22.

En 1963 il s'est déjà reconverti dans les affaires financières. Il se révèle rapidement très doué, entreprenant, réputation qu'il a toujours aujourd'hui. Sa première reconversion, il la fait comme patron d'une discothèque sur la Costa del Sol. Une discothèque est un lieu de passage, pratique pour nouer des contacts avec toutes sortes de gens. J'ai eu l'occasion d'y mettre les pieds, comme beaucoup d'autres agents du service. Pour nous, cette discothèque est rapidement devenue incontournable, un de ces endroits où on sait rencontrer tout le petit monde qui nous intéresse sur la Costa del Sol.

Athenas Georgeopoulos, s'il a dit adieu à l'action clandestine, n'en a pas moins gardé des relations avec ses anciens amis activistes. Il ne boude pas, à l'occasion, des rencontres nouvelles. Personnage influent au sein de cette communauté de pieds-noirs réfugiée en Espagne, il est, au fond, l'interlocuteur idéal. Il n'est pas vraiment un chef de l'organisation secrète, mais il a l'oreille de ses compatriotes et des militaires en rupture de ban.

Pour le commissaire Michel Baroin, il personnifie un choix particulièrement judicieux. Comme vous pouvez l'imaginer, je n'étais pas sous la table lorsqu'ils se sont rencontrés. En revanche, j'ai eu l'occasion de lire les rapports de mission ultérieurement rédigés par Michel Baroin, et il est facile d'imaginer la scène.

Michel Baroin n'a aucune difficulté à convaincre Athenas Georgeopoulos que ses amis pieds-noirs souffrent des rigueurs de l'exil. Beaucoup d'entre eux n'ont pas eu sa chance ou son talent et n'ont pas su s'intégrer à la population espagnole. Pauvres dans un pays aux richesses mal exploitées, ils sont condamnés à vivre d'expédients. Certains, à bout de ressources, ont même carrément versé dans la délinquance. Cette situation rejaillit sur tous. Aussi n'est-il pas temps de penser à leur rapatriement ?

Cette soudaine mansuétude ne peut que sembler suspecte. Athenas Georgeopoulos n'a rien d'un naïf. C'est l'époque des règlements de comptes, y compris à l'étranger.

Les services français n'ont pas hésité à faire enlever le colonel Argoud en pleine ville, à Munich, par des agents afin de le livrer ficelé comme un saucisson au Quai des Orfèvres.

Athenas Georgeopoulos est obligé de se méfier. La proposition de Michel Baroin, qui ne cache pas sa qualité de commissaire de police, peut dissimuler un piège. Un piège à double détente. Accepter, c'est entrer en contact avec un pouvoir rejeté par l'OAS. Refuser, c'est entrer en conflit, personnellement, avec le pouvoir de la France. Michel Baroin, ce flic français au service de l'État gaulliste, c'était il y a peu de temps l'ennemi. Aujourd'hui encore c'est un adversaire. Athenas Georgeopoulos n'a nulle envie de passer pour un traître.

Il écoute donc sans répondre, sans promettre. Il élude. « Je vais voir, je vais consulter mes amis... » En fait, d'après ce que j'ai pu savoir, Athenas Georgeopoulos a dès cet instant une autre idée derrière la tête. La guerre est finie, l'indépendance de l'Algérie définitivement acquise. Malin, il se doit de trouver une solution pour lui mais aussi pour ses amis, ses compatriotes, qui pour certains connaissent effectivement des jours difficiles, même si le soleil d'Espagne leur rappelle la douceur du pays perdu, de l'Algérie.

Ce curieux flic qu'est Michel Baroin sait aussi qu'il a semé une graine, livré une idée et qu'il faut maintenant laisser faire le temps. Toute sa vie il a su jouer avec le temps, tout en avançant ses pions qui le mèneront du Grand Orient de France à la Garantie mutuelle des fonctionnaires. Toute sa vie il a su adapter les ordres à sa volonté de réussite.

Ainsi, même son engagement dans la franc-maçonnerie demeure un mystère. Son ancien patron des Renseignements généraux, Émile Vié, dans ses *Mémoires*, en revendique la paternité. Pour lui, Michel Baroin a pris cet engagement maçonnique à la demande de son chef de service. Une mission d'infiltration, en somme. Mission ô combien réussie puisque Michel Baroin est arrivé au plus haut niveau des dignitaires de la franc-maçonnerie. La version d'Émile Vié – fermement contestée par la famille de Baroin – est infirmée par de nombreux témoins, qui situent l'entrée en maçonnerie de Michel Baroin bien avant son arrivée aux Renseignements généraux. L'élève aurait joué le maître. Michel Baroin aurait simplement répondu à des demandes d'informations formulées par son patron de l'époque, disant ce qu'il voulait bien, quand il estimait que c'était compatible avec ses diverses fonctions et pourquoi pas sa vision de son propre avenir. Mais je n'en ai aucune preuve.

Côté Athenas Georgeopoulos, la première réflexion qui s'impose est que cette Opération Réconciliation ayant pour point de départ la Costa del Sol ne peut pas avoir été engagée sans que les autorités espagnoles soient informées, sinon consentantes.

Entre les activistes français et les autorités espagnoles franquistes, en cette année 1963, il y a des affinités, des connivences idéologiques d'extrême droite évidentes. Seulement, mon expérience des coups tordus me l'a souvent prouvé, quand il s'agit de politique, les affinités ne pèsent pas lourd. Surtout que les Espagnols, franquistes ou non, ne sont pas forcément ravis d'avoir dû accueillir cette population dominée par des éléments armés de l'OAS.

Cette nouvelle communauté de réprouvés, qui vient de vivre une guerre et en transporte les séquelles, représente une population à risques, ne serait-ce qu'en matière de délinquance. De l'autre côté de la Méditerranée ils ont appris à tuer pour beaucoup, à voler pour certains. Sans ressources, ils peuvent être tentés de mettre à profit leur expérience, de recommencer, et cette fois pour leur propre compte.

D'autre part, en se montrant aussi hospitalières pour des gens qui affichent toujours pour but d'abattre le président de la République française, les autorités franquistes peuvent craindre le réveil de critiques que le temps a effacées. Elles sont légitimement en droit de s'attendre que le voisin français se fâche et, pour commencer, rallume des querelles politiques. Alors, au diable la solidarité idéologique avec les réprouvés de l'Algérie. Le Caudillo – chef d'État réaliste, au pouvoir depuis plusieurs décennies, qui a su traverser la guerre mondiale en s'engageant le moins possible dans un conflit qui embrasait l'Europe – n'a pas l'intention de remettre en cause l'équilibre de son pays pour quelques milliers d'étrangers. À l'évidence, ces exilés ne pèsent pas bien lourd dans le plateau de la balance.

Mais il n'est pas encore question de faire la chasse aux parias de l'Histoire. Même si, à l'occasion, le Caudillo n'a pas hésité à expulser d'Espagne le colonel Gardes. Le départ musclé de ce militaire n'a pas été un cas isolé.

Le rapatriement discrètement proposé par cet émissaire officieux qu'est le commissaire Michel Baroin est, dans le fond, une solution propre et qui arrange un peu tout le monde en dehors de quelques irréductibles extrémistes. Les militaires français dissidents savent aussi que le pouvoir franquiste a envisagé une solution radicale. Il a été un temps imaginé d'enrôler ces soldats perdus dans la Bandera, la légion étrangère espagnole. De nouveaux combats, de nouveaux horizons les attendaient avec un soutien de la Bandera en Angola, aux côtés de l'armée portugaise.

Peu d'hommes de l'OAS ont mordu à cet hameçon. En dehors de quelques exaltés, ils ont pris de mauvaises habitudes d'indépendance, peu compatibles avec la vie militaire et en particulier avec la Légion. Et puis tous les spécialistes du renseignement comme moi savent que, dans leur immense majorité, ces pieds-noirs, parce qu'il s'agit avant tout de pieds-noirs, à peine sortis d'une guerre, n'ont nullement envie d'aller faire le coup de feu de l'autre côté de la mer, dans un pays inconnu.

Je les comprends d'autant mieux qu'il y a peu de temps encore, chacun d'un côté de la barricade, moi pour mon service, eux au nom d'idées devenues illégitimes, nous avions vécu les mêmes événements, la même violence.

Athenas Georgeopoulos a donc immédiatement l'intuition que l'émissaire français est soutenu dans sa démarche par les autorités espagnoles. Ses propres informateurs lui confirment que, avant même le départ en Espagne de Michel Baroin, des contacts discrets ont été pris avec le pouvoir franquiste et plus particulièrement avec l'homme fort du moment, Carrero Blanco.

Le seul nom de ce personnage que nous connaissions tous, ne serait-ce que de réputation, met au pas les plus indisciplinés Carrero Blanco est le chef incontesté de la sinistre Seguridad, une police politique aux méthodes expéditives. C'est un ancien de la fameuse division Azul, la division espagnole qui a combattu sur le front russe aux côtés des nazis.

La tâche principale de Carrero Blanco est traditionnellement la lutte contre les communistes. L'évolution des temps fait qu'une section de cette police politique est chargée de surveiller de très près les hommes de l'OAS qui résident en Espagne.

La prise de contact avec Carrero Blanco oblige les responsables du Bureau de liaison français à avaler leur chapeau. Confrontés à une guerre intérieure, ce ne sont pas eux-mêmes des petits saints. Ils n'en demeurent pas moins de véritables républicains. Beaucoup sont issus de la Résistance. Et, je l'ai su par des personnes présentes lors des pourparlers, ça ne les a pas enchantés d'être obligés de traiter avec ce fasciste. La réussite de l'Opération Réconciliation, au nom d'intérêts supérieurs, était à ce prix. Raison d'État oblige.

Athenas Georgeopoulos ne se fait aucune illusion sur le machiavélisme politique de Franco, mais sait quand même que les Espagnols n'iront pas jusqu'à livrer à la France tous les exilés de l'OAS

Ainsi rassuré, il joue son rôle d'intermédiaire. Il contacte ses amis. D'abord les Oranais, bien sûr, et puis les autres. C'est une véritable traînée de poudre chez les activistes.

Selon Michel Baroin, tous les activistes qui rentreront en France devront se présenter aux autorités judiciaires. Rien de bien nouveau ! Là où cela devient intéressant, c'est qu'il se dit que les magistrats feront preuve d'une exceptionnelle mansuétude. Non seulement les activistes ne resteront pas longtemps en prison mais encore la République, bonne fille, leur trouvera ensuite travail et logement !

Ces soldats perdus qui vivent comme des marginaux, souvent loin de leur famille, et savent que leur situation ne peut plus durer, ont ainsi l'assurance d'en terminer avec l'illégalité.

La contrepartie est implicite et judiciairement logique. Si un nouvel attentat est perpétré contre de Gaulle, l'Opération Réconciliation prendra immédiatement fin, la répression reprendra ses droits.

Le véritable objectif de l'Opération Réconciliation est de se débarrasser définitivement de l'OAS et des dangers qu'elle continue à faire peser sur la France et la vie du chef de l'État. En organisant ce rapatriement, les gaullistes vident l'OAS de sa substance. Ils privent le mouvement d'un vivier de militants qui peuvent à tout moment devenir ou redevenir des tueurs.

Là est la véritable motivation de l'opération. Le pouvoir se fiche bien entendu comme d'une guigne du sort de ces pauvres types ! L'essentiel est ailleurs, la sécurité du pouvoir en place et de son chef.

Je vais même aller plus loin. En concevant cette Opération Réconciliation, les gens du BDL se sont aussi dit que du même coup ils allaient accentuer les conflits et les contradictions entre l'OAS de l'extérieur et celle de l'intérieur, l'OAS-Métro, comme nous l'écrivions dans nos rapports quotidiens.

Les activistes qui vivent encore dans la clandestinité sur le territoire français, pourchassés par la police, ceux qui sont déjà en prison, condamnés ou en voie de l'être, ne peuvent que ressentir un goût amer de trahison. Ils ont l'impression d'être trompés en assistant à ce retour massif d'exilés miraculeusement épargnés par la justice.

Le plan a parfaitement fonctionné. Une première vague de quelques dizaines de personnes a été suivie par les retours massifs escomptés, se chiffrant en centaines d'exilés.

Dès qu'ils mettaient le pied sur le territoire français, les activistes étaient récupérés par les gens du BDL et conduits devant un juge de la Cour de sûreté de l État. Pour la plupart ils étaient libérés au bout de quelques heures, au pire quelques jours, et cela au mépris de toutes les règles élémentaires du code pénal. On comprend mieux pourquoi l'opération devait rester un secret d'État particulièrement bien gardé.

L'un des derniers à rentrer a été Athenas Georgeopoulos. Il a attendu plusieurs années. Il n'avait peut-être pas tout à fait confiance, ou bien il se croyait plus malin que les autres ou encore craignait les réactions des plus extrémistes. Allez savoir !

Jacques Harstrich et Fabrizio Calvi relatent l'Opération Réconciliation dans le livre RG, 20 ans de police politique, *édité aux éditions Calmann-Lévy. Jacques Harstrich a été un haut fonctionnaire des Renseignements généraux et, manifestement, n'a pas pu tout dire. Il demeure particulièrement discret sur les contacts avec les Espagnols. On le comprend, compte tenu de la personnalité peu fréquentable de ce Blanco, chef de la Séguridad.*

Il faut se souvenir qu'à la même époque ce service de renseignement avait procédé à l'arrestation de Julian Grimau, dirigeant du parti communiste de l'intérieur et qui, condamné à *mort, sera garrotté peu après.*

Dans OAS, histoire d'une organisation secrète, *paru aux éditions Fayard, Rémi Kauffer précise que le commissaire Baroin considérait l'Opération Réconciliation comme la plus belle de toutes ses missions. L'auteur ajoute:* « Le 15 août 1964, l'attentat du Mont-Faron est un nouvel échec. C'est la dernière tentative contre la vie du chef de l'État qu'on puisse recouvrir du label OAS Depuis quelques mois, d'ailleurs, l'organisation secrète n'est plus considérée comme un danger pour les autorités. Un à un, les organismes de lutte anti-OAS sont dissous. Le BDL le premier en avril. En 27 mois d'existence, il aura arrêté près de 1 500 activistes. En juin 1964, le remplaçant de Charles Feuvrier dissout la Division missions et recherches de la Sécurité militaire, spécialement créée trois ans auparavant pour lutter contre l'activisme OAS. Si le pouvoir se sent les coudées franches, c'est qu'il a discrètement réussi à priver l'activisme de son dernier réservoir, les exilés d'Espagne. »

9

« Alors, Dejean, on couche ? »

Le général de Gaulle est assis à *son bureau, au premier étage de l'Élysée. L'huissier en grande tenue introduit un visiteur. L'homme a une soixantaine d'années. Plutôt corpulent, il est néanmoins tiré à quatre épingles. Il s'avance vers le bureau élyséen. Il ne semble pas très à l'aise. Quelques jours plus tôt, il était encore ambassadeur de France à Moscou. L'un des postes les plus prestigieux du Quai d'Orsay. Un poste qu'il occupait depuis huit ans, une sorte de record... Le Général est en train d'écrire. Il n'a pas encore levé la tête. L'ambassadeur est maintenant devant le bureau. Il connaît bien le Général qu'il a autrefois rejoint à Londres. C'est donc un gaulliste historique, un compagnon de longue date. Et pourtant, à ce moment-là, il n'en mène pas large, et il reste debout devant de Gaulle comme un enfant au piquet.*

Soudain, le Général pose son stylo, lève la tête, dévisage l'ambassadeur, et il tonne : « Alors, Dejean, on couche ? » Tout est dit. Enfin, presque tout. Maurice Dejean n'essaie pas de s'expliquer ou de se défendre. C'est vrai, il a couché. Lui, ambassadeur de France, vétéran dans la carrière, s'est fait piéger comme le premier jeune diplomate venu, par une blonde et jolie Soviétique. Et le pire c'est qu'il n'y a vu que du feu !

Autant le dire tout de suite, cette affaire a été longtemps étouffée, pour des raisons facilement compréhensibles.

Dans les années 70, un livre qui relatait en détail « la faute de l'ambassadeur Dejean » a même été censuré par son éditeur, pour sa version française...

Si Monsieur X a choisi de relater cette affaire, c'est qu'il y a derrière une fantastique entreprise de pénétration du KGB, entreprise qui redouble lors de l'arrivée au pouvoir du général de Gaulle. En effet, incontestablement, Moscou a vu d'un bon œil l'homme du 18 juin prendre les rênes en 1958. Pour les Soviétiques, il y a là la possibilité d'enfoncer un coin dans le camp occidental. Ils n'ont pas tort puisque de Gaulle choisira de quitter le commandement de l'OTAN de façon spectaculaire.

Comment cette tentative de pénétration a-t-elle été effectuée ? On se souvient d'abord que le pouvoir gaulliste a encouragé sinon favorisé les relations franco-soviétiques. Pour de Gaulle, qui n'a jamais tenu compte des données idéologiques, c'était avec la Russie, traditionnelle alliée de la France, qu'il fallait amorcer ce réchauffement. En 1960, ce rapprochement aboutit au voyage quasi triomphal que Khrouchtchev a effectué dans notre pays pendant une semaine entière. Il ne s'agissait alors que d'améliorer nos rapports diplomatiques et économiques.

Pour être tout à fait juste, il faut aussi ajouter que de Gaulle a été un allié loyal et déterminé pour les Américains, en particulier lors du conflit des fusées de Cuba.

La vraie pénétration a eu lieu à un autre niveau. Avant de laisser place au récit de Monsieur X, il faut citer ces quelques lignes de Constantin Melnik, ancien conseiller du Premier ministre Michel Debré pour les affaires de sécurité. Il écrit : « Le gaullisme, plus que tout autre mouvement, pullulait d'agents d'influence de l'agréable KGB dont nous ne sommes jamais parvenus à débarrasser de Gaulle. Ces braves gens n'ont pas dû, bien qu'on ne puisse en apporter la preuve, rester inactifs ! »

On prétendra même, après les révélations d'un transfuge soviétique aux États-Unis, qu'un proche, très proche du général de Gaulle, était en réalité un agent de Moscou. C'est l'affaire Topaze. Des noms ont été prononcés. Mais l'homme, s'il a vraiment existé, n'a jamais été démasqué.

En Angleterre, aux États-Unis, en Allemagne, des réseaux soviétiques considérables sont démantelés au cours des années 1960. En France ? Non ! Or il existait aussi, j'en suis sûr, des espions soviétiques importants dans notre pays.

Alors ? Je suis tenté de dire qu'on n'a surtout pas voulu les découvrir ! La France ayant traditionnellement entretenu de bons rapports avec la Russie, on n'a pas désiré ternir ces bonnes relations en arrêtant leurs espions... Je rappelle que c'est Mitterrand, le premier, qui frappera un grand coup en organisant un charter de pseudo-diplomates soviétiques dans les années 1980, juste après l'affaire Farewell[1] ! Mais pendant des années, à l'exception de quelques types que l'on a pincés, on n'a jamais mis en lumière, officiellement en tout cas, l'existence de véritables réseaux.

D'ailleurs, dans l'affaire Dejean, nul n'a crié sur les toits que l'ambassadeur de France à Moscou avait été compromis. Bien au contraire on s'est soigneusement tu. Peut-être d'abord par peur du ridicule, mais surtout, je le répète, parce qu'on ne voulait vraiment pas fâcher les Soviétiques en faisant un esclandre ! La meilleure preuve, c'est que Maurice Dejean, s'il a vu sa brillante carrière diplomatique terminée d'un seul coup, n'a subi aucune autre sanction.

Auparavant, je désire faire une parenthèse, et tant pis si elle empiète quelque peu sur la chronologie... En juillet 1962, l'attaché militaire français à Moscou se

1. Voir chapitre 21.

suicide. Cela fait pas mal de bruit ! Surtout dans le milieu des services de renseignement où j'évolue. On cherche, on enquête, et rapidement on trouve !

Ce militaire, le lieutenant-colonel G., inutile de dire son nom, a rencontré cinq ans plus tôt une étudiante russe plutôt mignonne, une certaine Ada, au cours d'un voyage en train à Vladivostok. Dix jours et dix nuits dans le même compartiment du fameux Transsibérien. Dix jours de promiscuité, alors que la belle n'est pas farouche et que l'officier français est en pleine force de l'âge ! Il faudrait être moine pour ne pas succomber... même si la petite étudiante n'est pas tout à fait aussi innocente et amoureuse qu'elle le paraît.

Bien entendu c'est un piège du KGB, et en cédant aux avances du Français, Ada accomplit une mission. Pourtant à l'époque tout le monde se méfie, et d'autant plus lorsque l'on a un poste aussi exposé ! Mais la fougue de la jeunesse et les faiblesses humaines précipitent notre colonel dans le traquenard des Soviétiques. Les agents des services secrets russes mettent une véritable souricière en place lors du retour des deux tourtereaux dans la capitale soviétique. Les spécialistes du KGB sont très bien organisés. Les hirondelles, comme on appelle ces jolies collaboratrices des services secrets, disposent d'appartements qui permettent d'enregistrer des prises de vues d'un réalisme incontestable ! Dans ce cas précis, les sbires du KGB manquent de chance : le lieutenant-colonel est soudain rappelé à Paris, juste avant que le chantage ne commence... On pourrait croire que les Russes ont investi pour rien ! Mais trois années plus tard, nouveau retournement de situation : l'officier français revient à Moscou et la belle Ada se rappelle à son bon souvenir... Et c'est l'amour, un amour fou, pour le lieutenant-colonel en tout cas ! La catastrophe ne tarde pas. Lorsque la femme et les deux enfants de l'attaché militaire français débarquent à

Moscou pour les vacances, G., qui est un homme droit, avoue à son épouse qu'il a une liaison avec une Soviétique. Sa femme ne reprend pas ses valises et ses enfants sous le bras ! Non, elle demande à son époux de rompre avec sa maîtresse, mais G. refuse et prétend que c'est impossible. Il est moralement engagé, il ne peut pas abandonner Ada comme cela.

Je ne sais pas s'il est sincère ou si le KGB l'a déjà complètement piégé. Honnêtement je n'ai pas la réponse. En tout cas, la vérité, c'est que le lieutenant-colonel ne peut plus supporter cette situation. Et il finit par se suicider ! Cette tragique conclusion peut permettre de penser que le lieutenant-colonel était entièrement dans les mains du KGB, et qu'il a voulu échapper au déshonneur. Mais l'enquête menée par les services français n'a pas permis de l'établir de façon formelle. En revanche ce que l'on a pu mettre en évidence à cette occasion, c'est que notre ambassade à Moscou était une cible de premier choix pour les Soviétiques. Et cela depuis fort longtemps. Les Soviétiques considéraient que la France était en quelque sorte le maillon faible de l'Europe, celui qui finirait par rompre le premier et entraîner ensuite les autres. Sans doute en raison de l'exceptionnelle influence du parti communiste chez nous : c'est pourquoi la Russie avait décidé de viser en priorité notre pays. L'affaire Dejean illustre parfaitement cette volonté. Elle a été menée de main de maître et préparée avec une précision inouïe.

D'après ce que nous savons aujourd'hui, l'initiative de compromettre l'ambassadeur de France a été prise au plus haut niveau et, dans le cas de Dejean, c'est ce bon Monsieur K. lui-même qui en a donné l'ordre ! Khrouchtchev, qui viendra trois ou quatre ans plus tard trinquer avec le chanoine Kir…

Depuis sa nomination à Moscou, sous la IVe République, l'ambassadeur Dejean est dans le collimateur du

KGB. Ce n'est pas très difficile à comprendre : dès 1941, Dejean, qui a derrière lui une belle carrière de diplomate, est directeur des affaires politiques de la France libre à Londres. Ensuite, de promotion en promotion, il est nommé à Moscou au milieu des années 50. Mais surtout, les Soviétiques savent qu'il est resté très proche de De Gaulle. Or le retour du Général aux affaires n'est pas improbable.

Le KGB le surveille donc comme il surveille toutes les personnalités d'envergure. Il y a une autre raison : Dejean passe pour être pro-soviétique. J'ai bien dit pro-soviétique et non pas communiste ! Il a des sympathies pour l'URSS mais pas plus, C'est d'ailleurs assez à la mode dans ces années-là !

Pourquoi le compromettre ? On pourrait se contenter d'encourager ces sympathies. Ce n'est pas suffisant ; l'objectif du KGB, c'est d'en faire un véritable agent, une sorte d'espion ou plutôt d'agent d'influence.

Dès que Dejean arrive à Moscou, on le met, lui et sa femme, sous une surveillance permanente. Inutile de dire que, dans ce genre de pratique, les Soviétiques sont passés maîtres. D'abord, on place auprès du couple des collaborateurs dévoués : le chauffeur de M. Dejean est un homme du KGB. La femme de chambre de Mme Dejean appartient aussi à la centrale soviétique. Pour compléter l'ensemble, des micros sont placés un peu partout, jusque dans la chambre des Dejean, pour tout connaître du couple et de ses éventuelles faiblesses. Cela finit par payer : il apparaît clairement que l'ambassadeur, qui a une bonne cinquantaine, est chatouillé par le démon de midi... Ce n'est peut-être pas très original, mais le KGB saura utiliser habilement l'information. La cheville ouvrière de l'opération va être un spécialiste. Un certain Krotkov, qui, officiellement, est dramaturge et scénariste. Un intellectuel, qui porte beau, cultivé et charmeur, très introduit dans les cercles littéraires – c'est par exemple un ami des Pasternak –, qui fréquente aussi beaucoup, en raison de sa profession, le monde du théâtre et du cinéma. Ce monde qui fait toujours rêver ceux qui ne le connaissent pas, avec ses belles actrices et ses séduisants acteurs !

Le travail officieux de Krotkov consiste à recruter des comédiennes pas trop farouches pour le KGB.

Curieusement ce n'est pas l'ambassadeur qui est la première cible mais sa femme. Krotkov, très habilement, s'introduit dans son entourage. Il n'est pas seul : avec lui, un garçon qui est une star à l'époque, un nommé Orlov, comme le favori de la grande Catherine – il y a des noms qui doivent être prédestinés ! Orlov est une vedette de la chanson. Il est célèbre, très beau, très séduisant, et il a pour mission de séduire les étrangères, un travail qu'il accomplit à la perfection, le charme slave aidant. L'important est que Krotkov parvienne à approcher Dejean, via Orlov.

C'est exactement ce qui se passe. Mme Dejean qui ne tarit pas d'éloges sur ses nouveaux amis russes, finit par les inviter à une réception à l'ambassade et les présente à son époux. La souricière est en place, mais les gens du KGB ne précipitent pas les choses. Ils avancent pas à pas. Un nouveau personnage fait son apparition : un certain Gorbounov. C'est un dirigeant très important du KGB. Naturellement Gorbounov n'est pas son vrai nom. En fait il s'appelle Gribanov et il est lieutenant général. Son introduction dans le paysage est très subtile… Le pseudo-Gorbounov se fabrique une fonction prestigieuse, une légende comme nous disons : membre du Conseil des ministres. Le KGB est tout-puissant, rien ne lui est impossible. La façade de Gorbounov est impeccable, et il se fait présenter en tant que tel à Dejean ! Très vite, les deux hommes deviennent amis. On se reçoit, on va à la chasse ou au spectacle ensemble. Le piège est prêt à se refermer sur Dejean et

Krotkov va donner la mesure de son talent. Krotkov et ses belles protégées, bien sûr.

Après un certain temps, l'ami Gorbounov propose à Dejean de lui organiser une projection cinématographique, à l'issue de laquelle il pourra lui présenter des personnalités du monde du spectacle. Dejean est enchanté et saute sur l'occasion. Quant à Mme Dejean elle est ravie ! Mais qui va s'occuper de dresser la liste des invités ? Qu'à cela ne tienne, ce sera son excellent ami Krotkov qui connaît tout ce qui compte à Moscou… La soirée est une parfaite réussite ! Krotkov a choisi d'asseoir à côté de l'ambassadeur une jeune femme d'une très grande beauté, une certaine Lydia. Dès le premier regard de la belle, Dejean est sous le charme. Les réceptions succèdent aux dîners. Et la charmante Lydia est toujours là, resplendissante.

L'ambassadeur n'a d'yeux que pour elle, il est sur des charbons ardents. Le KGB se débrouille alors pour occuper Mme Dejean et lui organise un voyage touristique avec ses chers amis Krotkov et Orlov. L'ambassadeur en profite aussitôt pour inviter Lydia à déjeuner. Ensuite, il obtient sans peine la permission de la raccompagner chez elle. L'affaire est conclue à la satisfaction des deux parties !

Dès cet instant, dûment photographié et enregistré, Dejean est compromis. Gorbounov passe alors à la deuxième partie de son plan. Il veut tenir Dejean de la façon la plus étroite possible. Il faut dire que cela devient d'une urgence extrême : on est en 1958 et, à Paris, le général de Gaulle vient de revenir au pouvoir. Avoir barre sur l'un des proches du Général est essentiel. D'autant qu'au-delà pointe un espoir formidable pour les Soviétiques, un espoir qui justifie les plans les plus cyniques et les plus machiavéliques !

Gorbounov donne l'ordre à Lydia de disparaître de la circulation. L'ambassadeur est plongé dans le plus grand désarroi. Gorbounov le laisse ainsi mariner quelque temps, et il s'arrange pour lui présenter une nouvelle hirondelle, une certaine Larissa que l'on appelle familièrement Lora, une « actrice » de l'écurie Krotkov. Assez rapidement, Lora succède à Lydia dans le cœur de l'ambassadeur ! Mais il y a une différence de taille entre les deux jeunes femmes : Lydia est célibataire alors que Lora, elle, est mariée. Et, c'est en tout cas ce qu'elle affirme, son époux, un géologue, est terriblement jaloux... Heureusement, ce gêneur fait de fréquents et longs séjours professionnels en Sibérie.

Il est évident que rien de tout cela n'est vrai et que Lora n'a jamais été mariée. Mais il faut bien préparer la scène de vaudeville que Gorbounov destine à son très bon ami Dejean ! Un jour où l'ambassadeur est en train de roucouler avec Lora dans l'appartement de cette dernière, le mari fait soudain une apparition brutale. C'est un méchant, une vraie brute. En découvrant son infortune, il cogne. Pour donner plus de véracité à la mise en scène, après avoir sévèrement corrigé Dejean, le pseudo-époux se retourne vers Lora qu'il frappe sans ménagement. Mais ce n'est pas fini : cet homme de main du KGB menace, en mari outragé, de provoquer un scandale et de porter plainte !

Dejean a donc non seulement été corrigé mais il risque maintenant de voir sa carrière compromise si l'affaire devient publique... Seule échappatoire possible, raconter l'affaire au seul homme à qui il puisse se confier, son ami Gorbounov qui occupe de si hautes fonctions au sein du pouvoir soviétique ! Gorbounov s'empresse d'arranger les choses afin d'obliger son ami. « Rassurez-vous, Dejean, je vais mettre à la raison ce jaloux. J'en fais mon affaire ! »

À partir de ce moment, Dejean n'a plus rien à refuser à Gorbounov : l'ambassadeur de France est pieds et poings liés. C'est un succès sur toute la ligne pour le KGB.

On pourrait croire que les conséquences de cette compromission vont conduire Dejean à trahir son pays ! Eh bien, non. Parce que ce n'est pas ce que l'on attend de lui dans l'immédiat. Le KGB nourrit de plus grands espoirs ! Les Soviétiques pensent que Maurice Dejean, en raison de ses relations privilégiées avec le général de Gaulle, a de grandes chances de devenir un jour son ministre des Affaires étrangères. Et ils ne veulent pas activer Dejean avant cette nomination éventuelle, par crainte de le rendre suspect.

Il faut reconnaître que le jeu en vaut la chandelle : tenir le ministre français des Affaires étrangères, c'est quand même autrement plus intéressant que de manipuler un ambassadeur !

Mais Dejean n'a jamais été ministre, et on ne saura pas si de Gaulle l'a réellement envisagé un seul jour. L'aurait-il imaginé que la défection de Krotkov l'aurait dissuadé à jamais. Car le protecteur des belles hirondelles soviétiques a fini par trahir. Un jour, peu de temps après le suicide du lieutenant-colonel que j'ai évoqué au début de ce récit, Krotkov a craqué. A-t-il eu des remords ? Même les agents peuvent avoir un sens moral, après tout ! Dégoûté, il a profité d'un voyage en Occident pour choisir la liberté, comme on disait à l'époque. Tout de suite, il s'est confié aux Anglais. Ce qu'il a raconté a paru tellement énorme que les gens de l'Intelligence Service ont immédiatement alerté leurs collègues français.

J'avoue que, dans le service, apprendre que l'ambassadeur de France était compromis par le KGB a fait l'effet d'une vraie bombe. Même si, à la suite du suicide à Moscou de l'attaché militaire, nous avions compris que l'ambassade française était un objectif prioritaire pour le KGB.

Dejean a été aussitôt rappelé en urgence à Paris. Et sérieusement cuisiné. Il faut dire que M. l'Ambassadeur n'était pas très fier lorsqu'il a déballé son histoire et qu'il a raconté par le menu les circonstances dans lesquelles il s'était fait piéger par une belle hirondelle.

Dejean a donc « couché », comme le lui a reproché plus tard le général de Gaulle, qui ne détestait pas user parfois de la langue des chambrées. Mais il n'a pas trahi. On a pu l'établir formellement en interrogeant aussi son entourage et ses collègues de l'ambassade, et cela je peux l'assurer. Ce qui a permis d'étouffer discrètement cette bien pitoyable affaire.

Le livre qui a été en partie censuré en France s'intitule Le Travail secret des agents soviétiques. *Son auteur, John Baron, raconte avec beaucoup de détails l'opération Dejean. Baron écrit notamment :* « Plus de cent officiers et agents du KGB, dont d'éminents intellectuels et d'élégantes prostituées, ont participé à ce complot qui entraîna un véritable siège de toute l'ambassade de France et causa la mort d'un honorable Français. » *Baron évoque là le lieutenant-colonel G., cité par Monsieur X.*

Il faut ajouter que cette technique du KGB visant à utiliser des jolies filles pour compromettre les diplomates a été fréquemment mise en œuvre. Dans un article de la revue Histoire, *Christopher Andrew, professeur d'histoire à Cambridge, révèle que le premier directeur de la CIA à Moscou, Edward Ellis Smith, est lui-même tombé dans les bras d'une employée qui travaillait pour le KGB. Et il affirme que la manœuvre s'est répétée avec un nombre impressionnant de diplomates occidentaux. Parmi eux donc, Maurice Dejean, l'ambassadeur de France à Moscou, et cela sur ordre de Khrouchtchev en personne !*

Dans ce même livre de John Baron, partiellement reproduit dans l'ouvrage de Thierry Wolton, Le KGB en France, *on trouve des détails intéressants sur Krotkov. Grâce à son père qui était peintre, il avait bien connu Beria lorsque celui-ci était le responsable du parti communiste de Géorgie. Une protection qui ne lui fera jamais défaut et qui va l'entraîner peu à peu à devenir un agent contractuel du KGB lorsque Beria prendra en main la centrale soviétique, qui s'appelait encore le NKVD.*

Krotkov, l'intellectuel, fréquentait assidûment les milieux étrangers de Moscou où il était très apprécié. C'était donc une recrue de choix pour le NKVD. D'autre part, Monsieur X le raconte, il avait professionnellement des contacts avec les actrices. Et l'une de ses fonctions consistait à présenter ces filles à ses amis étrangers. Baron écrit : « Le NKVD les stimulait en leur promettant de meilleurs rôles, de l'argent, des habits ou encore un peu de liberté et d'amusements, toutes choses normalement absentes de la vie soviétique. Ces recrues étaient surnommées les “hirondelles”. Pendant la durée d'une opération, elles étaient autorisées à utiliser des “nids d'hirondelles”, c'est-à-dire deux studios adjacents. Dans l'un, la fille séduisait l'étranger qu'elle devait compromettre, dans l'autre, les techniciens du service de renseignement filmaient et enregistraient le tout. »

Maurice Dejean n'a jamais parlé de sa mésaventure moscovite. Et, ce qui peut paraître curieux, il ne semble pas en avoir voulu aux Soviétiques... En effet, d'après Thierry Wolton cité plus haut, Dejean, peu après son rappel, a accepté la présidence de l'association France-URSS. Mieux, il a été nommé P-DG d'une petite entreprise d'horlogerie créée avec des capitaux soviétiques. Ce qui semblerait indiquer que ses rapports avec l'Est étaient peut-être plus étroits encore que ne l'affirmait Monsieur X...

Autre chose : lorsque Dejean est mort en 1982, le journal Le Monde *a publié une notice nécrologique dont sont extraites ces quelques lignes :* « En décembre 1955, il est nommé ambassadeur à Moscou, un poste qu'il occupera pendant huit ans au point de devenir, au début de 1964, doyen du corps diplomatique dans la capitale soviétique.

Le général de Gaulle dut cependant le rappeler à cette date, à la suite des révélations d'un transfuge du KGB relatant des aventures sentimentales compromettantes pour l'ambassadeur. »

C'était la première fois que la presse française faisait allusion à cette affaire. Presque vingt ans après les faits !

10

Kennedy : les secrets de Dallas

Rarement sans doute, la disparition d'un dirigeant politique aura soulevé une telle émotion dans le monde entier.

C'est que JFK, comme on l'appelait aux États-Unis, était d'abord un symbole. Le symbole d'une Amérique jeune et nouvelle qui voulait être un modèle de morale et de conviction. Une Amérique éprise de paix, qui allait lutter contre la pauvreté, balayer les barrières raciales, mais aussi conquérir l'espace, où les Soviétiques ne cessaient d'accumuler les succès. Bref, avec Kennedy, c'était une autre espérance qui naissait, une autre manière de faire de la politique. On sait aujourd'hui tout ce qu'il y avait d'artificiel dans ce programme. Pour nombre d'historiens, les mille jours pendant lesquels Kennedy a gouverné sont beaucoup moins glorieux qu'on ne l'a prétendu. Et l'image même du Président a été depuis largement écornée.

Dans quelles circonstances a-t-il effectué ce voyage présidentiel au Texas où il devait trouver la mort ? Un voyage qui était incontestablement à *haut risque. Le Président avait hésité avant de l'accepter. Finalement il s'y était résolu parce qu'il était obligé de soutenir son vice-président, un Texan, Lyndon Johnson, avec qui, d'ailleurs, il n'entretenait pas de très bonnes relations.*

Pourquoi un voyage à haut risque ? Parce que, dans cet État qu'on dit le plus fou de l'Union, Kennedy était haï ! Le Texas était en effet contrôlé par les pétroliers. Or Kennedy voulait instaurer une taxe sur l'extraction du pétrole. Une taxe jugée criminelle, pas moins, par ces pétroliers. D'autre part, la population, composée en majorité de petits Blancs conservateurs et protestants, ne pouvait pas se reconnaître dans ce jeune président yankee, ce patricien catholique, réputé progressiste, qui voulait abolir toute forme de ségrégation raciale.

C'est donc dans un climat de haine difficilement imaginable que JFK est arrivé à Dallas ce 22 novembre 1963. À tel point que des portraits du Président barrés de la mention « Recherché pour trahison » avaient été placardés dans toute la ville.

Je dispose d'informations inédites sur l'affaire Kennedy. Dans les services, nous nous intéressions beaucoup à ce qui se passait outre-Atlantique... Et c'était réciproque. Tout le monde se souvient de l'intervention de la CIA dans l'affaire des fuites ! En 1955, sous le gouvernement Mendès France, François Mitterrand étant ministre de l'Intérieur, on découvre des fuites au plus haut niveau de la Défense nationale. Il s'agit vraisemblablement d'une manipulation politique d'extrême droite avec, peut-être, la complicité de la CIA. Eh bien, en 1961, nos amis américains ont la tentation de récidiver. 1961, c'est l'année du putsch des généraux. Or nous avons la preuve que la CIA a été tentée de donner un coup de pouce aux putschistes... Il en résulte en tout cas un échange discret mais assez rugueux entre nos services. Toute chose produisant aussi son contraire, cela nous permet de renforcer notre pénétration aux États-Unis. D'autant que la politique plutôt américanophobe du général de Gaulle nous y encourage.

Ainsi, très tôt, nous sommes assurés que le président Kennedy rencontrera les plus grandes difficultés à l'intérieur même des plus hautes instances fédérales. Chacun sait que le patron tout-puissant du FBI, John Edgar Hoover, ne porte pas JFK dans son cœur, et il n'est pas le seul ! Ce qui nous a mis la puce à l'oreille, c'est le fameux ratage de la baie des Cochons, lors de la tentative d'invasion de Cuba. Je résume. Cuba, depuis que Fidel Castro a chassé le dictateur Batista, c'est une épine communiste plantée dans l'arrière-train américain, s'il m'est permis cette expression un peu triviale ! Une véritable provocation dont il faut se débarrasser au plus vite. L'administration Eisenhower avait concocté un plan d'invasion dont le nouveau président a hérité. Plan concocté par la CIA et son chef, Allen Dulles, supervisé par Richard Nixon, le vice-président de l'époque.

Kennedy n'est pas forcé d'avaliser une opération envisagée par son prédécesseur. Il n'est même pas très chaud pour se lancer dans cette aventure. Mais la CIA est à l'époque un État dans l'État ! Une puissance incontrôlée et presque incontrôlable. Non seulement elle lui force la main en lui démontrant que les troupes d'invasion anticastristes, formées et appuyées par les forces américaines, sont capables de renverser Castro, mais elle lui désobéit aussi sciemment.

Par exemple Kennedy demande qu'on écarte de l'armée d'invasion tous les hommes qui ont servi le régime corrompu de Batista. Il exige même l'arrestation de l'un des plus compromis, un certain Masferrer. Loin de lui obéir, la CIA élimine les anti-castristes les plus progressistes, des gens qui ont d'ailleurs combattu aux côtés de Castro contre Batista, avant de rompre avec le dirigeant révolutionnaire cubain. Des hommes qui sont donc soupçonnés de ne pas être assez anticommunistes…

Nous découvrons ainsi qu'il existe aux États-Unis des hommes puissants, décidés à lutter par tous les moyens contre la politique de Kennedy.

Pourtant, après le fiasco de l'invasion anti-castriste, JFK prend des sanctions : il élimine d'abord le patron de la CIA, Allen Dulles. Non seulement il met l'agence sous surveillance, mais il crée un organisme, la DIA, Defence Intelligence Agency, censé superviser tous les services de renseignement. Je dis bien « censé superviser » parce que cela n'a pas vraiment affecté l'indépendance de la CIA. Seulement, en agissant ainsi, le président s'est fabriqué une belle brochette d'ennemis. Les hommes de la CIA, d'une part, et une bonne partie des anti-castristes d'autre part, qui naturellement rendent Kennedy responsable du ratage de la baie des Cochons. Si le Président américain, disent-ils, nous avait donné tous les moyens dont nous avions besoin, nous aurions réussi à prendre pied à Cuba et à renverser Castro.

Or ces hommes sont dangereux, très dangereux ! Autre puissance : la mafia, avec laquelle le clan Kennedy a toujours entretenu des rapports équivoques. Au début il y a le père de JFK, Joseph Kennedy, le patriarche de la tribu. Un homme richissime qui a fait des affaires très profitables dans la banque, puis à Hollywood. Mais son plus grand fait d'armes reste la vente de son portefeuille en 1929, juste avant le krach de la Bourse... Je suis sûr que Joe Kennedy n'a pas eu une prémonition, mais qu'il a bel et bien été averti, comme d'autres milliardaires. Une sorte de délit d'initié, comme on dit aujourd'hui. En tout cas, ce krach qui va ruiner des millions de gens permet à Joe de réaliser des profits colossaux. Des mauvaises langues ont prétendu que ces milliardaires, dont Rockefeller, ont eux-mêmes provoqué le krach pour mieux s'enrichir...

Joe Kennedy et les autres n'ont jamais été inquiétés. À l'époque, il n'existe aucune commission boursière de contrôle. Et lorsque cette commission sera créée quelques années plus tard, le président Roosevelt n'aura rien de plus pressé que de nommer Joe Kennedy à sa présidence. Il faut dire que Joe a très généreusement contribué à financer la campagne électorale de Roosevelt. Encore plus intéressant : sous le personnage officiel, se cache un autre homme. Pas très reluisant celui-là ! Joe a bâti une grande partie de sa colossale fortune grâce à la loi sur la prohibition, en vendant clandestinement de l'alcool. Ce qui signifie que Joe Kennedy, trafiquant d'alcool, a forcément eu des relations avec la pègre.

Selon certaines de nos informations, dans ces années de la prohibition, le vieux Joe, en bisbille avec un gang de New York, a même dû demander aux truands de Chicago d'intervenir en sa faveur. Ce qu'ils ont fait ! Mais tout le monde sait que, lorsque l'on a recours aux services de ces gens-là, on reste leur débiteur à vie.

Les gangsters ont aussi une bonne raison de prendre contact avec le vieux Joe : à la fin des années 50, une commission parlementaire enquête sur les détournements des fonds des syndicats par la mafia. Des syndicats dont le fameux syndicat des camionneurs, qui en est l'une des succursales.

Or, dans cette commission parlementaire, un jeune et brillant avocat-conseil provoque beaucoup de bruit : Bob Kennedy, le frère de John. Les dirigeants de la mafia font donc pression sur Joe pour qu'il calme son fils, et apparemment cela marche puisque les enquêtes de cette commission parlementaire n'ont été suivies d'aucun effet. Ce qui n'empêchera pas Bob Kennedy, nommé ensuite ministre de la Justice de JFK, de s'illustrer dans la lutte contre le crime organisé ; peut-être d'ailleurs pour le plus grand malheur de son frère !

Une nouvelle fois la mafia se rappelle au bon souvenir de Joe Kennedy lorsqu'il devient évident que le milliardaire va mettre une partie de sa fortune au service du destin présidentiel de son fils. Il semble bien qu'un véritable pacte soit alors passé entre le vieux Kennedy et la mafia. Et JFK lui-même ? Personne n'ignore que dans son entourage il y a des gens proches des gangsters... Sinatra, par exemple. Il ne faut pas oublier non plus, même si on l'a volontairement gommé quand il s'est agi de bâtir la légende Kennedy, que JFK est un fêtard, amateur de bonnes fortunes... comme son père d'ailleurs. Et il est certain qu'il a commis beaucoup d'imprudences en laissant libre cours à ses plaisirs. Judith Campbell, maîtresse de Sam Giancana, un des patrons de la mafia, figure ainsi parmi les assidues du président. Elle fait de nombreuses visites à la Maison-Blanche. Mais aussi au Carlyle et au Plazza Hotel de New York où, pour la rejoindre, John emprunte les égouts et un tunnel secret. On pourrait poursuivre : la liste des conquêtes de Kennedy est longue. Il est incontestable que le candidat puis le président ont accumulé les imprudences. Et que les liens avec la mafia, via cette Judith Campbell, semblent établis.

On aurait donc pu le faire chanter. Surtout quand on sait que certaines de ses virées ont eu lieu dans des établissements contrôlés par « l'organisation », comme on l'appelle aux États-Unis.

Pour la mafia, avoir « un ami » à la Maison-Blanche est un atout sérieux qui permet d'envisager l'avenir de façon sereine ! Quant à l'intérêt des Kennedy, il est patent. La mafia est plus puissante que jamais. Elle a déjà montré dans le passé, au cours de scrutins locaux, qu'elle peut faire élire ses candidats, en achetant des voix ou en apportant les suffrages des quartiers urbains qu'elle contrôle. Ou encore en mobilisant les voix des syndiqués, puisque les syndicats sont pour la plupart sous la coupe de la pègre. Tout cela est très loin d'être négligeable. Surtout que, depuis longtemps, on n'a pas vu une élection à la présidence des États-Unis s'annoncer aussi indécise : il ne faut pas oublier que Kennedy n'a battu Nixon que d'une poignée de voix. Environ cent mille. À l'échelle de l'Amérique, ce n'est rien.

Incontestablement, la mafia a contribué à la victoire de Kennedy et, les affaires étant les affaires, elle n'a certainement pas négligé de réclamer ses dividendes !

Étrangement, les intérêts du crime organisé rejoignent ceux des hommes dont j'ai parlé au début de cette histoire. Autrement dit, ceux de la CIA. La chute du dictateur cubain Batista a été une véritable catastrophe pour la mafia. Les gangsters avaient fait de Cuba leur île ! Une île mafieuse où ils contrôlaient les casinos, les filles, le trafic de drogue, où ils pouvaient aussi blanchir l'argent sale en toute tranquillité... Bref, c'était un véritable paradis pour truands !

Dans un premier temps, les gangsters ont cru qu'ils pourraient s'arranger avec Castro. C'est bien mal connaître le Lider Maximo ! Les mafieux ont dû très vite déchanter. Il est donc urgent de reconquérir Cuba.

Dans tous les pays, les services de renseignement sont tentés d'utiliser les voyous pour accomplir les sales besognes. En France, souvenez-vous de l'affaire Ben Barka ou de la lutte contre l'OAS, ou encore des premières actions de la Main Rouge. À chaque fois, le pouvoir a engagé des barbouzes, c'est-à-dire des hommes du milieu. La CIA n'a pas agi autrement. D'autant que, pour certains de ses agents, la frontière est assez floue entre gangstérisme et service de l'État. En particulier chez tous ces agents secrets qui magouillent dans le milieu des exilés cubains. Je vais citer un seul nom parmi tant d'autres : Jacob Rubinstein, plus connu sous le nom de Jack Ruby – ce même Ruby qui a assassiné Lee Harvey Oswald –, est un homme influent de la mafia du Texas et aussi un fournisseur en armes et munitions des anti-castristes.

La CIA et la mafia ont donc le même objectif : abattre Castro. Le service secret et les truands travaillent main dans la main, envisageant tentatives d'attentats ou projets d'assassinats. En vain. Tout échoue lamentablement. Se débarrasser de Castro n'est pas chose facile. C'est alors qu'est projetée puis réalisée la désastreuse opération de la baie des Cochons, avec le succès que l'on sait. Kennedy est rendu responsable de cet échec, parce qu'il n'a pas aidé comme il le fallait les envahisseurs. Les gens de la CIA mouillés dans l'opération lui en veulent à mort. Comble de malchance, juste à ce moment, Bob Kennedy décide de lancer une spectaculaire chasse au crime organisé !

La mafia se sent une nouvelle fois trahie : ce président qu'elle a aidé à conquérir la Maison-Blanche se retourne contre ses amis de la veille. C'est inacceptable !

Mais comment expliquer ce retournement des Kennedy ? C'est très simple. JFK doit son élection à la mafia. Le parrainage est encombrant et, s'il vient à se savoir, tout le mythe Kennedy s'effondre ! Le clan se dit alors que le plus habile serait de se débarrasser de tous ces gangsters. Et c'est ainsi que Bob Kennedy, Attorney général (c'est-à-dire pour les États-Unis ministre de la Justice), est chargé de s'attaquer énergiquement à l'organisation mafieuse. Sans se rendre compte qu'il a présumé de ses forces. Au FBI, il y a des gens qui sont tout prêts à le trahir. À commencer par Edgar Hoover lui-même. Conclusion : le président Kennedy doit maintenant faire face à deux ennemis : la CIA et la mafia ! Deux ennemis qui pourront agir sous l'œil bienveillant du FBI. Le résultat, c'est Dallas.

À propos de l'attentat qui a coûté la vie à JFK, on a raconté tout et n'importe quoi. En étudiant l'affaire, je m'en suis d'abord strictement tenu aux faits, comme c'est d'ailleurs le rôle de tout enquêteur.

Premier fait : JFK est mortellement blessé dans sa voiture découverte le vendredi 22 novembre à 12 h 30, heure locale, par des balles tirées à distance à l'entrée de Dallas.

Deuxième fait : trois quarts d'heure plus tard, à 13 h 15, le policier Tippit est tué à coups de revolver dans le quartier d'Oak Cliff, à plusieurs kilomètres de l'endroit où a été abattu le Président. Les circonstances de l'assassinat sont les suivantes : le policier sort de sa voiture de patrouille pour s'adresser à un piéton qui marche sur le trottoir devant lui. Il le hèle. À cet instant, plusieurs coups de feu claquent. Tippit s'écroule. Est-ce le piéton qui l'a abattu ? Les premiers éléments de l'enquête ne le démontrent pas. Tels sont les faits, rien que les faits !

Troisième fait, justement : un peu avant 14 heures, donc trois quarts d'heure après le meurtre de l'agent Tippit, un certain Lee Harvey Oswald est arrêté dans un cinéma d'Oak Cliff. On le soupçonne d'être l'assassin du policier. Comment a-t-il été identifié ? C'est un vendeur de chaussures qui, intrigué par son attitude, a alerté la police.

Quatrième fait : à 14 h 15, le capitaine Fritz, de la police de Dallas, pris d'une soudaine inspiration, demande à deux de ses hommes d'aller interpeller un nommé Oswald. Il pourrait être mêlé à l'assassinat du président. À sa grande surprise on apprend à Fritz qu'Oswald a déjà été arrêté et qu'il se trouve dans les locaux de la police.

Enfin cinquième fait : le dimanche 24 novembre, à 11 h 21, Lee Harvey Oswald est abattu dans le sous-sol du quartier général de la police de Dallas. Son assassin est un certain Jack Ruby, tenancier de boîte de nuit.

Quelles conclusions peut-on tirer de la juxtaposition de ces faits ? Une évidence, d'abord : Oswald n'a pas été arrêté pour le meurtre de Kennedy mais pour celui du policier Tippit. Deuxième évidence : le capitaine Fritz a vraiment été étonné d'apprendre qu'Oswald se trouvait dans les locaux de la police. Pourquoi ? Parce que, à cette heure-là, Oswald devait être mort ! Enfin troisième conclusion, mais celle-là n'étonnera personne, Ruby a tué Oswald pour l'empêcher de parler.

Le seul scénario qui corresponde à la réalité est celui-ci : Oswald c'est le pigeon. Le pigeon idéal, totalement manipulé, et qui ne peut rien refuser à ceux qui le manipulent ! Parce que non seulement c'est le neveu d'un mafieux local, mais c'est aussi un agent de la CIA. Il ne faut pas oublier que cet ancien marine a fait un long séjour en URSS. Et qu'il en est revenu avec une épouse... Ce n'est pourtant pas facile de se marier avec une Soviétique et de la ramener en Occident. Eh bien, lui, il en a eu la possibilité, parce qu'il a dû persuader les Soviétiques qu'il allait devenir un agent double. D'ailleurs Oswald aimait à faire croire qu'il était pro-castriste. Une couverture, bien sûr, et une preuve qu'il était un agent secret !

Je dis « un pigeon » parce qu'on a dû lui monter tout un bateau. Lequel ? Je ne le sais pas exactement ; seul Oswald pourrait le dire, mais il est mort... En tout cas, ses interlocuteurs ont été suffisamment persuasifs pour le décider à venir sur son lieu de travail, ce fameux dépôt de livres situé sur le parcours présidentiel, avec son arme, une carabine... C'est cette arme que le vrai tueur a pointée sur le président Kennedy. Puis, conformément au scénario prévu, Oswald a quitté le dépôt de livres pour Oak Cliff. Et là, l'agent Tippit, un ancien policier de Chicago, devait l'abattre...

Mais cela ne s'est pas passé comme prévu. C'est la seule erreur qu'ont commise les assassins de Kennedy. Tippit a-t-il reculé au dernier moment ? Sans doute. Et Oswald lui a échappé. Alors qui a abattu Tippit ? Certainement pas Oswald. Mais un complice de Tippit qui, voyant que Tippit se dégonflait, l'a descendu. La meilleure preuve c'est qu'Oswald n'a pas de trace de poudre sur les mains au moment de son arrestation. Et l'assassinat de Kennedy ? On a dit qu'il y avait un second tireur. Cela, je ne le sais pas et ce n'est pas très important. Ce qui est vrai c'est que le destin du président était fixé ; il ne pouvait pas échapper à la mort tant étaient grandes les complicités à tous les niveaux : dans la police, à la CIA et au FBI !

La suite, c'est l'enquête menée par la commission Warren, cette scandaleuse enquête, et les nombreuses morts mystérieuses qui ont suivi. Tous ceux qui auraient pu parler ont été supprimés : il fallait que la vérité officielle, l'assassinat par un tueur isolé pro-castriste, ne soit jamais remise en question. Encore un dernier point : est-il vraisemblable qu'un voyou comme Ruby ait tué Oswald par patriotisme comme il l'a affirmé à son procès ?

Sur la personnalité de Joe Kennedy, il existe de nombreuses sources. Par exemple, cet article de Nicolas Chatelain paru dans la revue Historia. *En 1932, Kennedy, bien introduit auprès de Roosevelt, comprend que les lois sur la prohibition vont être abolies. Chatelain écrit :* « Prévoyant comme toujours, et, disposant d'abondantes réserves d'argent, Joe Kennedy organise aussitôt une société de fabrication de bouteilles et d'importation de boissons alcoolisées. Sur quoi, il partit pour l'Europe avec un des fils de Franklin Roosevelt et y négocia une série de contrats avec les grands producteurs britanniques de whisky et de gin. Les permis d'importation avaient été négociés à l'avance avec le gouvernement américain auquel Joe Kennedy avait fait croire que le gin importé était destiné à des besoins médicaux. Lorsque les lois de prohibition furent abolies, les entrepôts Kennedy regorgeaient déjà d'alcools divers qui n'attendaient que la réouverture des bars pour être consommés. » *Il faut toutefois noter que, dans cet article, il n'est pas fait allusion aux relations de Kennedy avec la mafia.*

Encore une chose à propos de Joe Kennedy. Roublard, affairiste, il n'en est pas moins nommé ambassadeur des

États-Unis à Londres en 1938. Ouvertement munichois, hostile à tout engagement américain dans la guerre, défaitiste, il fait scandale. En fait, on le comprend assez vite, les sympathies de Joe Kennedy vont plutôt à l'Allemagne nazie avec laquelle, pense-t-il, il y a certainement de bonnes affaires à réaliser. C'est donc la brouille avec Roosevelt et la fin de sa carrière publique. Désormais, Joe n'aura plus que deux ambitions : gagner toujours plus d'argent et porter l'un de ses fils à la magistrature suprême. Comme chacun sait, il réussira, pour le malheur de ses fils, dans l'une et l'autre de ses ambitions.

Quant à *Jacob Rubinstein, alias Jack Ruby, l'assassin du présumé meurtrier du président Kennedy, on peut lire sous la plume d'Henri-Christian Giraud, dans* Le Figaro-Magazine *:* « Originaire d'une famille d'émigrants juifs polonais, Jack fait ses premières armes dans la pègre locale de Chicago comme garçon de course. Puis c'est le parcours classique : il gagne ses galons en devenant l'homme de confiance – et de main – du président du syndicat des ferrailleurs et des chiffonniers, participant à des remises en ordre de sections syndicales, gérant des boîtes de strip-tease et touchant au trafic de drogue qui commence à remplacer l'alcool. En 1946, il s'installe à Dallas où il prospère dans l'exploitation de boîtes de nuit dont la plus célèbre, le Carrousel. Jeux clandestins, trafic de drogue et prostitution sont les trois mamelles de l'entreprise Ruby. Sans, il faut le noter, qu'il rencontre de difficultés particulières avec la loi. Est-ce parce que les policiers bénéficient au Carrousel d'avantages en nature ? » *Plus loin, le journaliste indique que Ruby était le contact central et permanent de la mafia à Dallas.*

Quant aux frasques de JFK évoquées par Monsieur X, les témoignages abondent. Voici par exemple ce qu'écrit en 1991 dans Valeurs actuelles *le journaliste Gérald Olivier à partir de la lecture de plusieurs livres parus aux États-Unis :* « En 1954, sa sœur épouse l'acteur Peter

Lawford. Celui-ci devint l'entremetteur des Kennedy à Hollywood. “Ce qui se passait chez lui est indescriptible !” a dit la femme de l'acteur Dean Martin. Lawford a permis à John de rencontrer en particulier Marilyn Monroe avec qui il eut une aventure en 1962, avant de la pousser dans les bras de son frère Bob. »

La dernière de ces morts mystérieuses dont parle Monsieur X est sans doute celle, en 1975, de Giancana, ce chef de la mafia, qui selon Valeurs actuelles *aurait partagé sa maîtresse, Judith Campbell, avec le président Kennedy. Giancana a été abattu par un tueur la veille du jour où il devait témoigner devant une commission d'enquête sénatoriale.*

Le frère et le neveu de Sam Giancana ont publié en 1992 un livre intitulé Notre homme à la Maison-Blanche, *paru chez Robert Laffont. Il s'appuie sur les confidences faites par le gangster* à *ses deux parents. On y apprend que cet homme, qui était l'égal d'Al Capone ou de Lucky Luciano, avait entretenu durant de longues années des relations avec Joe Kennedy, le père du président. À la veille de l'élection de JFK, Giancana contrôlait un véritable empire du crime qui s'étendait sur tout le territoire des États-Unis mais aussi au Moyen-Orient et jusqu'aux Philippines. Selon ce document, comme a pu le dire Monsieur X, la mafia, grâce en particulier* à *Giancana, a mis tous ses hommes et beaucoup d'argent au service de la candidature Kennedy. Les urnes ont été bourrées, les électeurs réticents ont été intimidés. Surtout dans le secteur de Chicago où Giancana était tout-puissant.*

Kennedy, « notre homme à la Maison-Blanche » selon la formule de Giancana, est devenu l'ennemi quand il a lancé le FBI aux trousses des principaux dirigeants mafieux. C'est alors qu'en liaison avec des hommes de la CIA qui considéraient Kennedy comme un traître après l'échec de la baie des Cochons, la mafia a décidé de se débarrasser de Kennedy. C'est Giancana qui aurait été le coordinateur du Milieu, Giancana encore qui aurait choisi Jack Ruby pour tuer Oswald. Pourquoi Oswald ? Parce que cet agent de la CIA, selon Giancana, était parfait : il avait l'air communiste. Donc il ne serait pas difficile de convaincre les gens qu'il était communiste.

Pour terminer, et ce n'est pas la moindre des révélations de Giancana, le gangster affirme que le complot remontait jusqu'aux patrons de la CIA, dirigeants antérieurs et actuels, et qu'une demi-douzaine de réactionnaires texans étaient impliqués, dont le vice-président Lyndon Johnson. Un complot qui s'étendait jusqu'aux responsables de la police de Dallas qui s'étaient arrangés pour que la protection du Président soit particulièrement négligée ce jour-là.

Bien sûr, il convient de recevoir avec circonspection les confidences d'un truand notoire. Par ailleurs, dans une récente interview de la veuve de Lee Oswald, Marina Oswald, celle-ci affirme avoir rencontré son mari pendant sa courte détention. Oswald semblait très confiant. Il était persuadé qu'il s'agissait d'une erreur et qu'on allait le relâcher. D'autre part, elle évoque la fameuse photo où l'on voit Oswald poser avec l'arme qui a tué Kennedy. Elle remarque : « S'il avait voulu tuer le Président, se serait-il fait photographier ainsi ? Maintenant dit-elle, je comprends : c'est un marché qu'il avait conclu avec les services de renseignement et dont ils se sont servis pour prouver sa culpabilité. »

11

Monsieur H. : une mort programmée

C'est l'histoire d'un grand homme, un homme honnête, un juste, dont les adversaires se sont lâchement débarrassé. On l'appelait « Monsieur H. ». Sans doute parce que son nom, Hammarskjöld, était compliqué à prononcer. Mais aussi parce que ce diplomate suédois, élu en 1953 au secrétariat général des Nations Unies, réélu en 1957 à la quasi-unanimité pour un mandat de cinq ans, est devenu assez rapidement un personnage populaire, omniprésent sur la scène internationale. Il faut dire que le souriant Monsieur H., en pleine guerre froide, a dû tenter d'imposer successivement sa médiation dans les conflits permanents entre Israël et les pays arabes, dans la crise de Suez ou l'insurrection hongroise... Rien de moins ! Partisan d'une coopération accrue avec les pays du tiers-monde ayant accédé à l'indépendance, il devait prendre à bras-le-corps, au début des années 1960, le dossier explosif du Congo ex-belge. C'est justement dans ce pays que Dag Hammarskjöld a trouvé la mort en septembre 1961 dans un accident d'avion.

Mais Monsieur X est persuadé qu'il ne s'agit nullement d'un accident, et que l'on a assassiné le secrétaire général de l'ONU, même si la version officielle demeure toujours celle de l'accident.

Il est vrai qu'à l'époque cette thèse de l'assassinat a été fréquemment évoquée, tant les circonstances de l'accident ont semblé étranges, tant surtout les ennemis de Monsieur H. étaient nombreux. Dag Hammarskjöld, incontestablement, gênait : les Russes, les Américains, les Anglais, les Français et, bien sûr, les factions congolaises sécessionnistes qui s'opposaient à *son action. Sans compter les puissants intérêts économiques qui, à l'évidence, justifiaient ou expliquaient l'agitation des uns et des autres.*

C'est en juin 1960 que la puissance coloniale belge accorde son indépendance au Congo. Aussitôt, les premiers troubles éclatent, essentiellement dirigés contre les Belges qui sont restés dans l'ancienne colonie ; à tel point que Bruxelles envoie des parachutistes pour protéger ses ressortissants et encadrer l'exode de la population blanche.

Le Premier ministre congolais, Patrice Lumumba, proteste avec la plus grande vigueur contre ce qu'il considère comme étant une violation de la souveraineté du jeune État. Et ce dirigeant progressiste menace d'en appeler aux Soviétiques. Dans le camp occidental, on apprécie peu. Le général Eisenhower, président des États-Unis, suggère à *Lumumba de demander plutôt l'intervention du gendarme international, c'est-à-dire de l'ONU. C'est ainsi que l'organisation internationale et son secrétaire général, Monsieur H., vont entrer dans la crise congolaise. Une crise qui va d'ailleurs se compliquer singulièrement. En effet, un peu partout dans cet immense pays, des tendances sécessionnistes apparaissent. Et en particulier, onze jours seulement après l'indépendance, le président du gouvernement provincial du Katanga, Moïse Tschombé, déclare l'indépendance de sa région. Tandis qu'à Léopoldville, l'actuelle Kinshasa, le président Kasavubu, soutenu par les Occidentaux, entre en conflit avec son Premier ministre Patrice Lumumba, soutenu, lui, par Moscou.*

C'est d'abord la sécession du Katanga qui attire l'attention. Pourquoi ? Parce que cette province, grande comme la France, est un formidable réservoir de richesses minières. À l'époque, en 1960, le sous-sol du Katanga, c'est 60 % de l'uranium occidental, 73 % du cobalt, 8 % du cuivre... On y trouve aussi de l'or, des diamants, du plomb, du zinc... Des richesses qui suscitent beaucoup de convoitises, aujourd'hui encore.

L'Afrique francophone, c'est une lapalissade, a toujours été le pré carré de la France. Ce qui veut dire que les services de renseignement français, officiels ou non, ont pour ordre de s'intéresser prioritairement au devenir de ces pays qui viennent d'acquérir leur indépendance. Il s'agit de sauvegarder les intérêts français. Et même si le Congo ne fait pas partie de la sphère d'influence de notre pays, les colonisateurs ayant été les Belges, la France malgré tout a un œil sur cette région du monde ! D'ailleurs, l'anecdote est très significative, quelque temps avant l'indépendance, notre ministre des Affaires étrangères, Maurice Couve de Murville, prend langue avec son homologue belge. Il lui dit en substance que la France a des droits sur le Congo. Ce n'est pas une plaisanterie : Couve de Murville exhume un accord signé à la fin du siècle dernier entre le roi Léopold II et Jules Ferry. Aux termes de cet accord, la France a un droit de préemption sur le Congo, si la Belgique s'en retire !

Comment la France peut-elle revendiquer le Congo au moment où elle donne elle-même l'indépendance à ses colonies ? Cela semble absurde. En fait, c'est un signal destiné à tous ceux qui ont des visées sur le Congo. Et surtout sur sa très riche province, du Katanga. Cela veut dire : « Pas touche ! Sinon, vous nous trouverez sur votre chemin ! » Je peux au moins citer un des pays qui louchent sur cette province : la fédération britannique de Rhodésie-Nyassaland, un territoire où les Blancs n'ont nullement l'intention de remettre le pouvoir aux Noirs... Derrière, bien sûr, il y a la Grande-Bretagne.

Nos services de renseignement ont donc pour ordre de s'intéresser au Congo. Il leur faut agir.

Tout le monde se souvient des « Affreux », les mercenaires du Katanga. Ils méritent bien leur surnom, ce ne sont pas des tendres et ils ne font pas dans la dentelle ! Pour la plupart ce sont des Français. Mais il y a aussi des Belges. Tous ces baroudeurs ont été recrutés par Tschombé pour encadrer ses troupes, sa gendarmerie katangaise comme on l'appelle. Mais ce que l'on sait moins, c'est que ces mercenaires ont été engagés à l'initiative de Paris. Je pense être assez clair ! Ces militaires, dont beaucoup sont encore en activité, alors que la guerre d'Algérie est loin d'être terminée, ont été étrangement et soudainement autorisés à se mettre en disponibilité afin de rejoindre le Katanga. J'ajoute, mais cela n'étonnera personne, que pour de Gaulle, c'est aussi un moyen commode de se débarrasser d'un certain nombre d'officiers excités, des factieux en puissance.

Cela signifie que le gouvernement français décide de soutenir la sécession katangaise de Tschombé. Avec des pincettes, certes ; mais il envoie quand même au président du Katanga des hommes et des armes qui transitent par le Congo-Brazzaville où le président de la République, l'abbé Fulbert-Youlou, n'a rien à nous refuser ! Je dis « avec des pincettes » parce que la réputation de Tschombé est plus que douteuse. On l'appelle « M. Tiroir-Caisse » car, sous le prétexte de créer une nouvelle monnaie katangaise et de réunir assez de liquidités pour la rendre crédible et la garantir, il a raflé tous les francs belges en circulation et les a placés à son nom en lieu sûr, c'est-à-dire, bien entendu, en Suisse !

En soutenant les sécessionnistes katangais, la France prend le contre-pied de l'action de l'ONU qui, au contraire, veut essayer de rétablir l'unité du Congo. Mais on sait ce que pense le général de Gaulle de l'ONU, ce « machin », comme il dit. D'ailleurs le Général réprouve l'action des Nations Unies au Congo. Pour lui, les Casques bleus n'ont aucun droit à intervenir dans une affaire purement intérieure et qui ne concerne donc qu'un État souverain, le Congo.

Et puis le Général pense aussi à l'Algérie ; il n'a aucune envie que l'ONU se mêle de nos affaires !

Pour en revenir aux Affreux, ils sont nombreux à venir au Katanga. Militaires, aventuriers, collaborateurs épisodiques des services secrets : les Faulques, les Trinquier, les Bob Denard, etc. Tous des gens qui n'ont pas la tripe particulièrement progressiste, et qui sont pour la plupart des vétérans des guerres coloniales.

En 1961, le Premier ministre congolais Patrice Lumumba est capturé par un certain Mobutu. À l'époque, Mobutu s'est déjà donné du galon puisque ce simple sergent est devenu colonel en un temps record. On sait qu'il finira maréchal !

Mobutu s'empare donc de Lumumba. Après l'avoir torturé consciencieusement, il l'envoie par avion chez son pire ennemi : Tschombé. Et celui-ci, bien sûr, le fait assassiner. Un assassinat qui fait des vagues dans le monde entier. Et qui embarrasse considérablement Paris. Conclusion : il ne devient plus aussi urgent d'aider Tschombé et la sécession katangaise !

Il n'est plus question de soutenir ouvertement les Affreux. Livrés à eux-mêmes, les mercenaires vont maintenant dépendre presque complètement de Tschombé et des intérêts financiers qui soutiennent la sécession et son gouvernement, c'est-à-dire la puissante Union minière, une compagnie belge qui a la haute main sur une grande partie de l'exploitation des richesses du Katanga.

Mandaté par les Nations Unies, M. Hammarskjöld doit réduire la sécession katangaise, par la négociation ou par la force. Son tempérament incline Monsieur H. à la négociation, un domaine où il est passé maître. Mais Tschombé ne veut rien entendre. Alors on envisage la force et l'entrée en jeu des Casques bleus. Pour les Katangais, Hammarskjöld devient l'ennemi, celui qu'il faut abattre !

Ils ne sont pas les seuls ennemis de Monsieur H. On a soupçonné, par exemple, le secrétaire général de l'ONU d'agir en faveur d'intérêts particuliers.

Son propre frère, Bo Hammarskjöld, est l'un des dirigeants d'une importante compagnie minière, la Lam Co, qui propose aux Katangais de remplacer l'Union minière belge. La puissante Union minière belge peut se sentir menacée et envisager également la liquidation de Monsieur H. Car, je le rappelle, les enjeux économiques sont énormes ! Mais je suis certain, après avoir discuté avec quelques-uns de ses proches, qu'Hammarskjöld n'a jamais agi pour défendre les intérêts de la société de son frère.

D'autres ennemis, encore... Il suffit de se pencher sur la carte de l'Afrique de l'époque. Au nord, à l'est et à l'ouest du Katanga, on trouve des États nouvellement indépendants où le pouvoir est détenu par des Noirs. Mais au sud, il y a d'abord l'Afrique du Sud. Puis le Mozambique, l'Angola, la Rhodésie ; uniquement des États ou des territoires qui sont encore aux mains des Blancs et où le pouvoir blanc est solidement installé. Eh bien, pourquoi ne pas faire du Katanga, cette richissime province, un nouvel État blanc, un bastion colonialiste et anticommuniste ?

Cela n'est pas si utopique qu'on le pense : il suffit de susciter une immigration blanche importante, des colons européens attirés par les richesses du Katanga. Non seulement, je le sais, ce plan a germé dans quelques cervelles, mais il a failli aboutir. À la tête de cette affaire, il y a des hommes d'affaires, bien sûr. Certains dirigeants de l'Union minière, par exemple, mais pas tous, car en bons gestionnaires ils ont peur de l'aventure. Il y a aussi des financiers, comme ce banquier suisse, légataire du sinistre Goebbels, qui toute sa vie a commandité des mouvements d'extrême droite, le dénommé Genoud. Enfin, on trouve également toute une nébuleuse d'affairistes et de farouches partisans des régimes totalitaires, zélateurs du pouvoir blanc. En outre, des États sont de la partie : en premier lieu l'Afrique du Sud bien sûr, mais le Portugal de Salazar aussi. À cause de l'Angola et du Mozambique qui sont encore des colonies portugaises.

Il faut des soldats pour appliquer un tel plan ? Qu'à cela ne tienne, ils sont déjà sur place : ce sont les Affreux, des hommes qui ne se posent pas trop de questions à partir du moment où on les paye bien et où on leur promet de l'action. Même s'il existe parmi eux des idéalistes qui croient lutter pour l'Occident, ou des militaires un peu plus lucides que d'autres qui savent que de Gaulle va finir par abandonner l'Algérie et qui comptent donc continuer la lutte contre la « subversion » par d'autres moyens, dans d'autres pays. Des soldats perdus, des nostalgiques de l'empire colonial, en somme.

Mais il y a plus grave : des gens de chez nous collaborent avec eux, des hommes du SDECE. Des ultras, des partisans de l'Algérie française qui ont notamment refusé d'engager la lutte contre l'OAS. Des personnages que l'on retrouvera mouillés plus tard dans de sales affaires, le trafic de drogue, par exemple. Tout ce joli monde rêve donc d'un Katanga dirigé par un pouvoir blanc. Or Monsieur H. et ses Casques bleus menacent ce bel édifice.

Et Tschombé ? Ce n'est pas un fantoche, je dirais même qu'il est malin, très malin, et qu'il a une certaine carrure. Mais, à partir du moment où on lui donne de l'argent et un semblant de pouvoir, on peut en faire ce qu'on veut. Consciemment ou pas, il est donc de mèche avec ces ultra-colonialistes.

À la fin de l'été 1961, les événements s'accélèrent au Congo. Soudain, Dag Hammarskjöld se décide à agir contre les sécessionnistes. Début septembre, les Casques bleus interviennent à Élisabethville, au Katanga. Ils prennent sans effusion de sang le contrôle de la radio et de l'aéroport. Les gendarmes katangais encadrés par les Affreux, manifestement surpris, ne réagissent pas tout de suite. Alors, fort de ce premier succès, Monsieur H., qui se trouve au Congo pour mieux contrôler les opérations, exige le départ des mercenaires et de toutes les forces étrangères. Et comme les Affreux ne bougent pas, Hammarskjöld décide d'employer la force pour les chasser. Mais c'est sur lui que le piège va se refermer.

Sur l'ordre de Monsieur H., les Casques bleus interviennent militairement contre les mercenaires et les gendarmes katangais. Mais l'attaque est mal préparée. Les soldats de l'ONU subissent un véritable désastre. L'unique avion des forces aériennes katangaises, un Fouga-Magister, cause de gros dégâts. Un contingent entier d'Irlandais doit même demander la reddition. Pour Monsieur H., c'est une gifle. Le voilà contraint de négocier avec Tschombé, le chef des sécessionnistes ! Un rendez-vous est fixé en Rhodésie, dans une petite ville, Ndola, située à la frontière katangaise. Immédiatement, les extrémistes, ces comploteurs du pouvoir blanc, décident de passer à l'action !

Hammarskjöld se trouve à Léopoldville, à l'autre bout du Congo. Pour se rendre à Ndola, il doit parcourir en avion plus de 1 600 kilomètres. Un vol relativement risqué, car il lui faut éviter de survoler le Katanga. Le commandant de bord, à la demande de Monsieur H., décide de ne pas déposer de plan de vol. Mieux, il prévoit de ne pas établir de contact radio au cours du vol. Son avion est un DC6. C'est l'appareil du commandant suprême des forces de l'ONU au Congo. La veille même, il a été mitraillé en passant au-dessus d'Élisabethville. Mais on a eu le temps de changer le moteur et de réviser entièrement le DC6.

Cette révision aurait pu ne pas être parfaite, c'est une des hypothèses que l'on a émises pour expliquer le crash ultérieur de l'avion du secrétaire général de l'ONU. Une hypothèse qui ne tient pas. Il ne faut pas oublier que le DC6 a quand même parcouru sans aucune difficulté les 1 600 kilomètres du vol. C'est seulement au-dessus de Ndola que les choses se sont gâtées.

Examinons plutôt la chronologie : le DC6 décolle le 17 septembre vers 16 heures. Par prudence il va effectuer de nuit la plus grande partie du vol puisqu'il est équipé pour la navigation nocturne. Quelle est la route choisie ? Impossible de le dire. Il existe deux solutions : à l'ouest, l'Angola, à l'est, le Kenya. Peu importe. Ce qui compte, c'est que le DC6 se signale vers 23 h 30 à la tour de contrôle de Ndola. Le commandant de bord annonce qu'il sera à la verticale de l'aérodrome dans quelques minutes.

J'ai oublié de parler des passagers de l'avion. C'est un point important parce qu'on prétendra plus tard qu'il y avait à bord un passager en trop. En réalité c'est un faux bruit, un bobard. Tous les corps ont été formellement identifiés. Il n'y avait pas de clandestin à bord. Alors les passagers ? Eh bien, outre Hammarskjöld, il y a des fonctionnaires de l'ONU et des agents de sécurité. Je dois dire que cette thèse assez farfelue du passager clandestin a été entretenue parce qu'il y a eu longtemps, une confusion sur le nombre de passagers. Et surtout parce que l'on a trouvé lors de l'autopsie des balles dans le corps d'un passager. Mais il a été établi que le DC6 transportait des caisses de munitions. Au moment du crash et de l'incendie qui a suivi, certaines de ces caisses ont dû exploser et des balles ont pu toucher le corps de ce passager. Il n'empêche que cela a pu paraître troublant.

Le DC6 se signale donc à la tour de contrôle de Ndola, et le commandant de bord demande même la pression atmosphérique au sol afin de caler son altimètre. Ensuite c'est le silence radio. Le DC6 passe à la verticale de Ndola, on ne le voit pas mais on l'entend. Plus tard on a parlé d'un avion non identifié. Foutaises, c'est bien l'avion de Monsieur H., et il s'apprête à atterrir. J'en suis sûr, parce que lorsqu'on a retrouvé l'épave de l'avion en pleine forêt, à 13 kilomètres à peine de Ndola, on a constaté que le train d'atterrissage était sorti et les volets inclinés à 30 degrés. Alors, erreur de pilotage ? Non, le pilote et ses deux copilotes, tous trois suédois, sont des aviateurs confirmés comptant des milliers d'heures de vol. Attaque aérienne ? Le seul avion katangais, ce Fouga-Magister que j'ai déjà évoqué, n'est pas équipé pour le vol de nuit, et cette nuit-là il est basé trop loin ! Une bombe ? Si elle a été déposée à bord de l'avion, pourquoi a-t-elle explosé au dernier moment, quelques instants avant l'atterrissage ?

La vérité est beaucoup plus simple, beaucoup plus machiavélique aussi. Avant de l'évoquer, je veux souligner que la formulation de toutes ces fausses pistes ne doit rien au hasard. Il est évident que l'on a voulu égarer les recherches et la révélation de la vérité : les autorités rhodésiennes, par exemple, n'ont manifesté aucune bonne volonté pour aider les enquêteurs et faire la lumière sur le crash. Mais c'est normal, puisque la Rhodésie était partie prenante de ce complot visant à faire du Katanga un bastion du pouvoir blanc.

J'avoue que j'ai longtemps cherché. Mais j'ai fini par résoudre le problème. La solution se trouve dans le manuel de bord de l'avion ! Je ne l'ai pas eu en main, mais j'ai lu attentivement les rapports de trois commissions d'enquête. Et dans un des rapports, on parle de ce manuel de bord, un manuel Jeppesen habituellement utilisé par les aviateurs suédois et retrouvé dans l'épave. Or il est signalé dans ce rapport que la page de l'aéroport de Ndola est manquante ! Ce n'est pas tout : il est mentionné que sur ce manuel, à la page d'un autre aéroport, Ndolo, il y a une mention manuscrite : « Ndola, altitude 2 500 pieds. » Ndola, Ndolo, le pilote a pu confondre, d'autant qu'il ne connaît pas bien l'Afrique. La véritable altitude de Ndola est de 4 500 pieds. En écrivant sur la page de Ndolo cette mention 2 500 pieds, on envoyait Monsieur H. à une mort certaine car le pilote a calé ses appareils sur une altitude trop basse. Le crash était inévitable !

Le manuel de bord n'a pu être trafiqué qu'à Léopoldville où le DC6 est resté plusieurs heures sans surveillance avant le décollage, j'ai pu le vérifier ! En falsifiant les altitudes, les assassins, des hommes de main du pouvoir blanc, étaient sûrs d'envoyer Monsieur H. à la mort.

Dans le livre qu'il a consacré à Jacques Foccart, l'éminence grise de la politique africaine du général de Gaulle, Pierre Péan évoque avec un luxe de détails l'activité des services secrets français au Congo et le recrutement des mercenaires, effectué avec la bénédiction du ministre des Armées Pierre Messmer et de Jacques Foccart. Ainsi, c'est au plus haut niveau que le colonel Trinquier a été choisi pour diriger ces Affreux. Péan écrit : « Trinquier prend langue avec un certain nombre de baroudeurs, tous spécialistes de la guerre subversive : Roger Faulques, ancien du 1er REP, deux anciens du 11e choc, quelques capitaines. Il accomplit une première mission au Katanga à la fin janvier 1961. Il rencontre Moïse Tschombé ainsi que le consul général de France, Joseph Lambroschini, ancien du BCRA, proche de Foccart, qui se montrera actif durant toute cette période. Il revient en France après avoir inspecté les forces katangaises ; il estime qu'avec une vingtaine d'officiers français, il pourra créer une armée moderne adaptée aux besoins du pays. C'est à l'époque où se déroule cette mission qu'est assassiné à Élisabethville

Patrice Lumumba, livré à Tschombé par le chef d'état-major congolais installé au pouvoir par la CIA, le colonel Mobutu. Ce meurtre change quelque peu les données du soutien de la France au Katanga. Messmer aurait alors annoncé lui-même à Trinquier qu'il ne pourrait plus désormais couvrir son départ. Trinquier et ses amis s'envolent néanmoins pour le Katanga via la Rhodésie. Sont-ils en rupture de ban avec la France ? Évidemment non. Du côté des services de Foccart et du SDECE, on demeure toujours aussi attentif à la situation katangaise, et toujours disposé à rendre service... »

Dag Hammarskjöld, ce grand homme comme le dit Monsieur X, a publié un livre posthume. Une sorte de Journal où il notait ses impressions, ses pensées. On y découvre un homme cultivé, altruiste, mais aussi une personnalité hantée par l'idée de la mort. Ce qui a même autorisé quelques-uns à se demander si Monsieur H. ne s'était pas suicidé. Hypothèse absurde : s'il avait voulu en finir il n'aurait certainement pas entraîné avec lui une quinzaine d'autres personnes. Toutefois, avant d'en terminer il faut lire ces quelques notes écrites par Dag Hammarskjöld : « La chose la plus difficile, bien mourir ! » *Ou encore :* « Être fidèle à son avenir, même quand cela ne signifie plus que se préparer à bien mourir... » *Enfin cette dernière pensée :* « Auparavant, la mort figurait toujours dans les réunions. Maintenant, elle est assise à la même table que moi. Il faut que je devienne son ami. » *Prescience, diront certains. Lucidité, diront d'autres.*

12

Les mystères de Tschombé

On l'appelait « M. Tiroir-Caisse ». Un sobriquet qui, semble-t-il, n'était nullement immérité. Et pourtant Moïse Tschombé, qui avait une fâcheuse tendance à *confondre les comptes en banque de son pays avec les siens (tout comme son ennemi et successeur Mobutu), était aussi un réel homme d'État : un des premiers qui soient nés dans cette Afrique tourmentée par les soubresauts de l'indépendance.*

En ouvrant le dossier de la mort dramatique de Dag Hammarskjöld, l'ancien secrétaire général de l'ONU, Monsieur X vient d'évoquer longuement Moïse Tschombé. Ce nouveau chapitre éclaire son enlèvement rocambolesque en Espagne et sa mort étrange au fond d'une geôle algérienne. Toutefois la disparition de Monsieur H. est encore présente en filigrane.

Le ravisseur de Tschombé, un certain Francis Bodenan, avant d'être jugé en Espagne, a fait des révélations sur la mort de Monsieur H. Dans Le Soir *de Bruxelles du 28 janvier 1982, on peut lire :* « Bodenan donne quelques détails sur la "préparation" de l'accident d'avion dont Dag Hammarskjöld a été victime. Il parle notamment d'un spécialiste qui aurait été payé par Tschombé pour voler les cartes et les données qui se trouvaient dans l'avion des Nations Unies et qui concernaient l'aéroport de Ndola. »

Ce récit confirme donc la version de Monsieur X, à *un détail près : lui-même n'avait pas mis directement en cause Moïse Tschombé mais une organisation extrémiste dont il était proche et qui visait à faire du riche Katanga un État blanc et indépendant.*

Qui était vraiment Moïse Tschombé, dont le visage lunaire et souvent hilare a régulièrement fait la une des journaux entre 1960 et 1967, l'année de son enlèvement ?

C'était d'abord un chef coutumier katangais, originaire de la famille royale des Lunda. Une famille très riche qui possédait des plantations et une chaîne de magasins de détail. Après des études primaires et secondaires dans une mission méthodiste, Tschombé, très vite, s'intéresse à la politique. L'administration coloniale belge, mais surtout les dirigeants locaux de la puissante Union minière du Haut-Katanga, ont immédiatement repéré ce jeune homme intelligent et doué, féru d'élégance. Alors que l'indépendance du Congo apparaît comme inéluctable, ils misent sur Tschombé en espérant qu'il saura préserver au mieux leurs intérêts économiques.

Effectivement, en 1960, quelques jours seulement après la déclaration d'indépendance, la province du Katanga, dont Tschombé est le président, fait sécession. Une sécession préparée de longue date et qui permet au Katanga de ne pas partager ses immenses richesses avec les autres provinces. Pour le plus grand profit de l'Union minière. Et pour le plus grand malheur du Congo, puisque cette sécession marque le début d'une suite pratiquement ininterrompue de troubles et de conflits qui vont ensanglanter le pays jusqu'à nos jours.

En tout cas, à cette époque, Tschombé gagne son surnom de « M. Tiroir-Caisse ». On prétend en effet que le Président, sous prétexte de garantir la nouvelle monnaie katangaise qu'il veut créer, a raflé toute la monnaie belge en circulation, monnaie qu'il a placée en son nom dans un établissement bancaire suisse.

La suite de la carrière politique de Tschombé est une succession assez étonnante de succès et de défaites, de triomphes et d'emprisonnements ou d'exils. Sans oublier l'assassinat de Patrice Lumumba dont il porte directement la responsabilité avec son allié d'alors, le colonel Mobutu Sese Seko.

En juin 1964, Tschombé est spectaculairement rappelé au pouvoir. Mais en octobre 1965, son ex-ami Mobutu, chef de l'armée, le chasse et prend les rênes de l'État, un règne qui durera trente-deux ans. Tschombé, lui, ne reverra jamais le Congo. Mais, exilé en Espagne, il ne cesse de rêver à son retour. Jusqu'à ce jour de 1967 où il est enlevé.

Il est certain que, même en exil, Tschombé demeure une menace pour Mobutu. A-t-il les moyens de reprendre le pouvoir ? En tout cas il en a la possibilité financière ! Tschombé est riche, immensément riche. Son argent est volé, bien sûr, en grande partie du moins. Tschombé appartient à une famille fortunée qui règne sur une tribu installée au Katanga mais aussi de l'autre côté de la frontière, en Angola. C'est important, parce que Tschombé peut imaginer une reconquête du Katanga, à partir de cette base arrière.

Mais a-t-il encore des troupes, des alliés ? Oui. Les troupes d'abord, ces fameux gendarmes katangais, partis en exil, peuvent à tout moment revenir. En 1966, ces mêmes gendarmes ont tenté de reconquérir le Katanga une première fois, tentative durement réprimée par Mobutu. Tschombé, qui était bien sûr derrière cette tentative, a donc gardé toute son influence sur ces hommes dont il est traditionnellement le chef en vertu de sa naissance royale. Mais il ne peut pas compter uniquement sur ces soldats, qui sont souvent de piètres combattants, et il commence à recruter des mercenaires.

Des « Affreux », un surnom qui les suivra tout au long de leur carrière de soldats de fortune ; des Français, des Belges, des Anglais... Des hommes qui se trouvent au chômage et qui brûlent de reprendre du service, à condition d'être bien payés. D'autre part, Tschombé ne manque pas d'alliés. Son ennemi Mobutu (installé au pouvoir par la CIA) est une créature des Américains. Et cela fait des jaloux.

Le Congo est en effet un fantastique réservoir de matières premières. Un pays béni des dieux, même si la population n'en profite pas. Cela attire bien des convoitises. D'abord celle des Belges, bien entendu. L'arrivée des Américains représente une menace pour leurs intérêts économiques, d'autant que Mobutu a annoncé son intention de nationaliser l'Union minière. Mais, il y a aussi les Français.

Le Congo n'est pas tout à fait dans notre zone d'influence, mais depuis toujours, rien de ce qui touche l'Afrique francophone ne peut nous laisser indifférents. Dès l'origine, la France du général de Gaulle a choisi de soutenir la sécession de Tschombé, au moins jusqu'à l'assassinat de Lumumba. Officiellement en tout cas. Car cet assassinat perpétré par Tschombé est embarrassant, très embarrassant même. La France cesse donc de soutenir le président katangais ; mais, en sous-main, nous avons continué de l'aider... L'ascension de Mobutu, l'homme des Américains, ne peut pas faire plaisir à Paris : déjà, la concurrence est rude en Afrique entre Washington et nous !

Enfin, parmi les alliés de Moïse Tschombé, n'oublions pas les protagonistes de la conspiration qui a abouti à l'assassinat de Dag Hammarskjöld. Ils sont toujours là, ils n'ont pas renoncé, et ils ont toujours le soutien de l'Afrique du Sud et, bien sûr, des Portugais.

Une fois de plus, ils pensent que Tschombé peut être leur homme. Celui qui va leur permettre de construire un Katanga indépendant et farouchement anticommuniste.

Dans cette affaire, chacun joue son jeu, qui n'est pas forcément le jeu de l'autre. La concurrence est féroce. On se regarde du coin de l'œil en essayant de doubler le voisin ; et c'est d'ailleurs ce qui va perdre Tschombé. En exil en Espagne, il complote tout naturellement. Ses manœuvres ne passent pas inaperçues : son ennemi mortel, Mobutu, n'ignore rien de ce qu'il trame. Grâce à la CIA, Mobutu, parfaitement renseigné, envoie un signal très précis à son rival : au printemps 1967, quelques semaines avant l'enlèvement dont nous allons parler, Mobutu le fait condamner à mort par contumace pour haute trahison ! Un tel verdict n'est pas susceptible de faire l'objet d'un appel ! Tschombé est prévenu : s'il est capturé sur le territoire de l'ancien Congo belge, il sera immédiatement mis à mort !

Cela ne l'empêche pas de continuer à comploter pour revenir au Congo. C'est plus fort que lui, il veut prendre sa revanche, quels que soient les risques encourus. Désormais la lutte à mort entre Mobutu et lui est engagée. Tous les moyens seront employés, quels qu'ils soient.

D'abord Mobutu envoie en Espagne des commandos chargés d'assassiner Tschombé. Mais celui-ci est bien protégé, par des hommes à lui, mais aussi par la police franquiste ; et surtout il est rusé et excessivement méfiant, d'une méfiance quasiment maladive. C'est important pour la suite du récit.

Il faudra en effet, à celui qui va réussir à le capturer, beaucoup d'astuce et de temps pour l'approcher, puis gagner sa confiance. Beaucoup d'astuce mais aussi une organisation, et derrière lui des gens bien déterminés.

Cet homme c'est Francis Bodenan, un ancien croupier et surtout un personnage assez spécial qui fricote avec les services secrets. On a beaucoup parlé de lui dans les années 50 : il a été arrêté, en 1955, pour une affaire grave, un double assassinat commis dans la région de Montfort-l'Amaury. Les victimes étaient deux trafiquants qui magouillaient avec Bodenan ; ensemble, ils avaient décidé de revendre à l'armée des stocks de graisse périmés. Une escroquerie relativement banale qui a mal tourné. Bodenan les aurait donc tués, sans doute à la suite d'une dispute. Autant dire que je n'y crois guère. Cette affaire cachait autre chose. Quoi ? Je ne le sais pas. Mais Bodenan avait déjà été recruté par le SDECE. Un occasionnel, engagé pour accomplir le sale boulot, et surtout pour ne pas mouiller le service en cas de pépin ! Ce n'était pas d'ailleurs le seul dans ce cas à être employé par les services. Avec lui il y avait un de ses amis, un type assez étonnant : Jo Attia. Ancien déporté, grande gueule et figure légendaire du Milieu. Et barbouzard, bien sûr. Attia et Bodenan ont d'ailleurs travaillé ensemble à Tanger. Port franc et zone internationale, c'est alors la capitale des gangsters et des espions. À noter que le chef d'escale d'Air France à Tanger et correspondant du SDECE en ce temps-là s'appelait Antoine Lopez… le même Lopez que celui de l'affaire Ben Barka ! Le monde du gangstérisme et celui de l'espionnage sont tout petits. Attia et Bodenan sont donc amis. Attia qui, malheureusement, vient d'être incarcéré à Tanger après avoir lamentablement raté une opération commanditée justement par le SDECE. Un attentat contre le chef de l'Istiqlal.

Bodenan est donc arrêté pour le double meurtre de Montfort-l'Amaury. Aussitôt, il se défend en prétendant qu'il est en mission pour le SDECE… et il refuse d'en dire plus, parce que, dit-il, il n'a pas le droit de parler. Défense qui paraît peu crédible.

Sauf que la justice a pu établir que Bodenan est réellement en contact avec le SDECE. Donc il n'affabule pas. En tout cas, il ne ment qu'à moitié. D'ailleurs, ce procès où se sont affrontés quelques ténors du barreau, dont Me Floriot, l'avocat de Bodenan, a été une vraie bouffonnerie, non pas à cause du système de défense de l'accusé, non... À cause d'Attia. Mais Attia est en prison ? Eh bien, justement, quand il apprend que Bodenan est inculpé pour ce double meurtre, grand seigneur il s'accuse : « C'est moi, c'est pas Bodenan ! » clame-t-il.

Ce qu'Attia veut, c'est être extradé en France... et il y réussit. L'instruction montre très rapidement qu'Attia n'est pour rien dans cette affaire. Lui aussi, il annonce aussitôt la couleur

« J'appartiens aux services secrets ! » Étonnante discrétion.

Et Bodenan, malgré Jo Attia, est condamné à douze ans de réclusion. Pour un double meurtre, ce n'est pas trop cher payé. À l'époque, on vous envoie à la guillotine pour bien moins que ça.

Bodenan purge donc sa peine, ou du moins une partie de sa peine. Libre, il s'évanouit dans la nature. Quand il réapparaît, il porte beau et, manifestement, il dispose de moyens financiers considérables : il est devenu quelqu'un !

Que s'est-il donc passé entre-temps ? Mystère. Enfin presque. Mais en tout cas, c'est vrai, le personnage s'est métamorphosé. Il joue à l'homme d'affaires et voyage beaucoup en Afrique. Il donne le change quand on lui pose des questions, et petit à petit construit son nouveau personnage. En réalité, on s'en doute, il tisse sa toile patiemment : son objectif, c'est bien entendu Tschombé.

Comment procède Bodenan pour approcher Moïse Tschombé ? Pour commencer, il prend contact avec un nommé Sigal, Charles Sigal, un avocat d'affaires bruxellois. Il se présente comme étant le fondé de pouvoir d'une société suisse, la Sedefi ; un holding dont le P-DG est un riche Américain. Bodenan dit à l'avocat que la

Sedefi veut créer une société européenne de financement, et qu'il a besoin de ses services pour rédiger ses statuts. Sigal est aussitôt intéressé et apprécie le sérieux de son interlocuteur et client. D'autres affaires suivent. Manifestement, Bodenan dispose de fonds importants. L'avocat se félicite de cette rencontre. Il ne se méfie à aucun moment ; et d'ailleurs pourquoi se méfierait-il ? L'homme a du répondant, des relations solides avec des groupes sud-africains, des projets immobiliers importants en Espagne où il semble très bien introduit dans les milieux gouvernementaux. L'affaire paraît saine. N'importe qui s'y serait laissé prendre.

Bodenan parle alors à Charles Sigal d'un nouveau projet. Sa société, la Sedefi, veut créer un vaste mouvement panafricain, une organisation non politique dont l'ambition est de pacifier l'Afrique et d'encourager son développement tant économique que moral en favorisant l'entraide et la fraternité…

Bizarre, ou même utopique ? Pas tant que cela, Bodenan ne cache pas à l'avocat qu'il ne s'agit pas seulement de philanthropie. En effet, précise-t-il, si ce mouvement parvenait à ses fins, nul doute que les financiers internationaux s'intéresseraient enfin à l'Afrique et y investiraient des sommes colossales. C'est un langage qu'un avocat d'affaires peut très bien comprendre ! Enfin Bodenan pousse son dernier pion : à la tête d'un mouvement aussi ambitieux, il faudrait une personnalité africaine de premier plan.

Bodenan, malin, laisse Charles Sigal penser de lui-même à Moïse Tschombé. C'est astucieux mais encore faut-il que Sigal soit en mesure d'approcher Tschombé. Or, si l'avocat n'est pas en relation avec Tschombé, il se trouve qu'un de ses bons amis, lui, le connaît très bien ! Il est évident que, si Bodenan a ferré Sigal, c'est parce qu'il le savait très lié à ce proche de Tschombé.

Ce nouveau partenaire est un certain Marcel Hambursin. Belge, lui aussi, il a participé à l'aventure katangaise. Financier, il est un conseiller influent de Tschombé, à qui il doit d'ailleurs beaucoup d'argent. C'est donc cet homme qui va mettre en contact l'ancien dirigeant katangais et Bodenan. Tschombé, d'emblée, est séduit. Il faut dire que Hambursin a su trouver les mots qui touchent : il a affirmé au politicien congolais qu'une somme considérable – plusieurs millions de dollars – serait mise immédiatement à la disposition du mouvement, dès sa création officielle. Une somme que lui, Tschombé, sera chargé de répartir… On ne pouvait pas parler plus agréablement à « M. Tiroir-Caisse », qui y voit l'occasion de se servir au passage, évidemment. Un rendez-vous est donc immédiatement pris entre le « généreux » Bodenan et le cupide Tschombé.

Ils se rencontrent en Espagne, où Tschombé se sent en sécurité. On se voit, on discute. Et très vite on tombe d'accord. Ici se pose une question importante : Tschombé n'est pas né de la dernière pluie ; comment expliquer qu'il ne se soit pas renseigné sur Bodenan ? Il aurait tout naturellement appris son passé judiciaire… C'est vrai. Mais Tschombé, sans doute aveuglé par l'importance des sommes en jeu, n'a fait aucune recherche. Et puis il a confiance en son ami Hambursin. Sans compter que Charles Sigal est un avocat honorablement connu à Bruxelles. Bodenan, qui est descendu dans un palace madrilène, revoit Tschombé, le traite de façon somptueuse. La machination est donc en place, il abat sa dernière carte : l'accord est sur le point d'être très vite signé, les dirigeants de la Sedefi, le patron américain et deux banquiers suisses, vont incessamment se déplacer à Madrid afin de rencontrer Tschombé. Toujours pas le moindre soupçon chez le politicien africain ! Sûr de son affaire, il attend tranquillement que ces banquiers viennent à lui. Rendez-vous est pris pour la signature dans un grand hôtel de la capitale espagnole. Toutefois, il y a un léger contretemps : les dirigeants de la Sedefi ont été retardés. Un ennui de dernière minute qui, en aucun cas, ne remet en cause les accords passés. Bodenan est vraiment désolé. Il est prêt à faire n'importe quoi pour excuser le retard de ses patrons et faire plaisir à Tschombé. Il propose une excursion à Ibiza en attendant, une journée de plaisir avant de passer aux choses sérieuses. Justement Bodenan a loué un avion privé, un jet... Le piège peut paraître un peu grossier ? Tschombé, lui, n'y voit pas malice ! On monte joyeusement dans l'avion. Il y a là, à part Bodenan et Tschombé, les deux policiers espagnols, gardes du corps du leader congolais, Marcel Hambursin, l'avocat Charles Sigal et son épouse. Tout se déroule alors exactement comme l'a prévu Bodenan.

Au beau milieu du vol, il sort soudain une arme. Il hurle : « Je suis un agent secret », et il met en joue les passagers et les deux pilotes. Il ordonne à ces derniers de mettre le cap sur l'Algérie. Une demi-heure plus tard, le jet se pose sur un aérodrome militaire algérien. À part le Congo, il ne peut y avoir de pire destination pour Moïse Tschombé que l'Algérie socialiste...

« M. Tiroir-Caisse », c'est l'incarnation du néo-colonialisme, le diable en personne. C'est aussi l'assassin de Lumumba. Il ne peut attendre aucune clémence de la part du colonel Boumediene.

Toutefois, selon les règles juridiques internationales, l'Algérie n'a pas le pouvoir de juger Tschombé ! Mais elle peut au moins l'extrader en direction du Congo, où Mobutu dès l'annonce de l'enlèvement réclame officiellement qu'il lui soit livré !

À la surprise générale, Boumediene ne répond pas favorablement à la réquisition de Mobutu, et ce malgré le jugement de la Cour suprême algérienne qui autorise l'extradition. Ce qui s'est passé exactement est un des mystères de cette affaire. Y a-t-il eu une négociation secrète entre Boumediene et Mobutu, négociation qui aurait échoué ? Ou Boumediene a-t-il hésité à livrer Tschombé à la potence, au risque de se voir condamner par l'opinion internationale ? Honnêtement je ne le sais pas. En tout cas, à la longue, ce prisonnier a dû lui paraître encombrant et il s'est arrangé pour que Tschombé s'efface discrètement. En 1969, on l'a retrouvé mort dans sa cellule, officiellement décédé d'une crise cardiaque.

Crise cardiaque évidemment providentielle ! D'autant qu'il y a bien des façons de déguiser une mort criminelle en accident cardiaque, n'importe quel médecin un peu habile ne l'ignore pas.

Ce qui est plus intéressant, ce sont les questions que pose toute cette affaire. Et d'abord celle de l'identité des commanditaires de l'enlèvement. Le principal suspect, c'est sans nul doute Mobutu : c'est lui qui a le plus d'intérêt à se débarrasser de Tschombé. Pourtant je le sais, ce n'est pas lui.

La vérité est plus extraordinaire. Il s'agit d'une coalition un peu inattendue. Surtout quand on pense que ces deux partenaires ont toujours été chien et chat, particulièrement sous la présidence du général de Gaulle qui n'avait pas la réputation d'aimer passionnément les Américains. Oui, les Français et les Américains !

Du côté américain, il s'agit de la CIA : son représentant à Kinshasa, Frank Davline, a joué un grand rôle dans cette affaire. Du côté français, une frange des services secrets a été mêlée à l'affaire. Il ne faut pas oublier qu'à l'époque, dans les services, c'est un peu compliqué : il y a le SDECE, bien sûr, mais il y a aussi une autre officine qui s'occupe plus particulièrement des affaires africaines, et qui, d'ailleurs, est souvent en bisbille avec le SDECE : ceux qui ont fait cause commune avec la CIA dans l'enlèvement de Tschombé, ce sont les fameux réseaux Foccart.

Pourtant, à l'époque, les Français et les Américains sont plutôt concurrents au Congo. Et, je l'ai dit en commençant ce récit, la France a été un des plus sûrs soutiens de Tschombé ; seulement, la politique n'obéit qu'aux considérations réalistes, et quand elle a estimé que Mobutu était durablement installé au pouvoir, la France a tourné casaque. Non seulement elle a lâché Tschombé, mais elle a voulu donner un gage à Mobutu en organisant cet enlèvement. C'était apporter au dictateur congolais la preuve éclatante que notre pays tournait la page… et tant pis pour Tschombé !

Quant à Bodenan il croupit dans une prison algérienne jusqu'à la mort de Tschombé. C'est bien mal le récompenser ? Certes. Pourtant il est beaucoup mieux là-bas, parce que s'il avait été tenté de parler, on l'aurait vraisemblablement libéré… et aussitôt supprimé !

Par la suite, il n'est pas resté libre bien longtemps : il a purgé une peine de prison en Belgique pour une affaire de trafic d'armes, ce qui prouve qu'il n'a pas cessé d'évoluer dans les mêmes milieux. Puis, à la fin de sa peine dans les prisons belges, c'est l'Espagne qui obtient son extradition, parce que, en organisant le rapt de Tschombé, il a aussi enlevé deux policiers espagnols. Donc il est conduit en Espagne. Dès son arrivée, il joue les gros bras : « Si on me juge, je vais tout dire, tout ! » Mais, curieusement, lorsqu'il comparaît devant ses juges espagnols, il se tait. Conclusion : Francis Bodenan a compris où se trouve son véritable intérêt, et il a accepté sans sourciller sa condamnation à vingt ans de prison. Le prix de la vie !

Dans un livre, Dossiers B… comme barbouzes, *de Patrice Chairof, livre qu'il convient d'ailleurs de considérer avec prudence, on trouve des références à la tentative de Tschombé de revenir au Congo. Il s'agissait, selon cet auteur, d'un plan de reconquête, le plan « Kérillis », mis au point par Tschombé et l'un de ses conseillers, professeur à l'université de Liège, M. Clémens. Chairof écrit :* « Conscient de la carence de son entourage, le leader katangais a fait appel à une centrale contre-révolutionnaire, basée à Lisbonne, dont la raison d'être est d'opposer à l'appareil subversif de la Tricontinentale du tiers-monde une autre Tricontinentale, musclée, offensive, résolument anticommuniste, décidée à agir sur tous les théâtres d'opération contre les forces marxistes, qu'elles soient d'obédience chinoise, castriste ou soviétique. C'est la centrale, camouflée sous les activités de l'agence Aginter-Presse dirigée par un activiste français, Yves Guérin-Sérac, alias Yves Guillou, alias Ralf. »

Chairof poursuit : « Le professeur Clémens organise le recrutement à travers l'Europe de plusieurs centaines de mercenaires regroupés sur les bords du Tage. L'encadrement est assuré par une pléiade d'anciens officiers et sous-officiers français ayant l'expérience des conflits indochinois et algériens, ainsi que par des spécialistes portugais de la guerre révolutionnaire, démobilisés sur instruction de la DGS, la direction générale de la sécurité du gouvernement portugais, et enrôlés à titre individuel. »

Tschombé représentait donc une réelle menace pour le régime de Mobutu. Mais beaucoup d'autres auteurs s'étonnent. Comment le leader congolais a-t-il pu tomber dans un tel traquenard ? « On peut se demander, écrit un journaliste de la revue *Historia,* comment Moïse Tschombé, ancien président du Congo se sachant condamné par contumace dans son pays, qu'on sait par ailleurs rusé, méfiant, riche et protégé jour et nuit par les autorités espagnoles, a-t-il pu se laisser enlever ? » *Et le journaliste ajoute :* « À défaut d'autres qualités, Francis Bodenan a fait preuve dans cette affaire d'une singulière patience : menant l'approche de sa proie comme un fauve de haute savane, sachant où l'attendre et y mettre le temps qu'il faut. Dix-huit longs mois se sont en effet écoulés entre le rapt réussi de Tschombé et la première mise en œuvre de son plan pour y parvenir. »

Il est également vrai que l'attitude de Francis Bodenan a été très curieuse lors de son procès en Espagne devant un tribunal militaire. Non seulement il n'a pas mis la France en cause, alors qu'il avait promis de le faire lors d'une conférence de presse donnée à son arrivée sur le territoire espagnol, mais il a prétendu avoir agi en tant que responsable des services de renseignement du Zaïre, nouveau nom du Congo belge.

Réalité ou rideau de fumée ? Difficile de se faire une idée. En tout cas, même si Mobutu n'était pas l'instigateur direct de l'enlèvement de son rival, il est certain qu'il était au courant de l'opération, puisque, avant même le détournement de l'avion, trois hautes personnalités congolaises se trouvaient dans la capitale algérienne. Manifestement, elles attendaient l'arrivée de Tschombé…

13

Lola

AFP, Bonn, 16 octobre 1967 : « Un nouveau réseau d'espionnage travaillant au profit de l'Union soviétique vient d'être découvert au ministère fédéral allemand des Affaires étrangères. Une secrétaire dont le nom serait Eleonor Sütterlin, employée depuis plusieurs années au service du personnel, son mari et trois autres personnes ont été arrêtés dans le courant de la semaine, a révélé dimanche un porte-parole du ministère de l'Intérieur. Le mari d'Eleonor Sütterlin, photographe de presse, aurait été envoyé à Bonn par les Soviétiques. Mission : entrer en contact avec une secrétaire ayant un poste important et l'épouser. Le couple aurait commencé ses activités d'espionnage en 1962. La découverte de ce réseau d'espionnage a été rendue possible grâce aux révélations faites par un agent soviétique passé au service des Américains. »

Voilà donc, résumée avec toute la sécheresse d'une dépêche, l'histoire d'Eleonor Sütterlin, la « Lola » de Monsieur X. Mais son aventure est plus complexe, plus dramatique aussi, et comporte encore aujourd'hui beaucoup de zones d'ombre. En tout cas, le dossier Sütterlin dissimule une entreprise de pénétration autrement plus considérable que ce message laconique ne permet de l'imaginer !

Je n'ai pas connu Lola. Et pourtant, curieusement, j'ai l'impression de l'avoir rencontrée, tant j'ai étudié minutieusement sa vie… C'est tout à fait par hasard si je me suis intéressé à son cas. En effet, en même temps qu'elle, avaient été arrêtés des Allemands travaillant pour l'ambassade de France à Bonn : un maître d'hôtel, son épouse et son beau-père.

Un maître d'hôtel peut entendre beaucoup de choses. Sans compter que le beau-père, serveur indépendant, avait une spécialité inavouée : il était expert en systèmes d'écoutes et, comme il circulait dans les hôtels internationaux, les salles de conférences et même au domicile de hautes personnalités allemandes, il pouvait faire des dégâts. Mais il est vrai qu'à côté d'Eleonor c'était peu de chose.

Les clichés ont la vie dure : pour la plupart des gens, si une femme trahit, c'est forcément une Mata Hari… Pauvre Mata Hari qui n'a livré que des miettes aux services allemands et qui a été fusillée pour l'exemple, parce que l'opinion, pendant cette abominable guerre de 14, réclamait des têtes. Si nos généraux cafouillaient, il fallait bien trouver des boucs émissaires !

Lola ou Eleonor Heinz, de son nom de jeune fille, n'est pas vraiment jolie, et pourtant, elle a du charme. Elle est menue, compétente, sérieuse, très sérieuse. Presque farouche ! Ses amis, ses collègues parlent de sa froideur apparente, mais je suis persuadé que c'est une sorte de protection. Car elle a vécu quelques déceptions et cela l'a marquée. Alors Eleonor, qui approche de la quarantaine, est toujours célibataire. Elle va être la victime, la victime d'un système odieux, criminel !

Quand cette histoire commence, Eleonor Heinz occupe un poste moyennement important au ministère allemand des Affaires étrangères. Secrétaire, elle appartient au cabinet d'un directeur, et comme ce petit bout de femme est vraiment compétente, elle a accès à des informations très confidentielles et secrètes…

Or un soir de 1959 ou 60, je ne sais plus, on frappe à sa porte. Eleonor est intriguée. Elle ne reçoit guère.

Enfin, elle se décide à ouvrir. Elle découvre un homme d'une trentaine d'années, assez séduisant. Mais ce qui le distingue surtout à cet instant, c'est qu'il a un magnifique bouquet de roses à la main : « Bonjour, madame, je voudrais parler à Mlle Eleonor Heinz ! » Ébahie, la jeune femme répond seulement : « Mais… je suis Eleonor Heinz. »

L'homme semble tomber des nues. Il se lance dans une explication alambiquée où il apparaît que la veille il a rencontré une jeune fille du nom d'Eleonor Heinz et qu'elle lui a donné rendez-vous à cette adresse… Ce n'est peut-être pas très fin comme entrée en matière. Mais l'homme sait si bien piquer la curiosité d'Eleonor que celle-ci lui permet d'entrer. Il lui offre les roses pour se faire pardonner son intrusion, peut-être même lui dit-il : « N'ayez crainte, je suis un garçon sérieux. » Alors elle lui propose de boire un café.

Est-elle naïve, ou simplement terriblement seule ? En tout cas cet homme, plutôt joli garçon, qui apparaît soudain dans sa vie, c'est suffisant pour affoler une femme comme Eleonor. La suite, vous la devinez… Après la tasse de café, il y a eu une invitation à dîner, et ce qui suit souvent, après un bon repas, entre deux adultes de sexe opposé…

Malgré les sentiments qu'elle commence à éprouver, Eleonor fait preuve de prudence et, moins naïve qu'il n'y paraît, elle avertit le service de sécurité du ministère de sa liaison. Il y a enquête sur l'homme au bouquet de roses. On découvre que ce Heinz Sütterlin est photographe, qu'il a combattu pendant la guerre dans la Wehrmacht et qu'il est irréprochable. Il y a tout lieu de croire que l'enquête a été sérieuse, les Allemands ayant la réputation justifiée d'être des gens rigoureux. Rien ne s'oppose donc à ce que Eleonor et Heinz filent le parfait amour.

À presque quarante ans, Eleonor est follement amoureuse. Un bonheur fou, inespéré. Un bonheur visible :

tous ses amis et camarades de bureau peuvent en témoigner. Eleonor n'est plus la même, elle sourit, elle se confie, elle semble presque jolie. Et quand Sütterlin, qui paraît très épris lui aussi, lui propose de l'épouser, Eleonor n'hésite pas une seconde.

Les voilà donc mariés. Pour le plus grand malheur de la pauvre Lola, car tel sera désormais le nom de code d'Eleonor. Le véritable Sütterlin est un homme cynique. Non parce qu'il travaille pour les communistes, mais parce qu'il a été recruté justement pour son absence totale de scrupule. Pendant la guerre, Sütterlin a été blessé. En 1945, il se retrouve, comme beaucoup d'autres anciens combattants allemands, désemparé et sans ressources. Il décide alors de se lancer dans la photographie à Berlin-Ouest. Il n'est pas dénué de talent et commence par travailler dans des maisons d'édition, des magazines. Un agent du HVA, le service de renseignement de la RDA, le remarque et lui fait des propositions. Le photographe n'est pas communiste mais accepte tout de suite, car il voit là l'occasion de gagner de l'argent.

Sütterlin a le chic pour s'introduire à peu près dans tous les milieux. Comme il est beau garçon, il est désigné par ses chefs pour participer à l'opération « secrétaire ». Une opération montée par le HVA, en étroite collaboration avec le KGB. L'objectif, assez effarant, consiste à repérer systématiquement dans l'administration de la RFA un certain nombre de secrétaires bien placées, des femmes célibataires ou veuves dont le cœur est à prendre. En Allemagne, avec la saignée de la Seconde Guerre mondiale, les femmes célibataires ne manquent pas, et pour séduire ces femmes esseulées il suffit de recruter un nombre égal d'étalons. Heinz Sütterlin est un de ceux-là.

Les gens du KGB sont des perfectionnistes et la personnalité d'Eleonor a été longuement étudiée. Et l'on a jugé que, pour gagner sa confiance totale, il fallait jouer le jeu jusqu'au bout, c'est-à-dire jusqu'au mariage. C'est ce qu'a ordonné à Sütterlin son supérieur direct, son officier traitant, le colonel Runge ! La mission est claire : d'abord le mariage et ensuite l'espionnage.

Comment Heinz s'y est-il pris pour gagner Eleonor à sa cause ? Pour la persuader d'être une espionne ? Je ne sais pas, mais il a dû employer le B.A.-BA du métier. Les communistes commençaient habituellement par parler de paix : au nom de l'équilibre des forces il faut non pas trahir, mais apporter d'indispensables informations au pacifique camp socialiste. La menace de guerre ne peut venir bien entendu que du côté de l'Ouest. Donc, communiquer ces informations, c'est participer à l'œuvre de paix. Aujourd'hui, tout cela semble assez ridicule et pour le moins ingénu. Mais il faut se replacer dans le contexte de ces premières années de la guerre froide, alors que la menace nucléaire est une réalité. Et puis, dans le cas précis d'Eleonor, il y a l'Allemagne, l'Allemagne déchirée, coupée en deux, D'ailleurs, Sütterlin milite (c'est une de ses couvertures) pour la réunification, il fait partie d'un groupe qui prône le rattachement des deux Allemagnes.

En tout cas, dans ce cas précis, c'est surtout l'amour qui guide Eleonor ; passionnément amoureuse et luttant pour une cause qui lui paraît juste, elle ne voit pas le danger.

Elle commence donc à trahir au profit de son mari, peut-être même sans se rendre compte qu'elle travaille pour le KGB. Elle procède de la façon la plus simple du monde. Tous les jours, à midi, les inséparables jeunes mariés déjeunent ensemble. Dans le sac d'Eleonor, il y a des documents empruntés au ministère. Sütterlin les photographie aussitôt. Les documents reprennent place dans le sac de la secrétaire, et un peu plus tard réintègrent le coffre du ministère. Qui, à l'heure du déjeuner, a la curiosité de vérifier si telle ou telle pièce manque ?

Personne. C'est assez bien combiné, et cela fonctionne pendant plus de six ans sans anicroche.

Pour ses supérieurs, pour ses collègues, Eleonor continue à être la parfaite secrétaire qu'elle a toujours été. Simplement, il y a désormais sur son visage un petit air de bonheur qui fait plaisir à voir.

Des centaines de pièces classées « secret » et quelques dizaines classées « secret d'État » passent à l'Est. Des rapports sur les réunions et les manœuvres de l'OTAN. D'autres sur le service de renseignement allemand, une moisson considérable, inespérée même. Tellement inespérée qu'au KGB on finit par se méfier.

Si incroyable que cela paraisse, c'est l'abondance même de la moisson qui apparaît soudain suspecte. Comment est-il possible que cette secrétaire ait accès à tant de documents ultrasecrets ? Le soupçon est un mal qui ronge en permanence les services de renseignement : est-ce que je vole des informations à mon adversaire ? Ou est-ce lui qui feint de se laisser voler pour mieux m'intoxiquer ? Éternelle question sur laquelle planchent en permanence des dizaines et des dizaines d'analystes. Dans ce métier on devient facilement paranoïaque.

La loyauté des époux Sütterlin n'est pas mise en cause, mais le KGB pense que si Eleonor a accès à tant de documents, c'est qu'au ministère quelqu'un se débrouille pour les lui mettre habilement sous les yeux.

Ce soupçon entraîne forcément deux conséquences. Premièrement, le matériel fourni par les Sütterlin peut faire partie d'une manœuvre d'intoxication de l'Ouest. Il doit donc être considéré comme un mélange de demi-vérités et de vrais mensonges. Deuxièmement, les Sütterlin ont été découverts. Conclusion logique, il faut rompre avec eux au plus vite. Le colonel Runge, sur ordre direct de Moscou, annonce à Sütterlin : « Terminé, on rompt tous les contacts. »

En vérité, les soupçons du KGB sont parfaitement infondés ! Les Sütterlin n'ont été à aucun moment repérés. Et, de leur point de vue, ils ont fait un excellent travail. Eleonor est aussi consciencieuse dans la trahison que dans son travail ; en six ans, elle a livré près de deux mille neuf cents documents dont neuf cent soixante-neuf classés « secret » et une quarantaine « secret d'État ». Sütterlin a reçu du KGB la somme de soixante-quinze mille marks, de quoi améliorer la vie de tous les jours.

Les Sütterlin sont donc mis à l'écart par le KGB. Désactivés. On ne leur demande plus aucune information. Vont-ils retrouver une vie normale de petits-bourgeois allemands tranquilles ? Non. Parce que leur chef, le colonel Runge, va faire défection. Et dans cette nouvelle affaire, il y a aussi une histoire d'amour.

Les espions sont des hommes et des femmes comme les autres, et les services secrets, tous les services secrets, le savent bien et en jouent. Mais ils ne s'en méfient pas suffisamment pour leurs propres agents… Juste retour de bâton, et c'est ce qui arrive dans le cas du colonel du KGB, Yevegueny Runge. Cet Allemand né en Ukraine qui se retrouve soviétique après la guerre est un brillant élément. Il parle parfaitement l'allemand et est recruté par le KGB pour opérer en Allemagne de l'Ouest. Après un solide entraînement, il débarque dans ce pays sous le nom de Willi Gast. Un couple officiel attire moins l'attention qu'un célibataire. On lui adjoint une compagne : une certaine Valentina, une jeune et séduisante Berlinoise qui a été la maîtresse d'un des chefs de Runge.

Donc, Runge et sa pseudo-épouse s'installent d'abord à Cologne où ils font discrètement leur métier d'espions. Apparemment ce sont d'honnêtes commerçants, mais en réalité ils commencent à approcher des gens, à constituer un réseau. Et Runge est incontestablement doué puisque le KGB le décore de l'Ordre de l'Étoile rouge.

Là n'est pas le plus étonnant. En effet, bien que ne s'étant pas choisis, Valentina et Yevegueny ne tardent pas à tomber amoureux l'un de l'autre. La promiscuité aussi peut engendrer l'amour ! Cela ne change pas grand-chose pour le KGB, tant que le couple est efficace. Les deux tourtereaux sont des espions modèles jusqu'au jour où Valentina tombe enceinte. Le KGB a l'habitude, pour tenir ses agents à l'étranger et les dissuader de faire défection, de récupérer les enfants pour les faire élever à Moscou.

Pourtant, dans ce cas, le KGB, bon prince, ne réclame pas l'enfant. Valentina et son compagnon, soulagés, n'en travaillent que mieux. En 1967 ils sont tous deux rappelés à Moscou : rien d'anormal, la routine ; quand un agent est en poste depuis très longtemps, on le rappelle avant qu'il ne soit brûlé. De retour à Moscou avec l'enfant, en juste récompense de leur travail en Allemagne, les époux Runge bénéficient de tous les avantages de la Nomenklatura : datcha, vacances au bord de la mer Noire, etc. Mais cela n'a qu'un temps, et bientôt on informe le colonel Runge de sa nouvelle affectation : les États-Unis !

Malgré cette apparente promotion, il y a un problème. Leur fils restera en URSS où il sera élevé dans une école spéciale réservée aux enfants des dignitaires du Parti… Et Valentina craque. « Si on me sépare de mon fils, je me tue ! » C'est ainsi, je ne sais pas exactement dans quelles conditions, que les Runge débarquent début octobre à l'ambassade américaine de Berlin-Ouest où ils demandent l'asile politique. Quand un colonel du KGB formule ce genre de demande, on n'hésite pas longtemps. Quelques heures plus tard, un avion militaire affrété par la CIA décolle directement vers Washington.

Runge, contre la promesse d'un nouvel état civil et d'une situation aux États-Unis, parle et livre son réseau.

Malheureusement pour Eleonor Sütterlin ! Mais Runge avait-il le choix ? En tout cas, en Allemagne, où le contre-espionnage a été aussitôt alerté, cette confession fait l'effet d'une bombe !

Après la défection de Runge, Lola est donc arrêtée. Pour elle, le monde s'écroule, elle découvre enfin la vérité : Sütterlin ne l'a épousée que pour l'obliger à trahir ! Son amour, son grand amour, n'a jamais existé. Le choc est terrible. Quatre jours après son arrestation, Eleonor se pend dans sa cellule. Elle a déchiré sa chemise pour confectionner une sorte de corde qu'elle a accrochée à l'espagnolette de l'unique fenêtre. Désespérée, Eleonor a quitté ce monde et l'espionne Lola est morte avec elle... Morte d'avoir été trahie !

Quant au séducteur, Heinz Sütterlin, il s'en sort très bien. Arrêté en même temps qu'Eleonor, il n'a pas laissé percer d'émotion en apprenant la mort de son épouse. Condamné à sept ans de prison, il est libéré quatre ans plus tard. Entre-temps, il s'est trouvé une autre épouse, une femme qui a correspondu avec lui en prison.

Encore un détail : quand les Soviétiques ont voulu échanger Sütterlin contre un espion de l'Allemagne de l'Ouest arrêté à l'Est, il a refusé et a préféré rester à l'Ouest, ce qui en dit long sur ses convictions communistes !

Incontestablement, la trahison d'Eleonor a été un coup très dur pour les Allemands. La meilleure preuve c'est que, après la découverte du réseau Runge et l'arrestation des époux Sütterlin, les services de l'OTAN et le ministère des Affaires étrangères de la RFA ont été obligés de changer leurs codes secrets. Pourtant il y a encore plus grave. Les époux Sütterlin, c'est en quelque sorte la partie émergée de l'iceberg. Mais Runge a d'autres cartes dans sa manche. Et il va peu à peu livrer toutes les informations ultrasecrètes qu'il possède. Pour comprendre, il faut se mettre dans la peau d'un transfuge : son trésor, son capital, c'est la masse d'informations qu'il détient. Alors cet homme, surtout quand il est du calibre de Runge, se garde bien de dilapider son capital en une seule fois. Il fait durer le plaisir afin d'obtenir le maximum d'avantages. Le maximum de sécurité, aussi. Mais quand il livre enfin tout ce qu'il sait, les Occidentaux tombent de haut. Il existe un réseau encore plus important, infiltré au plus haut niveau de l'administration allemande. Et le colonel Runge ne livrera le secret de l'existence de ces espions qu'en dernier lieu, lorsqu'il aura obtenu tout ce qu'il peut espérer des Américains.

Et cet autre réseau qu'il a fini par donner est tellement important que l'on n'en a presque pas parlé, et pour cause. C'est toujours humiliant de reconnaître que l'on a été trompé à un si haut niveau... On peut bien rendre publique la trahison d'une secrétaire. Mais quand il s'agit de ministres ou de généraux, c'est une autre paire de manches ! Toutefois, si vous cherchez bien, vous trouverez peut-être dans la presse de l'époque quelques informations, lesquelles mises bout à bout vous donneront la clef de l'affaire.

Dans leur livre intitulé Le KGB dans le monde, *Christopher Andrew et Oleg Gordievsky (ce dernier est lui-même un transfuge soviétique) signalent que l'homme qui a inventé, puis dirigé cette opération était Marcus Wolf, le patron des services secrets de l'Allemagne de l'Est. Un personnage quasi légendaire qui a largement inspiré John Le Carré, et que les Allemands ont essayé à plusieurs reprises de traduire en justice depuis la chute du mur de Berlin. En vain jusqu'à maintenant. Voici ce qu'écrivent Andrew et Gordievsky :* « L'une des stratégies les plus payantes de Marcus Wolf a été, vers le milieu des années 50, "l'offensive des secrétaires", reposant sur la séduction de femmes solitaires, entre deux âges, travaillant dans l'administration et qui maniaient des informations sensibles. Parmi les victimes de cette offensive, Irmgard Roemer fut l'une des plus célèbres. Cette secrétaire de quarante-quatre ans, employée au ministère des

Affaires étrangères à Bonn, avait la responsabilité des communications avec les ambassades allemandes dans le monde. Elle fournit des quantités de documents à son amant Carl Helmer, un illégal du HVA qualifié de "Casanova rouge" par certains auteurs en mal de sensation après son arrestation en 1958. Pendant les vingt années suivantes, d'autres "Casanova rouges" envoyés par Marcus Wolf le remplacèrent avantageusement. »

Étrange similitude puisque Eleonor Heinz travaillait aussi au ministère des Affaires étrangères à *Bonn et qu'elle avait à peu près l'âge de cette Irmgard Roemer. Ces mêmes auteurs, Andrew et Gordievsky, affirment qu'en 1958, donc dix ans avant l'affaire des secrétaires, il y avait deux à trois mille agents de l'Est en Allemagne fédérale et autant, semble-t-il, attendaient dans la coulisse. Dont Sütterlin !*

Yevegueny Runge fait défection au mois d'octobre 1967. C'est un gros poisson pour la CIA qui, en l'interrogeant, découvre l'ampleur de la pénétration soviétique en Allemagne de l'Ouest. Les autorités de Bonn sont immédiatement alertées et, nous le savons, les réseaux vont être démantelés.

Les Soviétiques réagissent avec beaucoup de célérité. Et surtout avec une telle véhémence que celle-ci à l'évidence trahit non seulement leur embarras mais aussi leur fureur. Et donc, indirectement, l'importance du colonel Runge. En effet, dès le 25 octobre, une semaine seulement après la révélation publique de la défection de Runge, l'agence est-allemande ADN publie un communiqué qui affirme que le transfuge n'est pas un agent communiste allemand. C'est au contraire un criminel de guerre nazi. Bien entendu, les Allemands de l'Est et les Soviétiques n'apporteront aucune preuve permettant de confirmer cette assertion. En tout cas, cette violente accusation est suivie presque aussitôt de l'annonce de la condamnation à mort par contumace du colonel Runge.

Une nouvelle preuve que le transfuge a provoqué de gros dégâts dans l'organisation soviétique du renseignement en Allemagne !

Autre chose encore : il semble important de signaler qu'Eleonor Sütterlin, modeste secrétaire au ministère des Affaires étrangères, était très liée au ministre de la Défense de l'époque, le Bavarois Franz Joseph Strauss. Un homme politique ultraconservateur mais qui, curieusement, entretenait des rapports étroits avec les pays de l'Est. Étonnant, non ?

Monsieur X a évoqué dans son récit un réseau autrement important. Or, dans leur livre consacré au chef de l'espionnage allemand Gehlen, Hermann Zolling et Heinz Höhne révèlent qu'en 1968, donc peu de temps après la défection du colonel Runge, une étrange épidémie de suicides a secoué l'Allemagne fédérale.

C'est tout d'abord Wendland, le numéro deux du BND, le service de renseignement allemand, qui se donne la mort.

Le même jour, le contre-amiral Lüdke se tue d'un coup de revolver.

Peu de temps après, c'est le tour d'un très haut fonctionnaire du bureau du ministère de l'Économie, Schenk, qui se pend.

Le lendemain, une fonctionnaire du bureau de presse fédéral, Edeltraud Grapentin, elle, fait le choix d'une mort plus douce et avale des somnifères.

Trois jours plus tard, un officier supérieur de l'état-major, Grimm, se suicide à son tour. Suivi, encore trois jours après, par un haut fonctionnaire du ministère de la Défense, Gerhard Böhm.

Étrange série, vous en conviendrez… Ces hommes et ces femmes, peut-être dénoncés par le colonel Runge, ont-ils été poussés au suicide ? La question reste posée.

14

Les vedettes de Cherbourg

Noël 1969. Une nuit venteuse et pluvieuse, dans les rues de Cherbourg, pas un chat. Au large, les flots mugissent. La météo maritime laisse espérer une amélioration pour le petit matin. Soudain, quelques dizaines de silhouettes apparaissent, se faufilent jusqu'au port, malgré la pluie qui tombe maintenant à verse.

Brusquement, dans la nuit grondent de puissants moteurs diesel. Quelques minutes plus tard, cinq canonnières appareillent, empruntant la passe est, la plus dangereuse mais aussi la plus discrète. Rapidement c'est la sortie du port. Les vedettes prennent la mer et filent aussitôt plein ouest, à toute vitesse.

L'affaire des vedettes de Cherbourg commence. Elle va durablement ébranler l'administration française, le gouvernement, la présidence de la République, et affecter les relations franco-israéliennes.

On ne peut côtoyer les services spéciaux de l'Occident sans croiser quelques estafettes travaillant pour Israël. J'ai trop longtemps trempé dans ce milieu pour échapper à la règle. Ce kidnapping de cinq puissants et rapides bâtiments de la marine réalisé au nez et à la barbe des autorités françaises a conforté l'idée de puissance des services israéliens. Beau joueur, ma première réaction, comme celle de beaucoup de mes collègues de l'ombre, a été un grand éclat de rire. Il faut bien avouer, de quelque bord que l'on soit, que cette affaire est une des plus jolies mystifications qu'il soit donné de connaître dans le métier.

Un an avant l'escamotage des cinq canonnières de Cherbourg, un Boeing 707 de la compagnie israélienne El Al est attaqué à la grenade et mitraillé sur l'aérodrome d'Athènes par deux jeunes terroristes palestiniens en provenance de Beyrouth. Un passager est tué. Comme à l'habitude, les Israéliens prennent leur revanche. Ils frappent fort. Deux jours plus tard, le 28 décembre, des commandos se posent en hélicoptère sur l'aéroport international de Beyrouth et font sauter à l'explosif treize avions civils vides. Bilan : cinquante millions de dollars de dégâts.

En France, le général de Gaulle condamne avec la plus grande fermeté cette agression contre un pays pacifique, ami traditionnel de la France. Il décide que, désormais, la France ne fournira plus d'armes à Israël. Or, dans les chantiers de Cherbourg, plusieurs lance-torpilles sont en construction pour le compte de l'État hébreu. Longs d'une cinquantaine de mètres, ils sont puissamment armés et très rapides. Les Israéliens ont un besoin urgent de ces bâtiments face aux Égyptiens qui, de leur côté, ont été équipés de vedettes rapides par les Soviétiques. Cinq vedettes ont déjà été livrées par la France à Israël. Il en reste sept en instance.

Le 4 janvier 1969, deux de ces canonnières prennent la mer pour effectuer une série d'essais. On ne les reverra jamais à Cherbourg. Cette violation flagrante de l'embargo décidé par de Gaulle ne provoque, bizarrement, qu'une réaction mesurée de l'Élysée.

Pourtant le Général est entré dans une violente colère en apprenant cette double disparition. Mais si de Gaulle était capable de colères il avait aussi le sens du ridicule.

Donner une trop grande importance à l'affaire, c'était reconnaître que la France avait été jouée par Israël. Un affront que le chef de l'État français ne pouvait avouer publiquement.

La répression s'est donc concentrée sur quelques lampistes, des douaniers, je crois me souvenir. Ils ont été mutés et prudemment on en est resté là. Toutefois il était évident que cette première affaire était révélatrice de l'existence d'un réseau de complicités. Si les vedettes avaient été escamotées si facilement, c'est que les Israéliens disposaient d'informateurs privilégiés à Cherbourg et ailleurs.

À Cherbourg précisément, un homme avait sans doute intérêt à voir les vedettes livrées aux Israéliens : le patron des chantiers navals. Sans livraison il n'y avait pas de paiement. Or chaque vedette valait au minimum quinze millions de francs de l'époque. Une jolie somme !

Les autorités françaises ne lui ont jamais adressé de reproches, tout en étant conscientes que ce patron d'entreprise n'avait rien fait pour retenir les vedettes.

En fait, je suis bien placé pour savoir que la vérité se trouvait ailleurs : à Paris. Dans le cercle même de la délégation ministérielle à l'Armement, quelqu'un de haut placé a prévenu les Israéliens que de Gaulle venait de décider l'embargo. Dès le lendemain, les vedettes appareillaient. Bien des années après, à quoi bon donner son nom, un nom que nous connaissions tous.

Ce qui est plus important c'est que, malgré les ordres donnés par le pouvoir central, des Français ont continué à aider Israël.

Il faut dire qu'à Paris l'État hébreu dispose alors d'un homme assez étonnant : l'amiral Mordecaï Limon. Un fonceur que j'ai plus souvent croisé à la sortie d'officines discrètes spécialisées dans la vente d'armes que dans les ministères ! Chargé d'acheter les armes pour Israël, il veille donc sur les vedettes en construction à Cherbourg.

Avant même que le Général ait officiellement pris la décision d'embargo et que celle-ci soit rendue publique, ses amis de la délégation à l'Armement l'ont prévenu. Immédiatement il donne l'ordre aux marins israéliens qui se trouvaient à Cherbourg de prendre la mer à bord des vedettes en état de fonctionnement, sous n'importe quel prétexte.

Côté français, cela a des relents de trahison, même si le fonctionnaire français qui a averti l'amiral israélien n'en a pas conscience. La tradition de coopérer avec les Israéliens est alors trop bien ancrée dans les mœurs. Les liens entre les deux pays sont extrêmement étroits depuis la naissance d'Israël. Si les Israéliens peuvent disposer de l'arme atomique c'est en grande partie à la France qu'ils le doivent. Ils ont même pu construire chez eux une réplique du Mirage grâce à l'aide technique française.

Il a fallu la guerre des Six Jours pour momentanément rafraîchir les rapports existant entre les services de renseignement israéliens et français. Cette dégradation a été concrétisée par la déclaration de De Gaulle à propos d'Israël : « Peuple d'élite, sûr de lui-même et dominateur ! » Cette tension n'est toutefois pas du goût de tout le monde. Y compris chez certains gaullistes, en particulier à la « Piscine » – le siège du service d'espionnage français, boulevard Mortier à Paris –, où beaucoup considèrent cette intervention rapide et brutale comme indispensable à la survie d'Israël.

Cela explique le grave manquement aux ordres qui conduit au départ des deux premières vedettes de Cherbourg. Il n'en demeure pas moins que cinq vedettes sont encore en construction. Au fur et à mesure de leur achèvement, elles quittent l'arsenal et gagnent la darse transatlantique. Les militaires, responsables de l'arsenal, ne veulent pas porter la responsabilité d'une nouvelle fuite. Ils ont senti passer le vent du boulet et préfèrent laisser aux autorités civiles la responsabilité de la garde des vedettes. Curieusement et dans l'indifférence générale, les marins israéliens qui sont en nombre, plusieurs dizaines, continuent, comme si de rien n'était, à habiter Cherbourg. Comme d'autres, je les croise dans le port alors qu'ouvertement ils se familiarisent avec les vedettes, faisant même des essais en mer aux commandes de ces superbes bâtiments.

Cette situation est risquée, surprenante et même incohérente. Le respect de l'embargo implique que la livraison des vedettes n'aura jamais lieu. Alors pourquoi autoriser les marins israéliens à rester sur place et même à poursuivre leur entraînement ?

La réponse tient peut-être dans le récent changement de politique. Au printemps 1969, le général de Gaulle prend la décision de consulter les Français par référendum. Son échec est inacceptable pour le Général. Il part. Élu président, Georges Pompidou nomme Jacques Chaban-Delmas Premier ministre. Tous deux maintiennent officiellement l'embargo mais, ce n'est un secret pour personne, le nouveau président de la République et son Premier ministre sont beaucoup plus proches d'Israël que ne l'était de Gaulle.

Officieusement, les amis connus ou inconnus d'Israël sont toujours en place. Ils font pression sur le gouvernement pour qu'il assouplisse sa position. De l'autre côté, il y a les pays arabes, gros acheteurs d'armes eux aussi. Faire plaisir aux Israéliens, c'est mécontenter les Arabes et prendre le risque de perdre de très importants marchés. Or la France est justement en train de négocier un contrat fabuleux, ultrasecret, avec l'un des pays arabes les plus engagés contre Israël : la Libye du colonel Kadhafi.

Depuis des mois, des émissaires français discutent la vente d'hélicoptères, et surtout de dizaines de Mirage ! Autant dire que les cinq vedettes de Cherbourg, à côté, sont un marché mineur, accessoire. Seulement, il y a un hic : les Israéliens sont au courant des contacts entre la Libye et la France. Les services secrets israéliens, qui ont eu vent du projet de contrat, n'ont pas l'intention d'assister sans réagir à ces livraisons massives d'armes à un de leurs pires ennemis. C'est là une des clés de l'affaire des vedettes de Cherbourg.

La livraison des Mirage représente une menace mortelle pour les Israéliens. Ils estiment donc être dans l'obligation de la saboter. Enfermés dans un pays en guerre permanente, les Israéliens, il faut le leur reconnaître, ont toujours été des as de la manipulation et du billard à trois bandes. Ce qu'ils imaginent est très fort.

Pour faire pièce aux Égyptiens qui font la loi en Méditerranée depuis qu'ils ont été équipés par les Soviétiques, Israël doit absolument prendre possession de ces cinq vedettes. Elles seront terminées à la fin de l'année. Renouveler l'opération des deux vedettes précédentes est la solution extrême. La première idée, la plus naturelle, est de profiter des changements à la tête de l'État français. Or Georges Pompidou et Jacques Chaban-Delmas, justes héritiers du gaullisme, même s'ils ne disent pas formellement « non », font traîner les choses. Le Général n'a quitté le pouvoir que depuis quelques mois. Même s'il n'intervient pas dans la politique française, sa grande ombre pèse encore sur le pays. Et puis il y a un fidèle, un inconditionnel du gaullisme dans le nouveau gouvernement, le ministre de la Défense nationale, Michel Debré. Il ne tolérerait pas qu'on manque au Général.

Ce maintien de l'embargo ne fait pas l'affaire des Israéliens. À Paris, le bouillant Mordecaï Limon s'impatiente, et il n'y va par quatre chemins. Il fait un saut à Tel-Aviv où il rencontre Moshe Dayan. Son plan consiste tout bonnement à organiser une opération militaire pour s'emparer des vedettes. Une de ces opérations éclairs qui sont devenues une spécialité de l'armée israélienne.

Moshe Dayan et surtout le Mossad hésitent. D'abord il y a des risques. La France dispose en Méditerranée d'une flotte importante et elle est en mesure d'intercepter les vedettes après une attaque surprise à Cherbourg. Opération militaire contre opération militaire, rien n'empêcherait la France de couler les vedettes.

Et puis, et surtout, une telle opération armée, une telle ingérence dans un pays étranger, signifierait la rupture définitive des relations avec la France. Moshe Dayan, après avoir réfléchi, dit non avec la plus grande fermeté.

C'est alors que le Mossad, en la personne du chef du service de renseignement israélien, Zwi Zamir, propose une autre idée, une idée machiavélique : enlever les vedettes en douceur et, ensuite, laisser entendre que, si Israël a pu agir aussi facilement, c'est que la France était au courant et que les autorités françaises ont laissé faire. Conclusion : Israël et la France sont complices. Conséquence directe et immédiate, Kadhafi, furieux, trahi, ne pourra faire autrement que de rompre son contrat d'achat de Mirage avec la France.

À défaut de jouer un rôle dans cette opération, je l'ai suivie de très près. Tellement que j'ai pu constater que nos services, qui auraient pu s'opposer à cette manipulation, ont préféré compter les points en oubliant d'intervenir.

L'opération israélienne commence à Panama avec la création d'une société bidon qui n'aura jamais d'activité réelle, la Starboat. Un pseudo-homme d'affaires israélien installé à Panama est nommé à sa tête.

Ce correspondant du Mossad, sa société à peine créée – et à Panama ça va très vite –, loue une boîte postale en Norvège. Il confie la représentation de la Starboat à un de ses collègues norvégien, Martin Siem, un homme bien connu sur la place d'Oslo. Ami très sûr, il est là pour brouiller les cartes. Il est impossible d'imaginer une magouille derrière cet honorable Norvégien, spécialisé dans l'exploitation pétrolière en mer du Nord. A priori, il n'a aucun rapport avec l'État hébreu.

Martin Siem prend contact avec le patron des chantiers navals de Cherbourg. Il lui dit qu'il connaît les difficultés que lui cause l'embargo et se déclare disposé à acheter les cinq vedettes qui lui restent sur les bras. Elles lui serviront à ravitailler ses plates-formes de production pétrolière en mer du Nord.

L'offre peut pour le moins surprendre. Est-ce vraiment raisonnable d'utiliser de tels bateaux pour accomplir un travail relativement banal ? Les canonnières sont conçues pour naviguer en Méditerranée où la mer est généralement plus calme qu'au large de la Norvège...

Sincèrement, ce n'est pas le souci majeur du patron des chantiers. Les cinq vedettes commandées, construites, risquent de ne jamais être payées. Alors à quoi bon se poser des questions inutiles ? L'embargo français peut le mener à la faillite. Un acheteur inespéré se présente. Il saute donc sur l'occasion et donne immédiatement son accord de principe.

Restent les autorités françaises. Elles ont leur mot à dire. Les canonnières, même si elles ne sont pas encore équipées d'armement, n'en demeurent pas moins matériel militaire. Toute exportation de ce type doit recevoir l'agrément d'une instance interministérielle présidée par le secrétaire général de la Défense nationale...

Une fois encore, dans cette affaire, cela va se passer de façon très curieuse. Le patron du chantier fait état de l'offre norvégienne aux autorités. Un fonctionnaire de la délégation ministérielle à l'Armement n'y voit pas malice. Il demande simplement, par correction, l'accord des Israéliens. L'amiral Limon dénonce une nouvelle fois l'embargo dont son pays est victime, et puis, grand seigneur, malgré son indignation, il accepte que les vedettes qu'ils avaient commandées soient vendues à une société norvégienne.

Nos services de renseignement ne sont pas plus naïfs que d'autres. Si nous avons laissé faire, c'est que nous avions de bonnes raisons !

Cinq jours plus tard, l'incontournable commission interministérielle se réunit. La réunion est prévue de longue date. Presque fortuitement, pour obéir à la routine, le représentant de la délégation ministérielle à l'Armement évoque l'affaire. « La Norvège veut acheter les cinq vedettes de Cherbourg ! Et les Israéliens sont d'accord. » Excellente solution. Tout le monde est ravi. Décidément ces Norvégiens nous tirent une épine du pied. L'autorisation d'exportation est immédiatement donnée. Nous fermons les yeux alors que nous savons que les dés sont pipés.

La délégation ministérielle à l'Armement donne son accord pour un achat par la Norvège. À aucun moment il n'est question de la Starboat. Le tour de passe-passe a consisté à faire croire à la commission que c'était l'État norvégien et non une société privée qui achetait les cinq vedettes.

Le fonctionnaire qui manipule l'opération s'est contenté, en fait, d'obéir. La supercherie n'est pas une initiative personnelle. Les ordres viennent de beaucoup plus haut. Parce que nous avons, en toute connaissance de la situation, décidé de livrer les vedettes de Cherbourg à Israël.

Revenons un instant sur le plan machiavélique des Israéliens. Ils sont bien décidés à faire capoter la livraison des Mirage par la France aux Libyens en faisant apparaître la duplicité des Français dans l'affaire des vedettes de Cherbourg. C'est malin, mais une manipulation peut toujours se retourner contre ses auteurs. Le plan des Israéliens peut être connu, deviné et, en l'occurrence, c'est nous, les services français, pardonnez-moi de le préciser, qui rivalisons d'astuce…

Le gouvernement, j'en témoigne, a décidé depuis longtemps que les vedettes seront livrées à Israël.

Son seul problème est d'enfreindre son propre embargo sans s'attirer les foudres des pays arabes. Aussi les autorités françaises jouent-elles sur deux tableaux à la fois. D'abord à Cherbourg, où les autorités laissent circuler en toute liberté les Israéliens sans douter un instant qu'ils réitéreront forcément leur opération de janvier 1969. La surveillance est laxiste, opérée de loin. D'un autre côté, la France négocie avec les Arabes. Le marché est simple et direct : les Mirage seront livrés si la Libye et les pays frères s'engagent à fermer les yeux sur l'escamotage des vedettes.

La susceptibilité des Arabes ménagée, l'honneur étant sauf, chacun récupérait son irremplaçable matériel et la France, qui ne se fâchait ainsi avec personne, pouvait encaisser les précieuses devises prévues aux contrats...

Si on retient cette hypothèse, tout devient limpide. On comprend pourquoi les marins israéliens ont pu rester à Cherbourg contre toute raison. On comprend aussi le tour de passe-passe de la réunion ministérielle. Et surtout on explique pourquoi, malgré toutes les informations qui parvenaient de Paris, les autorités locales n'ont pas bougé.

Or tant les RG que la DST ne sont pas inactifs à Cherbourg. Il est impossible aux policiers de ces deux services de ne pas remarquer les préparatifs des marins israéliens. Sans oublier le SDECE. En retrait, nous nous contentons d'observer tout ce petit monde, de faire nos rapports, et nous évitons de bouger, comme l'ordre nous en a été donné. Il serait bien difficile par exemple de ne pas remarquer que l'officier qui a commandé le départ des deux vedettes subtilisées en janvier 1969 est de retour à Cherbourg.

Les policiers transmettent ce genre de renseignement à leur hiérarchie, qui alerte les plus hautes autorités de l'État qui ne peuvent rien ignorer mais laissent faire. Sciemment !

Même l'irréductible Michel Debré ferme les yeux. Il se console en pensant que bientôt la France livrera des Mirage aux Arabes, dans la plus stricte continuation de la politique de neutralité du Général.

Les vedettes parties, le gouvernement criera à la trahison, seule attitude qu'il peut adopter officiellement.

Dernière preuve de cette duplicité d'État : le 20 décembre très exactement, c'est-à-dire cinq jours avant l'appareillage des vedettes, les RG de Cherbourg envoient un rapport classé « Confidentiel Défense » au ministère de l'Intérieur. Tout y est dit, y compris l'annonce du départ prochain des vedettes. Le rédacteur de la note fait même état de la vente fictive à un pays de l'Europe du Nord.

Si le gouvernement voulait empêcher le départ des vedettes, il lui était facile de décider leur retour à l'intérieur de l'arsenal. Sous la garde de la marine française, les Israéliens auraient eu du mal à faire appareiller les bâtiments clandestinement.

La comédie est telle, les ordres de faciliter le départ si formels, que personne, pas plus nous que les autres services, ne s'étonne de la venue à Cherbourg de l'amiral Limon la veille de Noël. Sa voiture porte une plaque diplomatique. Limon ne se cache pas. Il prend ouvertement une chambre d'hôtel en ville à son nom.

Il vient tout simplement superviser le départ, donner l'ordre d'appareiller. Il attendra, la nuit, une légère amélioration de la météo rendant ce départ plus favorable. Mission accomplie il regagne tranquillement Paris.

Détail d'importance, Cherbourg, port militaire, est étroitement surveillé. On ne quitte pas le port sans être observé. Un officier de la marine nationale de permanence recense les entrées et les sorties. Or, en cette nuit de Noël, la vigie ne remarque rien. Les cinq vedettes gagnent la haute mer tous feux allumés et la marine nationale n'a rien vu. Pourquoi ? Parce que, déclarera plus tard l'officier, un puissant projecteur installé sur la digue l'aveuglait.

Et pourquoi n'a-t-il pas fait éteindre ce projecteur qui l'empêchait de remplir sa mission ? Je vous le donne en mille : le projecteur avait été installé par les militaires français ! Maladroit, bizarre. Les mots n'ont plus de sens.

La trêve des confiseurs est censée expliquer les bévues. Et pourtant ! Étrangement, pendant presque vingt-quatre heures, il ne se passe rien, rien du tout. Tandis que les cinq vedettes foncent tranquillement vers le détroit de Gibraltar, aucune autorité portuaire, aucun des services présents, y compris nos représentants, ne voit ce que n'importe quel habitant de Cherbourg constate : les encombrantes vedettes ont disparu.

Personne ne s'étonne, si ce n'est un journaliste local qui, au soir du 26 décembre, donne l'information. La nouvelle est immédiatement reprise par les agences de presse internationales.

La « catastrophe » est en route. Au ministère de la Défense nationale, Michel Debré est absent. Pressé de questions par les journalistes, le fonctionnaire de permanence au cabinet gaffe. Il déclare que ces bateaux sont civils et ont fait l'objet d'une cession commerciale régulière à une société de droit norvégien. Seulement, dès le lendemain, les Norvégiens démentent : la Starboat ne figure pas au registre du commerce de leur pays.

Tous les ingrédients du scandale sont réunis. La France est ridiculisée. Personne ne doute que les vedettes naviguent vers Israël.

Joli résultat pour une opération que les Français étaient censés jouer finement. Une parole de trop aura suffi à tout remettre en question. Enfin, presque tout parce que si on ne tient pas compte des susceptibilités de chacun, il faut bien constater que les objectifs essentiels sont atteints. Israël a récupéré ses précieuses vedettes et, quelques jours plus tard, le fabuleux contrat libyen a été signé.

Une fois encore des boucs émissaires font les frais de l'opération. Des boucs émissaires à la hauteur du retentissement international. C'est ainsi que deux généraux parfaitement innocents sont invités à prendre une retraite anticipée. Ces deux limogeages sont le prix à payer pour ne pas se fâcher avec les pays arabes et surtout signer le contrat avec Kadhafi.

Les boucs émissaires sont, d'une part, Paul Cazelles, secrétaire général de la Défense nationale, d'autre part l'ingénieur général Bonte, directeur des affaires internationales à la délégation ministérielle à l'Armement.

Alors que la France offre leurs têtes à Kadhafi, les vedettes de Cherbourg, ravitaillées en haute mer à deux reprises, arrivent à Haïfa où les autorités israéliennes accueillent triomphalement les équipages. Moshe Dayan tient à être là personnellement pour fêter ce qui est présenté comme un nouveau succès de l'État hébreu et de ses services secrets.

De notre côté, nous avons fait le gros dos. On n'a pas le droit d'être susceptible, d'avoir des états d'âme, lorsqu'on travaille dans l'ombre.

Dans leur livre, Pavillon sans complaisance, *Paul Eddy, Elaine Davenport et Peter Gillman dressent un portrait de l'amiral Limon.* « L'amiral n'était pas homme à se perdre dans les subtilités de la vie diplomatique. Chargé de l'achat des armes pour Israël en France, il n'avait aucun doute sur la ligne à suivre : Israël devait s'emparer des bâtiments. Cette idée audacieuse n'avait rien de surprenant chez ce patriote israélien doublé d'un homme d'action. Né en 1921 en Pologne, il avait été emporté tout jeune dans le second flot de l'immigration juive. En 1940, Limon avait commandé certains des petits bateaux qui, avec l'aide du Mossad, transportaient les immigrants clandestins sur les plages de Palestine.

En 1948, il fut promu au poste d'amiral dans la nouvelle marine de guerre israélienne et, en 1950, à l'âge de 31 ans, il devint son commandant en chef… »

De son côté, Pascal Krop écrit dans un ouvrage consacré aux secrets de l'espionnage français, paru chez Jean-Claude Lattès : « Le 18 novembre 1969, le général Cazelles, responsable du secrétariat général de la Défense nationale, préside à Matignon la réunion du Comité interministériel des exportations de matériel de guerre. L'ingénieur général Bonte, représentant Michel Debré, alors ministre de la Défense, explique qu'il s'agit de vendre à une société norvégienne, la Starboat and Weill, les cinq vedettes qui étaient préalablement destinées à Israël. “Voulant toutefois m'assurer personnellement du bien-fondé de cette vente, révèle aujourd'hui le général Cazelles, j'ai demandé s'il était prévu dans le contrat une clause de non-réexportation pour la Norvège. L'ingénieur général Bonte m'a alors répondu : 'Oui, toutes les précautions sont prises !' Les autres représentants à cette réunion, celui des Affaires étrangères pour Maurice Schumann et celui des Finances, n'ont pas fait de commentaires.” »

Pascal Krop ajoute qu'on retrouvera plus tard une note personnelle de Maurice Schumann en marge du document : « Excellente solution au difficile problème posé. »

Cette version infirme celle de Monsieur X, mais il faut constater que, dans la revue Historia, *le même général Cazelles affirme que, lors de la réunion du Comité interministériel, il n'a jamais été question de la Starboat mais toujours de la Norvège.*

Dans son livre, Pascal Krop précise : « Après la fuite des vedettes, Michel Debré, visiblement furieux, appelle le Premier ministre, Jacques Chaban-Delmas. “Il m'a informé, révèle aujourd'hui ce dernier, que la chasse française était en mesure de rattraper ces bateaux. J'étais en train de jouer au bridge au Pays Basque. J'ai immédiatement répondu : 'Les avions doivent rester au sol !' J'ai ainsi préféré le ridicule d'avoir été joué ou, pis, passer pour complice, plutôt que de priver Israël de ces vedettes dont il avait le plus grand besoin..." »

Quelques semaines plus tard, le préfet de la Manche, Jacques Bruneau, rencontre le président Georges Pompidou pour s'entretenir de cette affaire. Le préfet explique : « Il tirait comme d'habitude sur sa cigarette et il m'a dit en souriant : "Bien, Bruneau. Il n'y a pas de problème !" »

15

Markovic, l'affaire dans l'affaire

Un fait divers, quelques lignes dans les journaux relatent la mort programmée d'un petit malfrat : Stefan Markovic. Bricoleur de la délinquance, bagarreur, marchand de drogue, il a tout fait pour finir avec une balle dans la tête.

Et pourtant, à son nom va bientôt s'accoler le mot « affaire ». La mort du petit malfrat provoque un tumulte sans précédent. Elle oblige les plus hautes autorités de l'État à *s'y intéresser. Elle empoisonne les derniers mois de pouvoir du Général, envenime ses rapports avec son successeur, Georges Pompidou.*

1er octobre 1968, 9 h 30. Un ferrailleur, M. Haro, est intrigué par un curieux et volumineux paquet qui a été jeté dans la décharge d'Élancourt, une commune des Yvelines, à la limite de l'Eure-et-Loir. Curiosité professionnelle, il entreprend de découvrir ce qui se cache dans ce sac de jute. Il découpe la toile qui enveloppe elle-même une housse en plastique. Sous le plastique, le doute n'est pas permis, le ferrailleur, horrifié, devine la forme d'un cadavre ensanglanté.

Le corps est très vite identifié : Stefan Markovic, trente et un ans, un Yougoslave irrégulièrement entré en France, connu des services de police. Son visage porte la marque de coups très violents. La première conclusion des enquêteurs est qu'il a succombé après avoir reçu une sévère correction.

Plus croustillant, les policiers découvrent que le petit malfrat est très introduit dans le show-business. Costaud, beau gosse, il était en particulier proche d'Alain Delon, dont il a été le secrétaire et garde du corps. À l'occasion, il a aussi été la doublure de l'acteur. Depuis la séparation des époux Delon, il vivait dans un hôtel particulier appartenant au comédien, avenue de Messine à *Paris.*

La police entend les époux Delon qui confirment, avec des nuances, que Stefan Markovic était un de leurs proches. Depuis quelques mois les relations s'étaient distendues. Alain Delon se trouve depuis plusieurs semaines sur la côte d'Azur où il tourne le film La Piscine, *sous la direction de Jacques Deray. Tous deux ignorent tout de sa mort.*

Les premières constatations sont essentielles dans une affaire judiciaire. Pendant ma carrière au service du renseignement, j'ai souvent eu l'occasion de vérifier cet adage. Pour Stefan Markovic tout est allé de travers dès le début. C'était l'époque où les autopsies se faisaient parfois encore dans des lieux improvisés, à l'entrée des cimetières. Le médecin légiste relève les traces de coups au visage, à la tête, conséquence d'une sévère raclée. Il faudra attendre vingt-six jours et une dénonciation pour que, au cours d'une contre-autopsie, le praticien découvre une balle de 38 spécial dans le crâne de Markovic !

Dix jours après la découverte du cadavre, Alain Delon et sa femme, Nathalie, sont entendus pendant vingt-quatre heures par les enquêteurs. Les policiers marchent sur des œufs. Si les accusations vont bon train, les preuves, elles, sont inexistantes.

La première attaque vient de Rome. Une très jolie femme, Zorika Milosevic, se manifeste. Elle est la sœur d'un autre Yougoslave, Milos, qui a occupé les mêmes fonctions que Stefan Markovic auprès de Delon. Milos est parti aux États-Unis où il a séduit Barbara, la femme de l'acteur Mickey Rooney. Quelque temps plus tard, le couple a été retrouvé mort. Double suicide mis en doute par la belle Zorika. Elle accuse : Stefan Markovic connaissait la vérité sur la mort de Milos et Barbara. Il a été exécuté pour l'empêcher de parler...

Les policiers grattent et mettent au jour un portrait peu flatteur de Stefan Markovic. Peu avant sa mort il était en relation avec des cambrioleurs et des « fourgues », parlait d'un gros coup, citait en exemple des truands fichés au grand banditisme. Homme à femmes, il jouait beaucoup de ses charmes. Il participait à des parties fines, les organisait au besoin, mettant à profit ses talents de photographe de rue, « photo-filmeur » en terme de métier. Ses clichés lui permettaient ensuite de faire chanter les acteurs débridés et dénudés, surpris lors de ces soirées câlines. Cette facette du personnage fascine les amateurs de faits divers sordides.

Petit retour en arrière. Dans les années 56-58, un grand nombre de Yougoslaves veulent fuir leur pays sous des prétextes politiques. Beaucoup d'entre eux, véritables aventuriers, ont simplement trouvé une filière. Les frontières traversées illégalement, ils arrivent clandestinement en France où ils rejoignent des aînés qui ont fait une percée dans la jet society. Ils écument les stations de sport d'hiver à la mode, partagent leur temps entre Paris et la côte d'Azur, Saint-Tropez et le Lavandou. Tout comme Stefan Markovic, ils sont photographes de rue mais lorgnent les dames un peu mûres, éventuellement les messieurs, en mal d'ébats amoureux avec des jeunes gens beaux et vigoureux.

Pour Stefan Markovic et ses amis, le premier but est d'approcher les milieux du cinéma. Le jeune Markovic devient doublure, photographe de plateau, grappille à droite et à gauche, multiplie les petites escroqueries, quelques chantages discrets. Grâce à Milos Milosevic, en instance de départ pour les États-Unis où il trouvera la mort, il entre dans le cercle recherché des relations d'Alain Delon.

L'acteur est alors en pleine gloire. On peut se demander pourquoi il s'entiche de ce personnage au point d'en faire l'un de ses familiers. Alain Delon a eu lui-même une jeunesse assez aventureuse. Est-ce sa façon de tendre la main à des exclus ? Est-ce aussi une façon de jouer avec l'interdit ? De la même façon qu'il fréquente des figures du « milieu », auréolées de légende, tels les Guérini.

Tout cela n'a aucun rapport direct avec le fond de notre affaire. Seulement ce décor révèle un monde où l'imaginaire du cinéma déborde bien souvent dans la vie de ses propres acteurs.

Alain Delon en filigrane, côté presse, ce fait divers subalterne, comme aurait dit le Général, excite les curiosités.

Pour faire bonne mesure, un personnage entre en scène, François Marcantoni. Haut en couleur, truand repenti – c'est du moins ce qu'il affirme –, Marcantoni reste une figure du milieu. Retraité de la pègre, il porte beau, vit confortablement entre deux tables de poker et dans les bars feutrés où il rencontre ses amis.

La police s'intéresse beaucoup à François Marcantoni, l'entend longuement. Sa propriété de Goussainville, en Eure-et-Loir, est à deux pas de la décharge où a été retrouvé le corps de Stefan Markovic.

La tension est retombée lorsque la balle de 38 spécial est découverte dans le crâne de Stefan Markovic. Les supputations repartent bon train, s'orientant en toute logique vers le règlement de comptes entre voyous. Cette thèse est confortée par un fait nouveau. Les policiers révèlent que Stefan Markovic était mêlé à un trafic de fausse héroïne, une arnaque classique. Le vendeur refile de l'amidon ou du talc ou encore du bicarbonate, enfin une poudre blanche de substitution, à l'acheteur. Avec un autre Yougoslave, Stefan Markovic n'a pas fait dans le détail : cinq kilos de poudre. Ce genre de filoutage est très dangereux, surtout si on livre la camelote à des truands qui, par définition, n'aiment pas se faire truander.

Le client tout désigné est encore et toujours François Marcantoni. Rapidement mis hors de cause, il ne va pas tarder à réapparaître, à la suite des révélations de l'un des nombreux témoins surprises de cette affaire : Uros Milicevic.

Tous ces témoins ont deux points communs, ils sont yougoslaves et amis de Stefan Markovic. Les déclarations d'Uros sont très troublantes. Il affirme avoir vu Stefan Markovic quelques heures avant sa disparition. Celui-ci lui aurait dit qu'il avait rendez-vous avec un certain Marcantoni pour une partie de poker. Uros ajoute même qu'il a effectivement vu Stefan Markovic monter dans un taxi au côté d'un homme qu'il identifie comme étant Marcantoni.

Pour faire bonne mesure, Uros précise que son ami Stefan Markovic lui a confié qu'il se sentait en danger, à tel point qu'il lui a remis une lettre qu'il lui a lue, destinée à son frère resté en Yougoslavie. Dans cette lettre, Stefan Markovic porte une double accusation : s'il lui arrive malheur, il faudra chercher du côté d'Alain Delon et de Marcantoni. Les derniers mots de Stefan Markovic sont : « Si tu ne me revois pas, tu envoies la lettre... »

L'enquête relancée, Alain Delon, qui sera rapidement mis hors de cause, et François Marcantoni sont à nouveau entendus comme témoins par la police. Ils démentent catégoriquement toute implication dans ce meurtre.

Mais ce à quoi nous assistons dans la coulisse, c'est la préparation de l'affaire dans l'affaire, un plan machiavélique commandité par de hautes personnalités.

Au SDECE certains imaginent déjà le montage d'une manipulation. Impuissant, je les vois s'enferrer, créant de toutes pièces une affaire d'État avec pour cible le couple Pompidou.

Dès les premiers jours de l'enquête, Stefan Markovic, garde du corps, petit trafiquant, pourvoyeur de drogue, est reconnu comme familier des soirées du Tout-Paris et accusé, pour arrondir ses revenus, de pratiquer divers chantages.

L'enquête confirme qu'il utilisait ses talents de photographe lors de réunions très déshabillées qu'il organisait. Il profitait de l'enthousiasme de ses invités pour faire des photos à leur insu. Quelques photos qui lui sont attribuées circulent.

Ce qui compte alors, c'est de conforter cette orientation de l'enquête pour permettre à certains de bâtir toute une construction mensongère, une véritable manipulation.

Dans un premier temps, celui qui est dans de sales draps, c'est François Marcantoni. Chaque nouvel élément ramène l'enquête sur lui. Son pedigree ne plaide pas non plus en sa faveur. Le chauffeur de taxi qui l'aurait transporté avec Stefan Markovic ne le reconnaît pas. Qu'importe ! François Marcantoni est maintenant le suspect numéro un pour la police et le juge d'instruction.

Les enquêteurs s'intéressent de plus en plus à sa maison de Goussainville si proche du lieu où a été retrouvé le corps de Stefan Markovic. Ils perquisitionnent et trouvent des armes. Justification suprême, François Marcantoni revendique son origine corse ! Ils découvrent surtout que l'ancien voyou a récemment acheté un matelas. Le corps de Stefan Markovic a été dissimulé dans un sac de jute et une housse en plastique ayant servi à emballer un matelas. Les policiers triomphent.

François Marcantoni a beau dire : « Vous pensez bien que, si j'avais tué le Yougoslave, je ne serais pas allé jeter son corps près de mon domicile ! Je ne suis quand même pas stupide », il n'arrive pas à convaincre et est incarcéré.

Et pourtant, malgré de nombreuses expertises, il ne sera jamais possible d'établir que cette housse et ce sac avaient servi à envelopper le matelas tout neuf de l'ancien truand. Il ne sera même pas possible de faire entrer le matelas de François Marcantoni dans le sac du crime. Détenu pendant plusieurs mois, criant toujours son innocence, François Marcantoni finira par être remis en liberté et bénéficiera d'un non-lieu, bien des années plus tard.

Un Yougoslave n'a pas attendu cette mise en liberté, c'est Uros Milicevic. Ses accusations à peine portées contre François Marcantoni, il se fait la belle et retourne dans sa patrie. On peut penser qu'il n'a pas la conscience tranquille, ou qu'il ne se sent plus en sécurité dans notre beau pays.

Car il est certain qu'Uros connaît une partie de la vérité. Il a une notion assez précise de l'identité du ou des assassins de Stefan Markovic. Réfugié dans son pays, à l'abri d'éventuelles représailles, il revient toutefois en France en 1975. Son but, avouer le crime ! Comble de confusion, il affirme que François Marcantoni a été son complice.

À l'évidence, la frontière ne suffisait plus pour qu'il se sente protégé. Uros est inculpé et incarcéré, en sécurité derrière les barreaux d'une prison française. Au juge, il explique une histoire, complètement vaseuse. Stefan Markovic n'aurait pas voulu lui prêter un appartement, il l'aurait alors tué avec l'aide de Marcantoni.

La seule issue pour le juge est de présenter l'accusateur de François Marcantoni à un psychiatre. Uros est interné. Dans un asile, il est encore mieux protégé que dans une prison qui, par définition, recèle des truands. Malheureusement tout a une fin. Même l'enfermement psychiatrique.

Uros remis en liberté ne profite pas longtemps des bienfaits de la société. En 1976, il est retrouvé mort dans une chambre d'hôtel en Belgique. Il ne parlera plus jamais, ses agresseurs lui ont tiré une balle dans la tête.

Entre-temps, l'affaire Markovic a fait ses ravages en France. Le premier élément vrai est la manie de Stefan Markovic de faire des photos de ses hôtes au cours de parties fines. Le second, imaginaire, permet de faire un amalgame dans la meilleure tradition barbouzarde. Alain Delon, vedette de renommée internationale, fréquente le gratin parisien. Dans ce gratin se trouvent des politiques, dont le couple Pompidou. Il est de notoriété publique, et c'est l'une de ses grandes fiertés, que Georges Pompidou aime à fréquenter les artistes de talent. Alain Delon fait tout naturellement partie de ses relations. Tout aussi naturellement, les Delon et les Pompidou ont été amenés à dîner ensemble. Il est même arrivé que, les deux couples se rencontrant, les Pompidou croisent le secrétaire garde du corps d'Alain Delon. L'amalgame consiste à transformer une relation parfaitement banale en un montage dévastateur.

La rumeur enfle, elle est insidieusement distillée dans la presse. Il n'est plus question de quelques dîners anodins. On laisse entendre que les Pompidou et les Delon étaient à tu et à toi. Et puis l'accusation mensongère prend forme : Mme Pompidou aurait participé à des soirées très spéciales organisées par le garde du corps de l'acteur.

La rumeur est d'abord construite à partir d'un carnet qui aurait été trouvé chez Stefan Markovic et sur lequel le maître chanteur aurait noté l'adresse des Pompidou. L'élément est faible. Stefan Markovic peut avoir copié l'adresse qui n'est pas secrète. Et puis il y a des officines, j'en connais, susceptibles de fabriquer ce type de carnet.

Le carnet faisant long feu, la police hérite d'un petit voyou, toujours yougoslave, qui affirme que la femme de l'ancien Premier ministre fréquentait les soirées de Stefan Markovic. Son témoignage est recueilli en prison où le témoin purge une peine. Cette fois, on est dans le schéma tout aussi classique du témoin suborné, auquel une remise de peine est promise en échange de déclarations « spontanées ».

Là encore, l'analyse ne résiste pas longtemps. Alors, nouveau stade dans le montage, il est question de photos pornographiques qui auraient été prises par Stefan Markovic et qui mettent en scène Mme Pompidou. Évidemment il s'agit de faux. À ma connaissance, il y a eu deux jeux de photos en circulation, l'une des photos est un mauvais montage, l'autre est le cliché d'une partouze montrant une jeune femme dénudée ayant une légère ressemblance avec Mme Pompidou. Un rapide examen suffit pour éliminer toute suspicion malveillante.

Paradoxalement, malgré l'évidence de la machination, cette fois le but est atteint. Le scandale éclate immanquablement. Mais les seules personnes qui ne soient pas au courant sont les Pompidou !

Le but poursuivi est de salir la famille Pompidou vis-à-vis de l'opinion publique, mais aussi et surtout d'alerter le chef de l'État, le général de Gaulle. L'insistance est telle qu'effectivement, imparablement, le Général est informé. Le message est en substance celui-ci : le nom de Pompidou apparaît dans le dossier d'une affaire criminelle peu ragoûtante, l'affaire Markovic.

Usure du pouvoir, faiblesse de l'homme qui en a trop vu ? Le Général réagit bizarrement. Lui qui a souvent été si prompt à rejeter des accusations sordides d'un revers de la main, feuillette le dossier. Il ne s'étonne pas, ne s'indigne pas et ne prend pas instinctivement la défense de son ancien Premier ministre, en affirmant d'emblée que c'est impossible. Il demande seulement : « Qui est au courant ? »

Cette réaction, qui correspond peu au personnage, peut s'expliquer de diverses façons. C'est alors un secret de polichinelle, le général de Gaulle apprécie fort peu que son ancien Premier ministre fréquente aussi assidûment les milieux artistiques dans le vent. Question d'âge ou d'éducation. Pour de Gaulle, un homme politique éminent se doit de veiller à ses fréquentations et éviter de se mêler à une société par définition frivole ! De Gaulle ne peut pas innover dans tous les domaines. Il est de son siècle, de sa classe sociale...

À partir de cet instant les masques tombent. Le Général réunit son Premier ministre, Maurice Couve de Murville, son ministre de l'Intérieur, Raymond Marcellin, et son Garde des sceaux, René Capitant. Ce gaulliste de gauche donne le ton :

« Surtout, ne laissons pas cette affaire entre les mains de la police... Saisissons la justice ! »

L'indiscrétion est assurée. Sous prétexte de traiter correctement l'affaire, le gouvernement lui donne une résonance maximum, tout à fait nouvelle. Les rumeurs qui circulent sur les Pompidou sont ainsi officialisées.

Le général de Gaulle, qui connaît son petit monde, ne peut ignorer que René Capitant est un adversaire avoué de Georges Pompidou. Il sait aussi que sa succession se discute déjà. Les événements de mai 68 ont épuisé le Général. Ce n'est pas la bourrasque qui l'a fait trembler. Seulement il est atteint en son for intérieur. D'autre part, il a en perspective un référendum difficile. S'il le perd, il se retirera. La succession est donc ouverte, même s'il n'est pas encore de bon ton de le dire bien haut. Incontestablement, il n'y a qu'un dauphin : Georges Pompidou.

Je ne peux que faire des suppositions. Mais au fond, je pense que le Général n'est pas mécontent de donner, grâce à cette affaire Markovic, une petite leçon à Pompidou. Il lui rappelle qu'il n'y a qu'un patron, lui-même.

Georges Pompidou a trop vite revêtu l'habit du successeur en louant des bureaux, en commençant à composer son équipe. En se préparant à la succession, il a profondément agacé le chef de l'État.

Pour autant, celui-ci n'a pas mesuré les dégâts que peut causer l'affaire. Georges Pompidou a évidemment enfin appris la vérité. Comme dans toutes les affaires de cocu, il est le dernier informé. Le coup est terrible pour lui. Il sait, à cet instant, que de Gaulle l'a lâché.

De Gaulle qui a le sens du geste, qui sait qu'il faut contenir les folies des hommes, invite à dîner le couple Pompidou à l'Élysée. Il est trop tard. Le fleuve de boue se déverse.

Côté justice, la prudence est de règle. Il faut louvoyer entre le ministre de la Justice et le dauphin de la présidence. La justice saisie par René Capitant, les magistrats traînent consciencieusement les pieds. Cette attitude prudente a un effet pervers, elle permet, indirectement, d'alimenter les soupçons, les ragots. L'avocat de François Marcantoni se glisse dans la brèche et demande la comparution de Georges Pompidou devant le juge d'instruction.

L'ancien Premier ministre riposte à son tour. En accord avec le général de Gaulle, Georges Pompidou entame une sorte de tournée à l'étranger. Ces voyages sont destinés à lui donner une carrure internationale. Georges Pompidou est à Rome. Un journaliste lui parle de la succession, thème traditionnel auquel Pompidou répond habituellement avec circonspection et déférence pour l'actuel chef de l'État.

Or, cette fois-ci, Georges Pompidou franchit le Rubicon. Cigarette au bec, avec son fameux sourire, il déclare en substance : « Mais bien entendu, ce n'est un secret pour personne que je serai candidat ! »

À l'Élysée, cette déclaration fait l'effet d'une bombe. C'est au tour du Général d'être blessé, mortellement blessé. Le dauphin pousse le locataire de l'Élysée vers la porte. Il avoue qu'il ne serait pas fâché de voir le Général quitter la présidence avant la fin de son mandat.

Ainsi les instigateurs de la manipulation issue de l'affaire Markovic ont réussi à brouiller de Gaulle et son successeur naturel. Leurs accusations se sont effondrées mais ils ont sali l'image du dauphin.

Encore quelques mois, le départ de De Gaulle, l'élection de Georges Pompidou, et les manipulateurs connaissent le retour de bâton. Les artisans de la manipulation sont parfaitement identifiés. Il s'agit d'hommes de la base Paris du SDECE, c'est-à-dire le service 6, qui ont joué la carte d'hommes politiques qui ont fait de l'antigaullisme leur cheval de bataille. Pour la plupart, ces agents du SDECE seront virés du service d'espionnage, et cela bien évidemment à cause de leur rôle plus que trouble. Leurs turpitudes sont à l'origine d'une purge dans le service d'espionnage français. Une purge drastique qui va durablement l'affaiblir.

Georges Pompidou se venge et il a la dent dure. Il ne limitera pas sa vindicte aux auteurs de la manipulation mais étendra sa vengeance à leurs commanditaires, à qui il interdira l'accès à de hautes fonctions. Il sait très bien qui sont ces gaullistes qui le détestent et le soupçonnent de ne pas être assez gaulliste. Bref de vouloir trahir la pensée du Général dès son élection.

À ma connaissance, un homme en savait plus que tout autre : Michel Jobert. Ancien collaborateur du président Pompidou, il m'a confié personnellement détenir un petit carnet qui ne le quitte jamais. Sur ce carnet sont notés les noms des personnalités qui ont voulu abattre Georges Pompidou à l'occasion de l'affaire Markovic.

Avec le recul du temps, il est possible de faire un premier bilan. La carrière de René Capitant s'est arrêtée avec l'élection de Georges Pompidou, d'autres ont été cantonnés dans leurs provinces. L'affaire Markovic est redevenue ce qu'elle n'aurait jamais dû cesser d'être, une affaire de petits truands... Entre-temps elle a servi de support à un service de renseignement dévoyé de sa fonction pour monter une machination au profit de politiques aveuglés par leurs dissidences internes.

Stefan Markovic est un petit truand qui a reçu une sévère correction, une punition tellement sévère que ses agresseurs l'ont pratiquement tué. La balle qui a été retrouvée dans son crâne, c'est le coup de grâce.

Une affaire toute simple, à moins que ! La justice n'a jamais cherché à savoir pourquoi Stefan Markovic a rencontré le général Oufkir, celui de l'affaire Ben Barka, deux jours avant sa mort. Étonnant, non ?

Dans ses souvenirs posthumes parus en 1982, Pour rétablir la vérité, *Georges Pompidou écrit :* « En secret, j'en ai eu maintes preuves, on continuait à chercher les documents et les témoignages qui pourraient nous compromettre, ma femme et moi. Les agents du SDECE jouaient en ordre dispersé un rôle mal défini... »

Autre confirmation de la thèse de la manipulation, en septembre 1975, dans le magazine Le Point, *Maurice Couve de Murville fait une étonnante déclaration au sujet de l'affaire Markovic :* « Georges Pompidou m'en a voulu de cette histoire et il a eu tort. L'affaire Markovic n'est qu'une affaire de police. Dès que je l'ai apprise, j'ai téléphoné au ministre de l'Intérieur en lui demandant de me tenir au courant. Je suis allé à l'Élysée avec le Garde des sceaux. Nous avons informé de Gaulle. Nous étions tous bouleversés. Pas une seconde il n'est venu à l'esprit d'aucun de nous trois qu'il pût y avoir quelque chose de vrai dans cette accusation. Il était évident qu'un complot politique s'amorçait contre Pompidou et, peut-être au-delà de lui, contre le Général. C'est ce dernier qui m'a demandé d'avertir Pompidou. J'avoue ne pas avoir eu le courage de le faire moi-même. Nous avons choisi Somveille, chef de cabinet du ministre de l'Intérieur Raymond Marcellin. »

Couve de Murville dit encore que l'affaire est partie de certains milieux gaullistes. Il ajoute : « Elle a ensuite été orchestrée par tout ce qui était anti-gaulliste en France. »

L'ancien Premier ministre déclare que le principal opposant, François Mitterrand, a eu dans toute cette affaire une attitude d'extrême correction. Il termine étrangement : « Il y a d'autres anti-gaullistes, certains plus à droite, d'autres qui se proclament de gauche. Je ne peux en dire plus. Il y a des gens qui ont le goût du complot. »

16

Le piège du prince Rouge

En septembre 1970, des Palestiniens détournent trois avions de ligne vers la Jordanie. Le roi Hussein, qui souhaite depuis longtemps mettre au pas les Palestiniens exilés dans son pays, saisit ce prétexte pour lancer ses troupes à *l'assaut d'un camp de réfugiés. C'est un véritable massacre. Des milliers de Palestiniens, hommes, femmes et enfants, sont tués.*

Pour les Palestiniens, ce massacre devient le Septembre noir, un souvenir indélébile de la trahison d'un pays arabe. « Septembre noir » est aussi le nom qu'adopte symboliquement un réseau terroriste palestinien qui frappera indifféremment Israéliens et Jordaniens. Branche dure d'Al Fatah, il est d'abord dirigé par Abu Youssef, l'un des anciens adjoints d'Arafat à la tête de l'OLP.

Au mois de septembre 1972, Septembre noir commet, lors des Jeux olympiques de Munich, une de ses actions des plus sanglantes. Dix Israéliens y trouveront la mort.

À la suite de ces terribles événements, les autorités de l'État hébreu décident de pourchasser tous les responsables de Septembre noir qui ont participé à *l'attentat de Munich. Le service de renseignement israélien, le Mossad, fort de son expérience et de ses spectaculaires réussites, doit, sous le contrôle du Premier ministre israélien Golda Meir, créer un commando spécial pour cette « opération de liquidation ».*

Les uns après les autres, les terroristes de Septembre noir sont abattus, la plupart dans des villes européennes, dont Paris. Habiles, entraînés, les hommes du Mossad sont particulièrement efficaces.

Toutefois, un homme continue d'échapper au Mossad : Salameh, Ali Hassan Salameh, le véritable chef de Septembre noir depuis l'assassinat d'Abu Youssef. Mais la longue traque de Salameh va conduire le service secret israélien à l'un des échecs les plus retentissants de son histoire.

Salameh... Monsieur X l'a connu personnellement. Et il a aussi suivi de très près la traque des agents israéliens jusqu'au désastre final.

J'ai rencontré Salameh à Beyrouth, il y a plus d'un quart de siècle. L'attentat des Jeux olympiques de Munich avait marqué les esprits. Les autorités françaises surveillaient de près les agissements des Israéliens et des Palestiniens. Elles ne souhaitaient surtout pas qu'ils viennent régler leurs comptes sur le territoire français. Notre tâche était de nous en assurer.

Salameh me laisse le souvenir d'un homme plutôt séduisant, agréable, et parlant parfaitement bien le français. Un homme qui ne passait pas inaperçu. Non seulement à cause de son élégance, mais aussi parce qu'il était en permanence escorté de nombreux gardes du corps. Il était, en effet, déjà recherché par les Israéliens. Nos services l'avaient également identifié comme un membre très influent de Septembre noir.

On l'appelait « le prince Rouge ». Salameh était le fils d'un cheik, farouche adversaire des colons juifs, héros de la sanglante guerre de 1948, tué cette même année par la Haganah, l'armée secrète juive.

Ali Hassan Salameh n'a que quatre ans lorsqu'il s'enfuit avec sa mère. Il grandit au milieu des camps de fortune, parmi les réfugiés, sur la rive ouest du Jourdain. Mais rien jusqu'alors ne le destine à devenir un terroriste.

Il fait ses études à l'Université américaine de Beyrouth, comme tant d'autres Palestiniens. Des études brillantes. Très bel homme, distingué, il a la réputation d'un play-boy, d'un charmeur. Après ses études, il épouse la fille d'une des familles les plus célèbres du monde arabe, célèbre notamment pour sa haine envers Israël, la famille Husseini. La jeune fille est une descendante directe du grand muphti de Jérusalem.

Comment et à quelle occasion a-t-il été remarqué par Yasser Arafat ? Je ne le sais pas. Toujours est-il que le chef de l'OLP l'envoie en Égypte afin qu'il se familiarise avec les techniques du renseignement et de la guerre clandestine. En 1969, il prend la tête d'une unité ultrasecrète d'Al Fatah, dont Arafat est toujours le chef. C'est cette unité qui devient, après le massacre de 1970, le réseau Septembre noir.

À l'origine, Septembre noir est un réseau terroriste dangereux mais dont les membres, garçons ou filles, sont encore mal entraînés et peu expérimentés. Tous ont grandi dans les camps, mais la plupart ont fait des études supérieures, ont voyagé en Europe et parlent plusieurs langues. Salameh lui-même n'est pas un homme d'action. C'est un excellent organisateur, un bon recruteur aussi et un très habile manipulateur. Très rapidement, il installe le siège de son organisation au consulat d'Algérie de Genève.

Après l'attentat meurtrier des Jeux olympiques de Munich, Israël organise la liquidation de tous les chefs de Septembre noir, méthodiquement et sans limite géographique. Israël souhaite les frapper là où ils se trouvent.

À Paris, nous connaissons quelques détails du plan adopté par le cabinet israélien. Golda Meir, le Premier ministre de l'époque, a choisi comme responsable de cette opération un agent du Mossad, chef des opérations spéciales, appelé « Mike Hari ». Il se nommait en fait Georg Manner, et c'est un as du Mossad. Mike a créé un commando spécialement entraîné pour cette opération comprenant plusieurs équipes, chacune affectée à une mission spéciale : préparer les déplacements, organiser la protection des exécuteurs, trouver des hébergements, des papiers, des voitures, étudier les filatures, le domicile, le portrait et les habitudes des victimes, leurs communications, leurs relations... Aucun indice ne doit permettre, en cas d'échec, de remonter jusqu'à Israël.

À cette époque, les agents israéliens ont déjà pénétré la majeure partie des pays arabes, ce qui facilite nettement le travail des services de renseignement. En outre, Israël entretient de très bonnes relations avec l'Ouest et avec la CIA, d'autant plus que le chef du Mossad ne rate aucune des réunions bisannuelles des chefs de services occidentaux.

Après une enquête minutieuse, le Mossad décide de liquider tous ceux qui seraient susceptibles de devenir des dirigeants de Septembre noir. Israël souhaite que leur vie devienne si dangereuse que personne ne veuille les remplacer... Les conséquences espérées de cette opération sont tout simplement de mettre fin à la menace palestinienne.

La chasse à l'homme commence. Douze hommes à abattre. Douze hommes soupçonnés d'être d'éminents responsables de Septembre noir. Onze d'entre eux vont trouver la mort dans les neuf mois qui suivent le massacre de Munich.

Inutile de dire que cette opération donne du souci à nos services. Notre inquiétude redouble quand nous apprenons que le siège du commando se trouve à Paris.

Les Israéliens sont prêts. La plupart des membres du réseau Septembre noir sont localisés, les appartements provisoires du commando sont loués, à Paris, en Italie, à Chypre, là où se trouvent les responsables de la tuerie de 1972. Un mois plus tard, en Italie, un homme est tué à bout portant par des inconnus... Il s'agit de Wadel Abdel Zwaiter, traducteur en italien des *Mille et Une Nuits,* abattu le 16 octobre 1972. Ce n'est qu'un début.

Le 8 décembre 1972, à Paris cette fois-ci, le Dr Mahmoud Hamshari, responsable officiel de l'OLP en France, est assassiné à l'aide d'un téléphone piégé.

Le 24 janvier 1973, c'est au tour de Abad Al-Chi, le fournisseur d'armes de Septembre noir, qui est tué à Chypre par une bombe télécommandée.

Durant le mois d'avril 1973, cinq autres membres trouvent la mort... Zaiad Muchasi, le successeur de Abad Al-Chi, Basil Al-Kubaisi, un professeur irakien, Abu Youssef, le principal dirigeant de Septembre noir, Kemal Adwan, son adjoint, et Kewal Nassu, le porte-parole de l'OLP. Le quartier général du Front populaire démocratique à Beyrouth explose au même moment.

Il reste encore trois terroristes dangereux que le Mossad localise rapidement. Deux sont tués au mois de mai 1973, Abdel Hamid Shibi et Abdel Hadi Nakaa.

La onzième victime est Mohammed Boudia, un Algérien que l'on savait très lié à Septembre noir. Il est assassiné à Paris, dans l'explosion de sa voiture piégée. Les moyens employés sont chaque fois différents, les modes opératoires plus ou moins sophistiqués.

Tous ces assassinats se font discrètement. Les tueurs israéliens réussissent toujours à quitter à temps le pays où ils ont opéré. Mais pour nous, comme pour la plupart des services secrets, la responsabilité du Mossad ne fait aucun doute.

Désormais, Salameh, le dernier homme, est un homme traqué. Nous savons que, tôt ou tard, le Mossad essaiera de l'éliminer.

Une première fois, le Mossad tente de supprimer Salameh à Beyrouth. Deux immeubles ont été localisés. Dans l'un se trouve le Front démocratique populaire, dans l'autre l'organisation Septembre noir. Une nuit, des paras israéliens, qui pensent trouver Salameh dans l'un des bâtiments, débarquent clandestinement à Beyrouth. Ils éliminent trois des cibles que le Mossad a préalablement identifiées. Mais Salameh leur échappe de très peu. En fait, il se trouve à quelques mètres, dans un autre immeuble, gardé par une bonne dizaine d'hommes.

La traque recommence. Encore plus acharnée. Les services secrets israéliens savent que Salameh voyage beaucoup. Ils organisent une surveillance serrée de tous les points stratégiques. Les hommes du commando spécial surveillent les ambassades, les aéroports, les gares... J'ajoute que certains services de renseignement occidentaux sont aussi amenés à collaborer discrètement à cette entreprise d'envergure. Plusieurs fois, le passage du prince Rouge est signalé dans différentes villes européennes. Mais, chaque fois, Salameh réussit à disparaître.

En juillet 1973, une information parvient au Mossad. Salameh prépare un gros coup en Scandinavie. Quel crédit lui donner ? Le Mossad décide tout de même d'envoyer une quinzaine de ses hommes en Suède. Il contacte certains de ses « honorables » correspondants, dont un homme qui avait déjà laissé ses empreintes dans l'histoire des vedettes de Cherbourg, Daen Aerbel... Mais Salameh reste introuvable.

L'information était-elle fausse ?

À peu près au même moment, une nouvelle information, capitale, parvient de Tel-Aviv, où se trouve le siège du Mossad. Un homme, de nationalité algérienne, déjà surveillé par les services de renseignement israéliens, est surpris à l'aéroport de Genève où il achète un billet d'avion pour Copenhague. Est-ce une coïncidence ? Cet homme s'appelle Benamane. Il vit en Suisse avec sa femme. Sa belle-famille est fortunée et il est très introduit dans les milieux diplomatiques. Il voyage beaucoup en Europe de l'Est, mais aussi au Proche-Orient. Il s'agit à l'évidence d'un agent. Le Mossad, persuadé que Benamane les mènera rapidement à Salameh, ordonne à ses hommes de le prendre en filature.

Très vite, les agents israéliens ont le sentiment que cet homme se conduit comme un espion ou un terroriste. Il semble savoir qu'il est suivi, observé… C'est suspect ! Ils lui laissent prendre un peu de large. Mais en Suède, à Stockholm, Benamane arrive à leur échapper. Les agents du Mossad font la tournée des hôtels. Ils le localisent… Trop tard, Benamane est déjà parti… Il a au préalable demandé au concierge de l'hôtel de lui fournir des horaires de trains. Les agents se rendent donc à la gare… et découvrent que l'Algérien vient de partir pour Lillehammer, station touristique située au centre de la Norvège.

Lillehammer est une magnifique petite ville, où je me suis déjà rendu en d'autres circonstances. Un endroit paisible, pas plus de 20 000 habitants. La police locale se vante d'ailleurs de n'avoir eu que deux affaires de crimes à régler depuis un demi-siècle. Il ne doit pas être bien difficile de retrouver Benamane. Mais dans une aussi petite ville, les Israéliens sont condamnés à la discrétion, sous peine d'être immédiatement repérés. D'autant qu'ils ne parlent pas la langue du pays.

À Lillehammer, le piège se met en place. Tous les membres du commando investissent la petite station. Même le patron du Mossad se déplace… Le grand patron, le général Zamir, établit son quartier général dans un hôtel à 60 kilomètres de la petite ville.

Cette fois-ci, Benamane s'inscrit à l'hôtel sous un faux nom… Curieux ! La surveillance reprend. Mais les agents sont inquiets. Ils ont l'impression que Benamane les a repérés. Son comportement est habile, mais paraît toujours calculé, téléguidé peut-être…

Le Mossad est de plus en plus persuadé que Salameh n'est pas loin et que Benamane a rendez-vous avec lui. La pression monte…

Un après-midi, Benamane est installé à la terrasse d'un bistrot. Il boit un verre sous les yeux attentifs des deux hommes chargés de sa filature. Il se lève. Il va aux toilettes. Mais il ne réapparaît pas... D'autres membres du commando en place de l'autre côté du café le voient sortir. De toute évidence, cet homme a un contact à prendre.

La filature se poursuit tout l'après-midi, Benamane se rend dans un autre café, prend son temps, discute avec quelques hommes, va à nouveau aux toilettes. Mais quand il ressort et se dirige vers la rue, les agents israéliens remarquent qu'il a changé de vêtements... Cette fois-ci, c'est certain, il a un rendez-vous de la plus haute importance.

Benamane poursuit sa tournée. Il s'installe maintenant à la table d'un troisième bistrot, seul. Il est à moitié caché par un parasol. Un moment passe. Il guette les passants... Et là, enfin, il semble que quelque chose va se produire. En effet, deux hommes se dirigent vers lui. Parmi ces deux hommes, l'un est immédiatement identifié par les agents chargés de la filature. Grand, bel homme, moustachu... L'élégance de Salameh, le charme de Salameh... Il s'agit bien du chef de Septembre noir... Oui, c'est bien lui. Il n'y a plus de doute. Ali Hassan Salameh est enfin retrouvé.

Impossible d'agir tout de suite, au vu et au su de tous les passants et consommateurs. Il faut abandonner Benamane et prendre Salameh en filature, ne pas le perdre de vue. Et d'abord localiser son hôtel ou son appartement. L'assassinat du douzième terroriste est imminent. Mike, le chef des opérations, est immédiatement averti.

Le général Zamir, également informé, contacte le Premier ministre israélien Golda Meir, et avec son accord donne le feu vert pour passer à l'étape finale. Mais prudence...

Salameh se rend en voiture dans un petit immeuble des faubourgs. Les gens du Mossad organisent la planque. Le terroriste ressort avec une ravissante jeune blonde. Ils montent dans une auto. Direction le cinéma. Mike décide que l'action aura lieu à leur retour.

Ce 21 juillet 1973, la nuit est claire. Salameh et sa compagne sortent de la salle obscure, reprennent leur auto et se dirigent vers leur domicile.

Quelques minutes passent. Deux agents du Mossad sont en place au pied de l'immeuble. « Attention, il arrive ! » La voiture se gare. Les agents tirent... Quatorze coups de feu... Salameh est mort.

Le quartier général est averti. C'est un incontestable succès... Pour l'instant, en tout cas.

Les tueurs sont déjà partis en direction d'Oslo. Une autre équipe se rend discrètement sur les lieux pour constater la mort du terroriste. Peu de temps après, la police locale est avertie de l'assassinat et se rend, à son tour, sur place. Et tout en procédant aux premières constatations, ils interrogent la jeune femme blonde.

Et c'est le coup de théâtre ! En réalité, l'homme qui se trouve dans la voiture, l'homme que les agents ont observé et identifié comme étant Salameh, l'homme qui est leur douzième et dernière victime, ressemble bien au chef terroriste, mais n'est pas Salameh.

L'homme couché par terre, gisant dans son sang, est un simple garçon de café, d'origine marocaine, qui passe ses vacances à Lillehammer avec sa femme. Il s'appelle Ahmed Bouchiki... Et le destin a voulu qu'il ait des traits proches de ceux de Salameh.

Dans la matinée du 22 juillet, la plupart des tueurs israéliens sont déjà loin. À l'exception de six hommes, dont quatre qui s'apprêtent à partir pour l'aéroport.

Lorsqu'ils y arrivent et qu'ils rendent leur voiture de location, les policiers les attendent. Deux membres du commando sont interceptés et emmenés au commissariat. Une arrestation bien facile.

La version officielle veut que le numéro minéralogique d'une des voitures du commando ait été relevé par un jeune policier, et c'est ce qui aurait permis de les retrouver. Mais j'avoue que je n'y ai jamais cru. Les policiers ont forcément été informés au préalable. Mais par qui ?

Après cette miraculeuse arrestation, la police va de surprise en surprise. Tout s'enchaîne. L'un des hommes du Mossad se met très vite à table. Il communique l'adresse de l'appartement d'Oslo. La police s'y rend à tout hasard, pensant ne rien trouver. Mais pourtant ! Au moment d'entrer, les policiers tombent nez à nez avec deux autres membres du commando. Ces derniers sont aussitôt emmenés au commissariat. Une fouille minutieuse de l'appartement commence. Quelques affaires, des vêtements, des clés de voiture et un carnet sont saisis. Sur ce dernier sont inscrits des noms, des contacts, des téléphones, des adresses parisiennes.

Au total, six des agents du Mossad sont donc arrêtés et, grâce au carnet trouvé dans l'appartement des Israéliens, le parcours des assassins est retracé.

Benamane, lui, s'est envolé.

Les six agents du Mossad sont interrogés, deux parlent rapidement, dont une femme… Ils sont inquiets, fébriles face à cet interrogatoire qu'ils n'ont peut-être pas envisagé. Ils avouent. Ils racontent tout.

L'affaire fait scandale.

Les pays occidentaux regardent Israël d'un mauvais œil. Le Mossad est humilié. La réputation des services de renseignement de l'État hébreu est gravement tachée, salie.

À Paris, nos services sont immédiatement informés par nos homologues norvégiens. Ce qui va nous permettre de démanteler en partie l'organisation du Mossad à Paris. Et de faire de discrètes remontrances à Tel-Aviv.

Les Israéliens ont gravement contrevenu aux règles internationales. Le gouvernement norvégien ne dissimule pas sa colère et exige des excuses qu'il finit par obtenir.

Dans les services, nous sommes surpris par un échec auquel le Mossad ne nous avait pas habitués. Et nous avons essayé de comprendre. Peu à peu, la vérité est apparue.

Benamane, proche de Septembre noir, avait été arrêté par le Mossad quelques mois auparavant. Les Israéliens ne lui avaient pas laissé le choix : pour continuer de vivre, il devait trahir l'organisation à laquelle il appartenait, en aidant le Mossad à retrouver Salameh. Benamane est devenu un agent double. Ce que savaient seulement quelques hiérarques du service israélien.

Par conséquent, le Mossad n'a jamais été inquiet. Le comportement de Benamane faisait partie du rôle. Et Benamane jouait particulièrement bien.

Mais ce que Tel-Aviv ne pouvait pas prévoir, c'est que Benamane avertirait Salameh des menaces qui pesaient sur lui : Salameh qui a immédiatement retourné la situation en mettant au point un plan diabolique destiné à tromper et humilier le Mossad en le mettant sur la piste d'un sosie.

Salameh a gagné quelques années de survie et de tranquillité.

Quant à la dernière question que pose cette affaire – la grande célérité de la police norvégienne –, elle se résout sans difficulté. Il est évident que c'est Salameh lui-même qui a averti les autorités, mettant ainsi un point final à la supercherie.

Ridiculisé aux yeux du monde, le gouvernement israélien a d'abord essayé de nier toute participation dans cet assassinat, l'assassinat d'un innocent... Mais après les aveux de ses agents, il a fallu faire amende honorable.

Les agents arrêtés à Oslo ont été jugés. Mais, entre leur arrestation et leur procès, il y a eu la guerre du Kippour. La colère norvégienne est retombée et les peines requises pour les agents ont été théoriques.

Le Mossad, après avoir attendu que l'affaire soit étouffée et « oubliée », a recommencé à s'intéresser à l'homme qui l'avait humilié.

Six ans après la bévue de Lillehammer, les tueurs du Mossad sont à nouveau sur la piste de Salameh.

Le 21 janvier 1979, la Chevrolet de Salameh tourne dans la rue Madame-Curie à Beyrouth. Salameh est assis à l'arrière, entre deux gardes du corps armés, comme il en a l'habitude. Derrière, une voiture, avec d'autres Palestiniens, les suit. Après quelques arrêts, la Chevrolet prend la route de Damas où doit se tenir une conférence de l'Assemblée nationale palestinienne. Mais soudain, au bord d'un trottoir, une auto explose au moment même où la voiture de Salameh passe. Le véhicule de Salameh s'embrase... Le prince Rouge, cette fois, est bien liquidé !

Cet attentat a fait huit morts et seize blessés. Le Mossad a enfin pris sa revanche sur Munich, sa revanche sur l'échec et l'humiliation de Lillehammer. Une revanche particulièrement sanglante, comme l'a été la vie de Salameh !

Benamane, agent double... C'est aussi la thèse que deux journalistes, David Tinnin et Dag Christensen, ont développée lorsqu'ils ont enquêté sur cette affaire.

Le Mossad se remettra difficilement de l'échec du 21 juillet 1973. Une bévue qui ne sera pas la dernière.

En effet, en Jordanie, à la fin du mois de septembre 1997, un dirigeant islamiste, Khaled Meschal, est attaqué par deux hommes. Le procédé est sophistiqué : les deux agresseurs lui injectent du poison dans l'oreille gauche. Pourtant, Khaled Meschal en réchappe. Les deux tueurs sont arrêtés, identifiés, et avouent... Porteurs de faux passeports canadiens, ils reconnaissent qu'ils sont des agents du Mossad. C'est donc un véritable fiasco pour le gouvernement israélien.

Comme à Lillehammer, l'affaire fait immédiatement scandale. Le Canada, furieux, rappelle son ambassadeur de Tel-Aviv, et le roi Hussein, meilleur allié d'Israël dans la région, dénonce un acte qu'il considère comme insensé et qui va à l'encontre du processus de paix. Le Premier ministre israélien, sous la pression des États-Unis, est contraint d'envoyer en Jordanie un antidote afin d'annuler les effets du poison et de sauver Khaled Meschal. Et pour apaiser la colère du souverain hachémite, il libère le fondateur du Hamas, le cheik Ahmed Yassin.

Selon certaines informations, le Premier ministre israélien aurait agi contre l'avis du chef du Mossad, Dani Yatom.

17

Le prince assassiné

Trois coups de feu claquent rue des Dardanelles, à Paris. Il est 9 h 20, ce 24 décembre 1976. Un homme fuit. Un autre gît sur le trottoir, mortellement blessé. Un homme de premier plan : député de l'Eure, ancien ministre du général de Gaulle, cousin du président de la République, descendant d'une des plus illustres familles françaises : Jean de Broglie.

Son assassinat, en cette veille de Noël, éclate comme un coup de tonnerre dans le monde politique français. On n'abat pas un homme de cette dimension comme un vulgaire truand sur un bout de trottoir.

Résistant, titulaire de nombreuses décorations pour faits de guerre, Jean de Broglie gagne d'abord le Conseil d'État avant d'entamer une carrière politique sous les couleurs du RPF. En 1958, Jean de Broglie est élu député indépendant de l'Eure, là où sa famille possède un fabuleux château aux 365 fenêtres. Un château entouré de 1 200 hectares de terres que lui a légué son oncle, le célèbre physicien et prix Nobel, Louis de Broglie.

En 1961, Jean de Broglie, après avoir présidé la Haute Cour de justice, entre au gouvernement comme secrétaire d'État. Il est, à côté de Louis Joxe et Robert Buron, l'un des négociateurs des accords d'Évian. Dès cette époque il noue des rapports privilégiés avec les Algériens et le monde arabe. Jean de Broglie reste au gouvernement jusqu'en

1967 avec des attributions variées. 1967, l'année où son cousin Valéry Giscard d'Estaing rompt avec le pouvoir gaulliste et commence à planter des cactus. Un an plus tôt, ensemble, ils ont créé le parti des Républicains indépendants dont Jean de Broglie est le premier secrétaire général et trésorier.

Jean de Broglie occupera encore de hautes fonctions à l'Assemblée, où il sera à plusieurs reprises président de commission. En parallèle, il a une intense activité d'homme d'affaires et de financier. Une activité relativement obscure. Certains y verront l'origine du contrat qui a été passé sur son nom.

À l'heure de sa mort, Jean de Broglie est surtout riche de dettes. Des dettes considérables, des dizaines de millions de francs. La plupart de ses biens sont hypothéqués. Lui-même roule dans une vieille 204 cabossée. Il est toujours vêtu de vieux complets fripés...

On peut penser qu'il s'agit d'affectation. Quand on s'appelle de Broglie, on n'a plus rien à prouver. J'ai toutefois la certitude que la situation financière du député de l'Eure était franchement catastrophique. On touche là un des premiers mystères de la vie de Jean de Broglie. Le prince semble avoir attiré les aigrefins et les affairistes douteux. À mes yeux, il n'est pas lui-même malhonnête. L'état de son patrimoine à l'instant de sa mort le prouve bien. J'ai l'intime conviction que, au contraire, il n'a jamais tenu compte de son intérêt personnel. Cela étant, il est vrai qu'il a été impliqué dans des affaires louches.

Quelques exemples sont éloquents. En 1967, Jean de Broglie déclare une société, la Sofradec. Le fondé de pouvoir est François Arendt, un trafiquant d'armes. Cinq ans plus tard, la Sofradec est mise en liquidation avec un trou énorme dans sa trésorerie. François Arendt est retrouvé mort avec une balle dans la tête. Prudemment, la justice conclut à un suicide. Légitimement, on peut s'interroger : ne s'agissait-il pas plutôt d'un assassinat ?

Peu après, Jean de Broglie crée une autre société avec un Algérien, Akli Raha. Nous connaissons bien ce membre des services spéciaux algériens. Officiellement il est commerçant. Il vend également des armes.

Jean de Broglie ne pouvait pas ignorer les activités d'Akli Rahal. Tant le SDECE que la DST l'avaient alerté à ce sujet.

Autour du prince, on remarque encore d'autres personnages équivoques. Il y a en particulier Pierre de Varga qui, judiciairement, sera directement impliqué dans le meurtre. Condamné pour escroquerie, il a bénéficié d'une grâce médicale. Il faut dire qu'il a rendu quelques services pendant la guerre d'Algérie sous couvert de la 2e section des Renseignements généraux de Paris.

En tout état de cause, Jean de Broglie lui fait aussi une entière confiance. Il va même jusqu'à lui prêter de l'argent pour acheter un restaurant dont on parlera beaucoup, *La Reine Pédauque*.

Curieux entourage, donc. Mais tout cela ne fait qu'annoncer l'affaire la plus importante et la plus mystérieuse aussi : l'affaire Matesa. La Matesa est une société espagnole où se dessine en filigrane l'ombre d'une influente organisation religieuse. Or cette société, je le sais, n'est pas du tout étrangère à l'assassinat de Jean de Broglie.

La Matesa est une formidable machine à drainer des fonds. Officiellement, elle est dirigée par un industriel, Juan Vila Reyes, et spécialisée dans la construction et l'exportation des métiers à tisser. Jusque-là, rien d'étonnant. Mais ce qui est plus étrange, c'est que la Matesa reçoit des subventions énormes du gouvernement espagnol, hors de proportion avec sa taille.

À l'époque, Franco est encore en vie. Mais le pouvoir réel est aux mains des technocrates, des hommes politiques liés pour la plupart à l'organisation religieuse évoquée plus haut. Des politiciens qui envisagent déjà l'après-franquisme pensent à assurer leur avenir et mettent discrètement en place les structures d'un pouvoir fort et conservateur, mais débarrassé des archaïsmes les plus voyants du franquisme.

Pour assurer cet objectif, il faut de l'argent. Des sommes considérables. Ces fonds colossaux passent par la Matesa, à partir de laquelle est organisée l'évasion massive de ces capitaux.

Dans le même temps, ces technocrates espagnols suivent avec le plus grand intérêt l'évolution politique de la France et plus particulièrement la naissance d'un parti frère, les Républicains indépendants. Tout naturellement ils prennent contact avec le trésorier de ce parti, Jean de Broglie. Les relations financières entre le prince et ses amis espagnols se concrétisent au niveau de la Matesa. Et si, aujourd'hui encore, le financement des partis politiques comporte d'importantes zones d'ombre, à l'époque le plus grand flou régnait et tout était permis.

De son côté, Jean de Broglie crée une société, la Sodetex, domiciliée au Luxembourg. Son capital est entièrement constitué par des fonds provenant de la Matesa. Le prince n'est pas seulement un prête-nom. Il est aussi chargé de réunir des capitaux et même d'émettre des emprunts sur le marché financier international. Les Espagnols comptent sur son nom, prestigieux, sur ses fonctions de président de la commission des affaires étrangères de l'Assemblée nationale, et aussi sur ses nombreuses relations dans le monde arabe.

Des dizaines de millions passent entre les mains de Jean de Broglie qui perçoit une commission pour chaque opération. Cela semble peu compatible avec une personnalité ni malhonnête ni intéressée.

Pendant près de trois ans, des subventions à des exportations fictives partent d'Espagne et arrivent directement sur le compte de la Sodetex. Des esprits un peu curieux provoquent une enquête sur la Matesa, cette société abreuvée de subventions publiques. Très vite, le château de cartes s'écroule.

Mais le vrai scandale éclate lorsque les vérificateurs espagnols s'aperçoivent que la fameuse société luxembourgeoise, dont Jean de Broglie est le président en titre, ne possède plus de fonds propres. Il ne reste que des miettes, quelques dizaines de francs. Les experts estiment pourtant que 450 millions sont passés dans les caisses de la Sodetex pour la seule dernière année d'existence de la société.

La grande question qui s'impose et à laquelle les amis politiques de Jean de Broglie peuvent peut-être répondre est donc celle-ci : où est passé tout cet argent ?

Le gouvernement espagnol met le prince en demeure de rembourser. Jean de Broglie est acculé. Pour gagner du temps et retarder les échéances, il met en avant le rôle éminent qui est le sien sur la scène politique française, rappelle aussi que son cousin, Valéry Giscard d'Estaing, n'est autre que le ministre des Finances du président Pompidou et, à partir de 1974, le président de la République lui-même.

Mais bientôt ça ne suffit plus. Même en France, Jean de Broglie devient un ami politique encombrant. Les Républicains indépendants sont les premiers à le mettre progressivement à l'écart. Il perd la présidence de la prestigieuse commission des Affaires étrangères. Le temps passant, il est purement et simplement évincé de la direction des Républicains indépendants.

Ses amis se désolidarisent du prince jugé indésirable. Cet éloignement précipite évidemment sa fin. Un homme politique qui n'est plus soutenu par sa fratrie est livré à ses détracteurs, ses ennemis. Ce lâchage politique va laisser le champ libre aux assassins, tant il est vrai qu'il est plus facile d'abattre un politicien déchu qu'un homme politique de premier plan, occupant de hautes responsabilités.

L'assassinat de Jean de Broglie, c'est aussi un acte de non-assistance à personne en danger ! D'autant que le pouvoir policier, qui rend toujours compte au pouvoir politique, a découvert qu'une équipe prépare quelque chose contre le prince de Broglie. Mieux, des policiers ont filé les tueurs pendant plusieurs semaines, si ce n'est plusieurs mois, sans jamais intervenir. C'est l'une des grandes énigmes de l'affaire.

En septembre 1976, un inspecteur de police, Michel Roux, rencontre l'un de ses informateurs : M. Albert, qui n'est pas n'importe quel indic. C'est un truand qui fait la liaison entre le grand banditisme et les services spécialisés de police. Il « balance » mais à la commande, lorsque les gangs organisés veulent transmettre une information à la police. Il est donc en permanence sur la corde raide, jonglant entre la police et le milieu.

M. Albert donne un tuyau d'importance à l'inspecteur Roux : il existe un contrat sur la personne de Jean de Broglie. L'indic s'engage encore plus et précise que le commanditaire serait un bonhomme louche, Pierre de Varga, associé au prince dans la gestion du restaurant parisien *La Reine Pédauque.*

En bon flic consciencieux, Michel Roux rédige un rapport qu'il dépose sur le bureau de son chef de service. Celui-ci, qui sait quel crédit il faut apporter aux informations de son inspecteur, transmet le rapport au directeur de la Police judiciaire de la Préfecture de police de Paris. Jusque-là, la machine policière fonctionne bien.

En toute logique, après le pouvoir politique, le premier averti devrait être Jean de Broglie. Non seulement pour avoir connaissance des risques qui pèsent sur sa personne, mais encore pour adopter toutes mesures utiles à sa protection et neutraliser les assassins en puissance.

Mais, première invraisemblance, le prince n'est pas alerté. Quant au rapport de l'inspecteur Roux, il restera longtemps dans les tiroirs. La police l'oubliera (ou feindra de l'oublier) au point de le cacher plus tard au magistrat instructeur. Dans le même temps la hiérarchie policière aura beau jeu d'affirmer qu'elle ignorait que des menaces pesaient sur la vie de Jean de Broglie. Il faudra des années et une fuite organisée par un syndicat de policiers, pour qu'en 1980 le rapport atterrisse sur le bureau d'un juge.

Le rapport sous le nez, le directeur de la Police judiciaire admettra enfin qu'il en avait eu connaissance. Sa médiocre défense consistera alors à affirmer que ce rapport ne lui avait pas paru convaincant.

À mon avis, c'est l'explication de ce fonctionnaire qui est peu convaincante. Il est difficilement croyable qu'il n'ait pas transmis cette information à son supérieur hiérarchique, c'est-à-dire le ministre de l'Intérieur, via le préfet de police.

S'il a dit vrai, il est tout aussi peu croyable qu'une faute aussi grave n'ait pas été sanctionnée. D'autant que la menace d'assassinat sur un homme politique aussi éminent que Jean de Broglie ne pouvait pas laisser indifférent le gouvernement où siégeaient justement les amis politiques de la victime désignée !

Décidément, cette affaire est un tissu de contradictions. La meilleure preuve, c'est que la police prend au sérieux les informations de l'inspecteur Roux. Des filatures sont établies. Les policiers de la brigade antigang essaient d'identifier les hommes susceptibles de tuer le prince. De son côté l'inspecteur Roux, à la demande de sa hiérarchie, garde le contact avec son informateur afin d'obtenir des renseignements complémentaires.

Les policiers qui enquêtent sur le terrain vont de surprise en surprise. La moindre n'est pas de découvrir que le recruteur du tueur est tout simplement un policier. Inspecteur au commissariat de la Défense, cet homme mène grand train et passe le moins de temps possible dans son commissariat. Ce qui, étrangement, ne l'empêche pas d'être parfaitement noté par ses supérieurs.

Il n'y a qu'une explication possible : il est protégé. Il rend des services aux uns et aux autres.

Après cette découverte, les filatures redoublent. Mais notre homme est aussi un flic qui connaît son métier. Très vite, il se rend compte qu'il est filé. Non seulement il ne s'affole pas mais il va faire des pieds de nez aux inspecteurs de l'antigang. Un soir, il les débusque ouvertement. Les policiers de l'antigang doivent décrocher.

Officiellement, la filature est abandonnée. Notre homme peut continuer sa tâche.

Gérard Frèche est un truand minable qui vit aux crochets d'une jeune femme qui se prostitue. Notre policier lui promet cinquante mille francs pour le « contrat » de Broglie. Justement, Frèche veut acheter pour Noël un téléviseur à la femme qui l'entretient. Seulement notre flic ne semble guère pressé de lui donner l'ordre d'exécuter le contrat. Frèche insiste. Mais le donneur d'ordres recule toujours l'échéance. Le petit truand s'impatiente. Noël approche.

Le 24 décembre, enfin, Frèche pense qu'il va passer à l'action. Son recruteur et lui sont installés devant le domicile de Pierre de Varga. Ils savent que Jean de Broglie s'y trouve. Ils attendent la sortie du prince. Mais le policier, une fois de plus, renonce. Il regagne sa voiture qui gêne la circulation. Resté seul sur le trottoir, Frèche aperçoit soudain Jean de Broglie qui sort de l'immeuble. Frèche pense aux 50 000 francs promis, au Noël de son amie. Il tire. Jean de Broglie s'affaisse, mortellement touché. Gérard Frèche court rejoindre l'inspecteur qui est en train de démarrer. Il lui annonce triomphalement qu'il vient d'assassiner le prince. Alors notre flic s'exclame : « Tu es fou ! » Interloqué, Gérard Frèche se contente de dire : « Mais on était là pour ça, non ? »

L'inspecteur ne répond pas. Il fait signe au truand de monter dans sa voiture. Il embraye et s'enfuit avec son encombrant passager.

Ce dialogue pour le moins curieux éclaire une grande partie de l'affaire ! Il confirme ce que je sais : ce n'est pas Frèche qui devait tuer mais une deuxième équipe. Et si l'inspecteur reculait de jour en jour l'exécution, c'était que cette deuxième équipe n'était pas encore prête.

Gérard Frèche n'était là que pour se faire remarquer, servir de leurre pour les policiers. Bouc émissaire, il occupait le devant de la scène une fois le meurtre commis par d'autres. Du Kafka pour les enquêteurs. Si les événements s'étaient déroulés comme prévu, Gérard Frèche aurait été utilisé le temps de brouiller les pistes. Et puis, après la mort de Jean de Broglie, Frèche n'aurait certainement pas vécu très longtemps.

La première équipe était donc là pour faire semblant, pour attirer l'attention. Mais Frèche, qui se croyait investi d'une véritable mission et qui avait surtout un pressant besoin d'argent, a effectivement tiré et tué le prince. Ç'a été l'erreur qui a fait basculer tout le dossier.

Aussitôt après l'assassinat du prince, l'enquête est un jeu d'enfant pour les policiers. Grâce aux filatures passées, ils arrêtent le flic, Frèche et Varga, le commanditaire présumé du contrat. Mais dans le même temps ils se posent des questions. Est-ce que ces suspects ne sont pas des coupables taillés sur mesure ?

Les magistrats sont tout aussi sceptiques. Et les trois principaux suspects sont remis en liberté. Une très brève liberté. Car Michel Poniatowski, le ministre de l'Intérieur, monte au créneau. D'une façon complètement inédite il braque les feux de l'actualité sur lui et sur les péripéties de l'affaire. Le ministre en personne convoque les journalistes au siège de la Police judiciaire et, en pleine instruction, fait une « opération portes ouvertes ». Il annonce que toutes les personnes impliquées dans l'assassinat du prince sont arrêtées. Il donne leurs noms. Il explique le mobile : une affaire financière, un prêt consenti par Jean de Broglie pour l'achat du restaurant *La Reine Pédauque*. Un prêt qui n'a pu être remboursé. Pour éteindre leur dette, si je puis dire, les associés, dont Pierre de Varga, ont éteint proprement le prince. Affaire réglée.

À écouter le ministre de l'Intérieur, on se demande même pourquoi l'affaire nécessite une instruction judiciaire puisqu'on sait tout et que le ministre a tout éclairci.

À l'évidence, le véritable objectif est de boucler le dossier au plus vite. Il faut faire en sorte que les recherches ne débouchent pas ailleurs et, en particulier, sur cette deuxième équipe qui peut mener à d'autres responsables, les véritables commanditaires de l'assassinat de Jean de Broglie.

Pour ceux-ci, il importe maintenant d'effacer toutes les traces pouvant mener à ces hommes qui devaient exécuter le prince. Des professionnels, à l'inverse de Frèche et ses amis qui n'étaient que des gens de sac et de corde.

L'existence de cette seconde équipe n'est pas tout droit sortie de mon imagination.

Pourquoi, par exemple, une mystérieuse Chevrolet était-elle garée sur le terre-plein de l'avenue Henri-Martin, tout près du domicile de Jean de Broglie ? Si on avait mené des investigations sur cette auto, on serait remonté jusqu'aux membres de cette deuxième équipe, à commencer par l'étrange assureur provisoire de la voiture...

Les commanditaires, comme je l'ai expliqué au début de mon récit, on avait plus de chances de les trouver du côté de la Matesa que dans une affaire de restauration qui ne demandait qu'à fructifier. La Matesa, ce sont des centaines de millions qui ont disparu. Évaporés... C'est aussi beaucoup de secrets inavouables. La Matesa, une entreprise textile bidon, et cette organisation religieuse très influente qui cultive le secret. Et, derrière, tout un réseau de sociétés chargées de blanchir de l'argent sale, de vendre des armes ou de financer de façon occulte des partis politiques.

Jean de Broglie était aux premières loges et savait beaucoup trop de choses. Non seulement il connaissait le fonctionnement de toutes ces sociétés qui ont pour raison d'être de tourner la légalité, mais il refusait de rembourser malgré les avertissements, les menaces.

Il fallait donc qu'il meure. C'est aussi simple que cela.

Le mobile du prêt de *La Reine Pédauque* sera pourtant maintenu jusqu'au procès devant la cour d'assises, de la Seine, vaille que vaille. Il sera prouvé que, Jean de Broglie mort, la dette existait toujours et qu'aucune assurance ne se substituait ni à Jean de Broglie ni aux propriétaires du restaurant. En somme, si on suit l'accusation, le prince serait mort pour rien. Absurde.

D'après des documents concordants, l'état des dettes de Jean de Broglie s'établit ainsi :

2 583 450 francs au fisc,

7 000 000 francs à *la Banque de l'Union européenne,*

1 500 000 francs à *divers créanciers,*

4 000 000 francs à la BNP (somme empruntée pour l'achat du restaurant La Reine Pédauque *par Pierre de Varga),*

2 300 000 dollars à *l'État espagnol dans le cadre de la Matesa.*

Dominique Venner, dans son livre Treize meurtres exemplaires, *paru en 1988 chez Plon, rappelle l'ostracisme des amis politiques de Jean de Broglie à son égard en 1970. Il écrit :* « À la mort du président Pompidou, Jean de Broglie apporta encore un soutien total à Valéry Giscard d'Estaing, mais à sa grande amertume il n'en fut récompensé par aucun portefeuille ministériel. Le

1er janvier 1975, il était évincé de la direction des Républicains indépendants et Michel Poniatowski, l'autre prince de cette formation, fut désigné comme président. Jean de Broglie en fut ulcéré. À la fin de 1976, la majorité de l'époque commença à se trouver divisée par le conflit qui devait la mener à sa perte quelques années plus tard. Après avoir démissionné avec fracas de son poste de Premier ministre, Jacques Chirac se lançait dans la bataille de la mairie de Paris contre le candidat de Giscard d'Estaing. Le 5 décembre 1976, les gaullistes organisaient le congrès constitutif du RPR sur le thème de "Chirac président". Ce soir-là, Jean de Broglie apparut à la tribune à côté de Jacques Chirac. Il se vengeait des avanies et des malheurs qui le frappaient depuis trois ans… »

Président de la cour d'assises de la Seine, M. Giresse a plusieurs fois manifesté son irritation en constatant les lacunes de l'enquête et de l'instruction lors du procès des meurtriers. À l'audience, il a fait une déclaration qu'il a reprise dans son livre, Seule la vérité blesse, *édité chez Plon.* « Cette affaire agit comme un révélateur. La police, en la personne de M. Ducret, en l'état du dossier et des débats, a gardé pour elle des informations que la plus élémentaire lecture du code commandait de transmettre à la justice. La mauvaise coordination de certains services de police est une évidence. L'inspection générale des services de la Préfecture de police n'a pris aucune initiative. Elle est restée, malgré les avertissements, sourde et muette. La 2e section des Renseignements généraux n'a pas rempli sa mission. Le ministre de l'Intérieur a menti par omission, après l'événement dramatique, lorsqu'il a eu connaissance du rapport du 24 septembre 1976. La justice a été tenue pour quantité négligeable. Cette affaire de droit commun est devenue ainsi un Watergate français ! »

Enfin, Jacques Bacelon fait état de l'existence d'une seconde équipe dans L'Affaire de Broglie, *paru en janvier 1981 aux Éditions Jean Picollec.* « Nous ne sommes plus dans un monde d'amateurs dépressifs qui veulent jouer aux caïds, mais de malfaiteurs de haut niveau. Nous entrons dans le domaine de la carambouille, des escroqueries bancaires, des affaires douteuses au niveau national et international avec des ventes d'armes et aussi la fausse facture. Il s'agit aussi du milieu protégé par les bons et loyaux services qu'il a rendus pendant les périodes électorales et des périodes beaucoup plus chaudes, comme les événements d'Algérie… Ces hommes ont appris à se servir des protections, ces protections que "Monsieur Albert" sait si bien faire jouer, si merveilleusement manier… Un milieu qui a appris à tuer efficacement avec toute la discrétion que les affaires d'État exigent… »

18

Aldo Moro : l'homme qui en savait trop

« Mon sang retombera sur vous, sur le Parti, sur le pays ! » *Peut-être se souvient-on de cette terrible phrase ?*

Elle a été écrite par un prisonnier, un homme politique italien qui devait mourir quelques jours plus tard, exécuté par ses geôliers. Il s'agit d'Aldo Moro, le patron de la toute-puissante Démocratie chrétienne, enlevé en 1978 par un commando des Brigades rouges.

La lettre a été envoyée au président du Conseil, Giulio Andreotti. Andreotti, le politicien italien qui a été six fois président du Conseil et ministre à d'innombrables reprises. Andreotti qui a sans doute été l'homme politique italien le plus important et le plus influent de ce dernier demi-siècle, « l'inoxydable » comme on l'appelle dans son pays, mais qui a été aussi accusé d'avoir été lié à la mafia.

En 1978, Aldo Moro a soixante-deux ans. Fils d'instituteur, professeur de droit pénal, profondément catholique, il adhère à la Démocratie chrétienne dès 1946. Député de Bari en 1948, il ira de succès en succès et ne connaîtra jamais de défaite électorale. En 1959, après avoir occupé plusieurs fonctions gouvernementales, il est nommé secrétaire général de son parti. La Démocratie chrétienne est alors divisée. La droite du parti plaide pour la formation d'un grand parti conservateur et catholique, tandis que son aile gauche préfère une alliance avec les partis laïques et surtout les socialistes. C'est de ce côté-là que se situe Moro.

Aldo Moro a alors quarante-quatre ans. Longiligne, un peu voûté, sa stature impressionne. La paupière est lourde, le regard las et triste. Moro médite. Il semble perdu dans ses pensées. Mais soudain le visage s'anime : l'œil se fait noir, vif, le verbe est acéré... Moro déconcerte. Moro est une énigme. On ne sait jamais ce qu'il pense. Et, comme pour mieux dissimuler ce qu'il a en tête, il aime employer des formules étranges qui déroutent autant ses amis que ses adversaires. Moro parle de « convergences parallèles », d'« appui organique » ou encore d'« abstention bienveillante »... Autant d'expressions qui laissent perplexes les politiciens italiens.

Au reste, c'est un homme qui vit simplement, consacre beaucoup de temps à sa famille. Un homme que tout le monde s'accorde à juger intègre, même s'il n'a jamais hésité à soutenir ses amis politiques impliqués dans des scandales.

Durant les années 60 et 70, Aldo Moro vogue de ministère en ministère. En 1974, il est président du Conseil et également président de la Démocratie chrétienne. Le pays connaît une vague sans précédent d'agitation et d'attentats. Lors des élections de 1976, le parti communiste fait à peu près jeu égal avec la Démocratie chrétienne. Le compromis historique est en marche, c'est-à-dire une alliance entre les deux grands partis italiens. Aldo Moro y travaille. Aldo Moro dont personne ne doute qu'il sera le prochain président de la République.

16 mars 1978 : Giulio Andreotti doit être investi par la Chambre le jour même. Son gouvernement ne comprendra pas de communistes mais sera soutenu par le puissant parti dirigé par Berlinguer. Cette alliance a longuement été négociée entre le président de la Démocratie chrétienne et le dirigeant communiste. C'est l'œuvre d'Aldo Moro ! Et, d'une certaine façon, c'est aussi pour la première fois en Italie l'entrée dans le jeu gouvernemental du parti communiste. Or c'est ce jour-là que Moro est enlevé. Et beaucoup y ont vu plus qu'une coïncidence.

Bien sûr, il ne s'agit pas d'une coïncidence... Ce 16 mars 1978 représente une sorte de légitimation pour les communistes italiens. Cela ne peut pas faire plaisir à tout le monde ! Par exemple aux forces italiennes les plus conservatrices, sans oublier les États-Unis. On se souvient de leur panique lorsque, trois ans plus tard, le président Mitterrand nommera quatre ministres communistes.

Mais, dans ce genre d'affaire, tout est possible. Le symbole est tellement évident que d'aucuns ont pu s'en servir ! Nous l'avons malheureusement constaté dans nombre d'autres dossiers où la manipulation et l'intoxication étaient la règle.

Ce jour de mars 1978, sent déjà le printemps à Rome. Dans le très élégant quartier de Monte Mario, il n'y a guère de monde dehors. Huit heures quarante-cinq exactement, le président Aldo Moro, grand, cheveux blancs et bouclés, élégant mais triste, sort de chez lui. Sa voiture l'attend. Une Fiat, naturellement. À bord, il y a son chauffeur et un carabinier, son garde du corps depuis une dizaine d'années. Une deuxième voiture avec trois autres carabiniers est stationnée derrière. Moro monte dans la Fiat. Les deux véhicules démarrent. Le président de la Démocratie chrétienne est assis à l'arrière de la première voiture. Il lit la presse matinale.

S'il est aussi bien protégé, c'est que l'on est au cœur des « années de plomb », comme on dit dans la péninsule. Les « années Brigades rouges », où les attentats ne cessent de se multiplier. Comme d'habitude les deux voitures roulent vite. Une halte est prévue à l'église de Santa Chiara. Moro est très croyant et, chaque fois qu'il le peut, il commence sa journée par une prière dans cette église.

Soudain, à un carrefour, une petite Fiat surgit à droite. Un véhicule muni d'une plaque diplomatique... Le chauffeur de Moro freine. En vain, le carambolage est inévitable. La Fiat de Moro emboutit la voiture diplomatique.

À partir de là, tout va très vite : deux hommes armés de mitraillettes bondissent de la petite Fiat. Ils tirent aussitôt sur la voiture de Moro tandis qu'un autre véhicule surgit derrière. D'autres hommes armés arrosent la voiture des gardes du corps. Pour donner une idée de la violence de l'attaque, on retrouvera plus de quatre-vingts impacts de balles !

Un seul garde du corps parvient à sortir et à tirer en direction des assaillants, mais il est immédiatement abattu d'une rafale de mitraillette. Bilan : les quatre gardes du corps sont tués. Aldo Moro, lui, est sain et sauf. Pas une seule balle n'a été tirée dans sa direction ! Manifestement, les hommes de ce commando, particulièrement expérimentés, ne veulent pas le toucher. Ils désirent le prendre vivant. Et c'est ce qu'ils font. Dès que la fusillade a cessé, ils extraient le politicien de sa voiture, l'obligent à monter dans une des leurs, et ils disparaissent : l'attaque n'a pas duré plus de trois minutes.

Moins d'une heure après le carnage, des correspondants revendiquent auprès des journaux la paternité de l'enlèvement au nom des redoutables Brigades rouges. Ils réclament la libération immédiate de plusieurs des leurs qui ont été arrêtés, dont leur leader, Renato Curcio.

Une très forte émotion s'empare de l'Italie tout entière à la nouvelle de l'enlèvement de Moro. C'est pourtant le douzième rapt de l'année, le cent trente-sixième depuis trois ans.

Ces Brigades rouges sont apparues au début des années 70, dans le tumulte et l'agitation qui ont suivi 1968. On a d'ailleurs pu dire que chez nous le mouvement de contestation n'a duré qu'un mois. Tandis que le mal rampant des Italiens a duré plus de dix ans...

Ces gauchistes veulent provoquer une crise de la Démocratie chrétienne en pratiquant la lutte armée. C'est-à-dire le terrorisme. Ils ont incontestablement bénéficié du fait que le parti communiste cesse peu à peu d'être un parti révolutionnaire. Or dans les usines, dans les entreprises, la révolte gronde toujours. Les brigadistes en ont profité. D'autant que l'Italie de ces années-là vit dans une perpétuelle atmosphère de complot. Les néo-fascistes redressent la tête, les dirigeants de l'armée, les chefs des services secrets ne sont pas sûrs, tout est possible.

Très tôt les membres des Brigades rouges commencent à pratiquer des attentats, très vite ils posent des bombes, ils organisent des hold-up, des enlèvements. Et ils tuent. Il s'agit d'une véritable entreprise de guérilla urbaine. Les brigadistes inventent les « jambages », ces attaques contre des chefs d'entreprise ou des hommes politiques, au cours desquelles les victimes sont mitraillées à hauteur des jambes. Face à un tel défi, les autorités connaissent malgré tout quelques succès : de nombreux membres des Brigades sont arrêtés, emprisonnés. L'homme qui mène la lutte contre les Brigades rouges est le général de carabiniers Della Chiesa, celui-là même qui sera abattu plus tard par la mafia. C'est lui qui réussit à arrêter le noyau historique des Brigades rouges, dont Renato Curcio. Étrangement, Della Chiesa sera assez rapidement remercié ! Voilà un homme qui fait preuve de son efficacité et qui, si on lui laisse carte blanche, réussira à démanteler l'organisation secrète terroriste. Or, d'un seul coup, on le limoge ! Il est clair que le pouvoir ne désire pas réellement mettre fin aux activités des Brigades rouges. Parce qu'il existe, au sein des cercles dirigeants italiens, des hommes qui se servent de cette organisation et qui manifestement la manipulent. C'est en tout cas la conviction des spécialistes de nos services qui suivent les affaires italiennes.

Ce qui se passe après l'enlèvement de Moro accrédite ce que j'affirme... On s'en souvient peut-être, il va se passer cinquante-cinq jours avant qu'on ne retrouve le cadavre de Moro, cinquante-cinq jours terribles !

Quarante-huit heures après la disparition de Moro, les Brigades rouges se manifestent en publiant un communiqué qui annonce le prochain procès de Moro devant un tribunal du peuple. C'est la phraséologie habituelle des organisations de ces années-là... Une photo de Moro est jointe à ce communiqué. Une photo assez bouleversante. On a l'impression en la regardant que Moro a compris qu'il est passé de l'autre côté, que sa vie ne sera plus jamais la même, quelle qu'en soit la fin.

Cet air résigné atteste que d'une certaine façon les Brigades rouges ont atteint un de leurs premiers objectifs : ils ont brisé l'image de Moro. Ils montrent qu'entre leurs mains le grand homme a déjà abdiqué. Dans ce genre d'affaire, les données psychologiques sont essentielles. C'est à l'opinion publique plus qu'au pouvoir que les brigadistes s'adressent.

La suite est encore plus cruelle. Les communiqués se succèdent. La guerre des nerfs devient chaque jour plus intense. Un mois après l'enlèvement, le verdict tombe : Aldo Moro a été condamné à mort par ce pseudo-tribunal du peuple. Mais cinq jours plus tard, nouveau communiqué : les Brigades annoncent que la sentence peut ne pas être appliquée si les militants emprisonnés sont libérés. Les terroristes soufflent le chaud et le froid, cela fait partie de leur stratégie. Les autorités en place réagissent très vite et affichent une grande résolution : elles affirment qu'il n'est pas question de négocier quoi que ce soit avec des assassins.

Dans cette affaire, il ne faut surtout pas oublier que ce sont les soi-disant amis de Moro qui sont au pouvoir. C'est Giulio Andreotti qui est président du Conseil ! Or c'est lui qui se montre le plus inflexible. Alors que, dans le monde entier, chefs d'État ou dirigeants politiques implorent les Brigades rouges, le gouvernement italien campe sur ses positions. Non à tout marchandage ! Je peux même révéler que le Vatican a essayé d'entrer en contact avec les ravisseurs. Paul VI personnellement est prêt à payer une rançon contre la libération de Moro. Mais le contact, semble-t-il, n'a pu être établi.

Pendant ce temps, de sa prison, Aldo Moro écrit plusieurs lettres. Certaines sont publiées. Aldo Moro y affirme qu'il ne comprend pas : comment ses amis, ses collègues, tous ces gens qui lui doivent tant, peuvent-ils l'abandonner ? Il ajoute : les fondements de la République sont-ils menacés si on procède à un échange ? Un échange entre lui, l'innocent injustement emprisonné, et une poignée de terroristes que l'on expulserait immédiatement du territoire italien...

On a dit et prétendu, à l'époque que ces lettres n'ont pas été écrites par Moro, que jamais il n'a pu faire un tel aveu de faiblesse. D'autres, encore plus cyniques, disent : Moro n'est plus en pleine possession de ses moyens. Facile à dire quand on jouit de la liberté... Mais quand on a connu la prison, ne serait-ce que quelques semaines, on ne peut pas parler ainsi, je le sais !

Non, ces lettres expriment une véritable émotion, une vraie sincérité, Moro a compris qu'il est tombé dans un piège et que rien ne sera fait pour le sauver. Ces lettres dramatiques, ce sont les derniers appels au secours d'un homme qui se sait abandonné, et donc condamné par les siens. Et c'est comme cela qu'il faut interpréter son ultime lettre où il dit en substance : « Mon sang retombera sur vous ! »

L'Italie est un pays que j'aime, mais il n'est nullement péjoratif de dire que cette région du monde est traditionnellement le pays du compromis, de la *combinazione* ! Alors comment expliquer qu'on ne fasse pas tout pour sauver un homme qui va être le prochain président de la République ? C'est incompréhensible. À moins de penser que la captivité de Moro en arrange certains. Le ministre de l'Intérieur de l'époque, Cossiga, reconnaîtra bien des années plus tard que les hommes au pouvoir redoutaient par-dessus tout la libération de Moro. Et ils avaient tout prévu. Dans l'hypothèse où Moro se serait échappé ou aurait été libéré par ses ravisseurs, un plan avait été mis au point : Moro aurait été immédiatement conduit dans un hôpital psychiatrique !

Le 9 mai, le cadavre de Moro est retrouvé dans une voiture stationnée dans Rome. Le président de la Démocratie chrétienne a été tué de plusieurs balles.

Les assassins de Moro sont assez rapidement arrêtés après l'affaire et d'une curieuse façon. Une des femmes du commando a oublié de fermer le robinet de sa baignoire. L'eau déborde Le voisin du dessous est inondé, il alerte les pompiers, ceux-ci forcent la porte de la jeune femme. Dans l'appartement, ils découvrent des armes et des documents appartenant aux Brigades rouges ! Extraordinaire, non ? Et surtout difficile à avaler. Non, je suis sûr que les membres des Brigades rouges ont été donnés.

Ils ont servi, mais on n'a plus besoin d'eux. Et l'on préfère les savoir en prison. Voilà la vérité.

En outre, ce qui n'a jamais été dit c'est que tous les membres du commando n'ont pas été arrêtés. Un des geôliers de Moro, par exemple, a échappé longtemps aux enquêteurs. Et il n'est pas le seul. Six brigadistes ont été appréhendés. Or, d'après les expertises balistiques réalisées sur place après la tuerie qui a coûté la vie aux gardes du corps de Moro, les assaillants étaient au nombre de neuf. Il en manque donc trois. Trois hommes qui n'ont jamais été dénoncés par les autres. Même ceux que l'on a appelés plus tard les « repentis » (repentis parce qu'ils ont accepté de parler). Alors on peut légitimement se demander pourquoi ces trois-là n'ont pas été dénoncés ?

Il n'y a qu'une seule explication : c'est que leur dénonciation se serait traduite par l'exécution immédiate du délateur. Car ce sont des hommes de la mafia. Parmi eux, un des membres influents de la mafia calabraise, la Ndrangheta.

Personnellement, j'ai commencé à comprendre lorsque j'ai découvert que tous ceux qui ont essayé de démêler ce formidable et inquiétant écheveau l'ont payé de leur vie. Je ne donnerai que deux exemples : en 1979, un journaliste très proche des services secrets, Pecorelli, s'intéresse d'un peu trop près à l'affaire Moro. Il est assassiné. Trois ans plus tard, le général Della Chiesa qui, après avoir lutté avec succès contre les Brigades rouges, traque la mafia, découvre un peu par hasard des documents concernant Moro. Ces documents que le patron de la Démocratie chrétienne a écrits au cours de sa captivité ont été dissimulés. On comprend aisément pourquoi : Moro y porte en effet des accusations formidables contre ses amis de la Démocratie chrétienne. C'est surtout Giulio Andreotti qui est mis en cause. Aldo Moro le décrit comme un homme sans scrupule. Il l'accuse d'avoir entretenu des relations avec le banquier Michèle Sindona qui appartient à une loge maçonnique mafieuse, la loge P2. Ce même Sindona qui, arrêté, sera retrouvé mort dans sa prison après avoir bu une tasse de café au cyanure !

Andreotti serait non seulement compromis avec cet organisme mafieux, mais Moro l'accuse aussi d'avoir des liens privilégiés avec la CIA. Andreotti est donc gravement mis en cause par Moro. Andreotti qui sera plus tard accusé d'être très lié avec la mafia. Ces documents, écrits de la main de Moro, sont tellement explosifs que celui qui les a découverts est un homme mort. Peu après, en effet, le général Della Chiesa est assassiné par la mafia. Mais l'ordre est venu de beaucoup plus haut. Il a été dicté par ceux qui ont réussi à infiltrer les Brigades rouges. Et parmi eux des dirigeants des services secrets italiens, je suis bien placé pour en parler. L'homme qui a piloté l'opération de A jusqu'à Z est un général de carabiniers, un homme qui a fait une brillante carrière dans les services secrets. Curieusement cet homme est originaire du même village que le mafieux calabrais…

La mafia, les Brigades rouges, les services secrets… et Giulio Andreotti ! Fantasmes ?

Il ne faut pas oublier que le célèbre repenti, Tommaso Buscetta, ne dira pas autre chose lorsqu'il commencera à parler. Et il accusera nommément Giulio Andreotti… Andreotti qui, selon un autre repenti, aurait au cours d'une rencontre embrassé le parrain mafieux Toto Rina, montrant ainsi son appartenance ou son allégeance à l'organisation.

Mais derrière cette nébuleuse, il y a aussi la CIA. Andreotti, a écrit Moro, est trop proche de la CIA. Si proche qu'il en est un agent virtuel. À cette époque les États-Unis sont obsédés par le communisme. Or il ne faut pas oublier que le parti communiste italien est le plus puissant du monde occidental ! Et s'il apparaît comme le plus libéral, il n'en demeure pas moins que c'est quand même un parti communiste ! Aldo Moro a choisi de faire un bout de chemin avec les communistes… Cela, c'est inacceptable pour les Américains, persuadés que la gentille Démocratie chrétienne risque un jour de se faire manger par l'ogre communiste !

Il y a encore autre chose, quelque chose de plus considérable : l'Italie, je pèse mes mots, est depuis longtemps sous tutelle.

Les Américains n'ont pas confiance dans ce pays. Pour eux, l'Italie est le ventre mou de l'Alliance atlantique. Bien sûr, il y a en Italie un semblant de pouvoir politique, un semblant de pouvoir économique. Mais en réalité, dans la péninsule, tout se décide de l'autre côté de l'Atlantique. Cela paraît difficile à croire mais c'est la stricte vérité. Cette inféodation se manifeste à travers la fameuse loge P2 et le réseau Gladio, un réseau anticommuniste organisé et financé par la CIA. Une organisation secrète qui regroupe en son sein la plupart des chefs militaires et des responsables des services secrets. Gladio comme la loge P2 sont des émanations de ce pouvoir clandestin. Et la mafia mais aussi les Brigades rouges en sont souvent le bras armé. Aldo Moro, qui veut conclure un pacte avec les communistes, le fameux « compromis historique », risque de mettre à bas ce bel édifice. Il fallait donc le faire disparaître.

Dix ans après la mort de Moro, l'ancien président du Conseil socialiste, Bettino Craxi, qui lui était partisan de négocier avec les ravisseurs pour sauver Moro, a déclaré en parlant des dirigeants de la Démocratie chrétienne : « Ils ne voulaient pas du tout le sauver ! » *Une déclaration qui accrédite la thèse de Monsieur X.*

Sur les circonstances de l'exécution d'Aldo Moro, on en sait un peu plus. Même si on ne connaît toujours pas avec précision l'identité du ou des assassins, bien que la plupart des brigadistes ayant participé à l'enlèvement aient été arrêtés.

D'après un article de L'Événement du jeudi *publié en 1994, Aldo Moro aurait été détenu dans un appartement de la via Montalcini dans le quartier chic de Montaverde. Les ravisseurs auraient aménagé une cellule, un réduit large de 90 centimètres dans le salon. Le matin du 9 mai 1978 Moro est réveillé de bonne heure. On lui rend les vêtements qu'il portait le jour de son enlèvement, puis on l'enferme dans une caisse d'emballage. Cette caisse est descendue par l'ascenseur jusqu'au garage, au sous-sol de l'immeuble. Moro est sorti de la caisse. On l'oblige à monter à l'arrière d'une 4L rouge. Le président de la Démocratie chrétienne est recouvert d'une couverture.*

Alors, un certain Moretti et un autre terroriste non identifié sortent deux pistolets munis de silencieux. Et ils tirent à *bout portant sur Moro,* à *la hauteur du thorax. La suite on la connaît : la 4L rouge contenant le cadavre de Moro sera retrouvée via Caetani, exactement* à *mi-distance des sièges de la Démocratie chrétienne et du Parti communiste. Un lieu symbolique à l'évidence !*

On trouve dans Le Monde diplomatique *un article qui cite un extrait d'une des lettres d'Aldo Moro retrouvées après sa mort.* « D'Andreotti, on peut dire qu'il a dirigé plus longtemps et plus que tout autre les services secrets... Il a une extraordinaire habileté à s'approprier tous les leviers du pouvoir. Il évoluait très facilement dans ses rapports avec ses collègues de la CIA (au-delà du terrain diplomatique), si bien qu'il put être informé des rapports confidentiels faits par les organismes italiens aux organismes américains. »

Le repenti évoqué par Monsieur X, Tommaso Buscetta, a parlé, lui, d'une mystérieuse « entité » avec laquelle, selon ses dires, la mafia se concerterait avant toute décision importante. Il dit : « Ce nombre limité de personnes, substantiellement en mesure de gérer, même à l'insu des responsables des organisations criminelles, les grandes lignes du crime, était aussi en condition de gérer jusqu'aux manifestations du terrorisme de droite ou de gauche. »

D'autre part, dans les années 80, un collaborateur de la CIA, Richard Brenneke, a fait une déclaration assez sensationnelle à *la télévision italienne. À noter d'ailleurs que la diffusion de cette interview a valu des ennuis sérieux au journaliste qui l'a recueillie. Brenneke dit :* « Je connais la loge P2 depuis 1969. Et j'ai traité avec elle jusqu'au début des années 80. Le gouvernement des États-Unis finançait la P2 jusqu'à 10 millions de dollars par mois. Nous nous sommes servis d'eux pour créer des situations favorables à l'explosion du terrorisme en

Italie et dans d'autres pays au cours des années 70. La P2 est encore active et est encore utilisée pour le même type de finalités qu'au début des années 70. »

Enfin, un spécialiste de l'Italie, François Vitrani, a écrit en 1990, à propos des révélations sur le réseau secret et anticommuniste Gladio : « Quelle est la question de fond soulevée par l'existence de Gladio ? Tout simplement celle de la souveraineté d'un pays démocratique. Ce que les Italiens viennent de découvrir, c'est que, pendant des décennies, leur destin se décidait en partie à Washington, en vertu d'une version occidentale de la théorie de la souveraineté limitée. Théorie énoncée dans les années 70 par Leonid Brejnev pour l'Europe de l'Est et dénoncée violemment par la classe politique occidentale. »

19

La conspiration de La Mecque

Stupeur du monde musulman. Pour la première fois depuis des années, la puissante radio de La Mecque ne transmet plus la grande invocation des croyants : « Il n'y a de Dieu que Dieu seul ! » *Ce silence s'instaure le 20 novembre 1979, premier jour du quinzième centenaire de l'Hégire (les mahométans calculent le temps à partir de la fuite de Mahomet à Médine, en 622 de l'ère chrétienne).*

Après des heures de mystère, l'incroyable nouvelle commence à filtrer : des hommes armés se sont emparés des lieux les plus sacrés de l'Islam.

Avant même l'avènement de l'Islam, La Mecque était déjà un lieu vénéré. Pour les tribus arabes, elle est alors la mère des villes, la métropole du monde, la maison de Dieu. Le lieu le plus sacré est la Ka'ba, une construction cubique qui abrite la Pierre noire. Ces Arabes du début de notre ère vénèrent une multiplicité de divinités, matérialisées par des pierres.

Au milieu d'un océan de désert, la cité est alors essentiellement une place commerçante et financière qui vit du transit caravanier. Arrive Mahomet qui prêche une nouvelle religion révélée et monothéiste. Très vite il heurte les convictions des notables de La Mecque. Le prophète est chassé, fuit ; c'est l'Hégire. Pendant sept ans, Mahomet et ses troupes harcèlent les caravanes et menacent les intérêts des marchands. En 629, le prophète revient triomphalement à *La Mecque et épouse la fille d'Abu Sufyan, l'homme qui l'a chassé. Il instaure le monothéisme sans abolir l'ancien culte. La Pierre noire de la Ka'ba devient le lieu de culte musulman, ainsi que le puits sacré qui se trouve* à *proximité et l'enceinte qui boucle l'ensemble.*

Une sourate du Coran – ce texte dicté à Mahomet par Allah proclame : « Le premier temple qui ait été fondé par les hommes est celui de La Mecque, temple béni et centre de l'univers. Vous y verrez les traces de miracles évidents. Là est la station d'Abraham. Quiconque entre dans son enceinte est à l'abri de tout danger. »

Désormais, à *cause de ce syncrétisme, tout bon musulman devra faire ses prières cinq fois par jour, le corps prosterné vers La Mecque. L'ancienne cité païenne est devenue source vitale de l'Islam, le centre du monde, le symbole même du monothéisme musulman.*

Toutefois, Mahomet ne s'installe pas à La Mecque mais dans la ville voisine de Médine, tout comme les califes qui lui succèdent. Aujourd'hui encore la cité sainte est essentiellement un centre religieux que chaque musulman se doit de visiter au moins une fois dans sa vie.

La Mecque est située en Arabie Saoudite, pays dirigé par un roi. Toute attaque contre la ville sainte est un sacrilège, mais aussi une remise en question de cette royauté.

La France a toujours eu des relations privilégiées avec les pays du Moyen-Orient. Mais ces relations ont rarement donné naissance à une opération armée menée par le GIGN[1] sur une terre étrangère et cela sous le regard discret du SDECE. J'en ai gardé quelques souvenirs étonnants.

1. Groupement d'intervention de la Gendarmerie nationale.

En cette fin novembre 1979, l'Islam est à l'aube du premier jour du XVe siècle de l'Hégire, jour sacré pour le monde musulman. C'est aussi la fin du pèlerinage annuel de La Mecque, un pèlerinage toujours impressionnant. En temps normal, la ville sainte abrite 300 000 habitants. Le pèlerinage a porté cette population à 2 000 000 de personnes. Ce 20 novembre, un grand nombre des pèlerins est encore présent. Les immenses villages de tentes sont toujours en place, la cité entière bouillonne.

Fait exceptionnel sur ce lieu de recueillement, les jours précédents, plusieurs dizaines de milliers de pèlerins, des Iraniens en majorité, ont défilé en brandissant le portrait de l'ayatollah Khomeyni, au pouvoir en Iran depuis le mois de février. En quelques jours, la révolution islamiste a balayé le Shah et son régime ami de l'Occident. Un peu partout dans le monde musulman, et en particulier dans des pays comme l'Arabie Saoudite, on craint la contagion.

C'est dans ce contexte que des étudiants islamistes envahissent en ce début novembre l'ambassade des États-Unis à Téhéran. Baptisés les « Gardiens de la révolution », ils prennent en otages les membres de l'ambassade américaine.

De fortes tensions politiques internationales, une fête religieuse d'une importance majeure pour le monde musulman, deux éléments qui favoriseront les menées d'extrémistes. En ce petit matin du 20 novembre 1979, des dizaines de milliers de pèlerins sont réunis dans la cour de la Grande Mosquée pour la première fois de la journée. L'imam conduit la prière, face à la Ka'ba, au centre de la vaste esplanade.

La prière achevée, de nouveaux pèlerins pénètrent sur le lieu de recueillement. Ils sont habillés de blanc comme leurs frères. La foule recueillie ne leur prête pas attention. Peu après leur arrivée, des camions se garent sur l'esplanade. Des pleureurs commencent à en décharger des cercueils et les portent jusque dans la salle réservée aux cérémonies funèbres.

Les cercueils en place, le film s'accélère. Les pleureurs se débarrassent de leurs djellabas blanches, ouvrent les cercueils et en sortent des armes automatiques, nombreuses et modernes. Un des faux pèlerins s'installe à la place de l'imam de la Grande Mosquée et s'empare du micro. Il prononce quelques invocations à Allah et change rapidement de ton pour attaquer violemment le régime saoudien, qu'il accuse d'être « injuste et corrompu ». Il invite les fidèles à le rejoindre.

Ses imprécations sont interrompues par une première fusillade. Des gardes de la mosquée tombent sous les rafales de mitraillettes. La panique s'empare de la foule qui court dans tous les sens, tente de se protéger, de fuir. Les insurgés, plusieurs centaines d'hommes parfaitement organisés, prennent position dans tous les endroits stratégiques, en particulier dans les étages supérieurs.

L'imam profite de la panique pour s'éloigner et téléphoner aux autorités saoudiennes. C'est d'abord l'incrédulité qui l'emporte. Pour les Saoudiens, comme pour tout le monde musulman, il est inimaginable que des croyants s'en prennent au lieu le plus sacré de l'Islam. Les autorités sont dépassées. Beaucoup de dignitaires saoudiens, ministres et militaires, se trouvent à l'étranger. Les dirigeants présents, tétanisés à la pensée de s'attaquer aux lieux saints, n'osent pas prendre d'initiative. Vingt-quatre heures s'écoulent, marquées par les hésitations et les atermoiements de chacun. Vingt-quatre heures pendant lesquelles les assaillants ne restent pas inactifs. À l'aide des haut-parleurs de la Grande Mosquée, jusque-là réservés à la diffusion des prières, ils multiplient les appels à la solidarité et à la révolte. De nombreux pèlerins sont encore présents. Parmi eux, combien de sympathisants ou même de complices ? Il ne sera jamais possible de le savoir ! Vis-à-vis de l'extérieur, ils sont tous des otages sur lesquels les assaillants font pression face au pouvoir politique saoudien.

Les premiers responsables saoudiens de retour dans leur pays commencent par faire isoler les lieux saints en coupant le téléphone et l'alimentation électrique. La seconde phase est beaucoup plus compliquée. Selon le Coran, seule véritable loi observée en Arabie Saoudite, l'enceinte sacrée de La Mecque est un lieu d'asile. Quiconque s'y réfugie ne peut en être chassé par la force...

De leur côté, les insurgés font habilement courir le bruit que leur chef est le Mahdi, le sauveur, celui dont les musulmans, plus particulièrement les sectes islamistes, attendent la venue. Ce thème, cher au cœur des chiites, conforte l'hypothèse d'une manœuvre iranienne. Même si l'idéologie de ces sectes paraît encore plus radicale que celle de l'imam Khomeyni. Une idéologie qui rappelle celle de l'organisation Tafir Oua Higra, « Repentir et Émigration », qui prône le retour à l'Islam originel au moyen de la violence. Pour s'y préparer, les musulmans doivent quitter le monde corrompu dans lequel ils vivent, exactement comme le prophète Mahomet choisit la fuite et s'en alla de La Mecque à Médine.

Côté Arabie Saoudite, la situation est d'autant plus complexe que, dans le peuple, des divisions oubliées refont surface. La monarchie saoudienne, fondée en 1932 par Abul Aziz Ibn Séoud, a été construite contre la volonté des tribus que le souverain a contraintes à rendre les armes et à se sédentariser. À l'annonce de l'insurrection de La Mecque, certaines tribus commencent à s'agiter. Autant de raisons pour que les autorités saoudiennes pensent, légitimement, que c'est le régime et la dynastie qui sont menacés.

Trente-six heures après le début de l'occupation des lieux saints, les responsables saoudiens bafouent le droit d'asile offert par La Mecque. À la tête des troupes se tient le frère du roi, le prince Naef, qui exerce les fonctions de ministre de l'Intérieur. Il envoie les blindés enfoncer les portes de l'enceinte sacrée. Des militaires prennent position.

La riposte est foudroyante. Les rebelles ouvrent le feu et des dizaines de soldats tombent. L'assaut cesse immédiatement ! Les militaires ont réussi à pénétrer dans l'enceinte, mais les insurgés commandent toujours les principaux bâtiments et les deux minarets.

Les Saoudiens consultent alors les ulémas. Ils comptent sur eux pour obtenir l'autorisation de donner l'assaut aux lieux saints. En Arabie Saoudite le pouvoir de ces docteurs de la foi est considérable. Ils s'occupent de la justice, de l'éducation, de la moralité et, bien sûr, de la stricte observance des lois religieuses. Ils possèdent leur propre police, le « corps de commandement du bien et d'anéantissement du mal ».

Les ulémas prennent leur temps. Trois jours leur sont nécessaires pour trouver de bonnes raisons de contrevenir aux commandements du Coran. Leur réflexion aboutit à la rédaction d'une fatwa, une interprétation de la loi coranique. Ils jugent que ce sont les insurgés qui ont utilisé la force les premiers. Cela fait d'eux des mécréants et il est juste de les attaquer afin de les châtier. En réalité, il s'agit d'une condamnation à mort des insurgés cautionnée par les religieux.

Les ulémas assujettissent cependant leur décision à deux conditions préalables : d'abord, l'assaut, si assaut il y a, doit soigneusement éviter de faire des victimes innocentes ; ensuite, et surtout, les lieux saints doivent être épargnés.

Le soir même, l'assaut est donné contre les bâtiments toujours occupés par les insurgés. Le nombre des assaillants est écrasant par rapport à celui des insurgés. Toutefois ils ne réussissent pas à déloger ces derniers. À cela plusieurs raisons. Les assiégés se sont bien préparés mentalement et matériellement. Leur armement est moderne, adapté à la situation. Ils ont mis à profit la disposition des lieux en s'installant dans les minarets. Ainsi, perchés au-dessus de l'esplanade, ils canardent tout assaillant, tout ce qui bouge dans cette zone découverte.

Les Saoudiens, gênés par le caractère religieux des lieux, bridés par la fatwa des oulémas, ne peuvent pas riposter en direction des minarets sans prendre le risque de les endommager.

Les insurgés profitent aussi des kilomètres de souterrains qui truffent les bâtiments. Autant de caches imprenables.

Les combats sont d'une extrême violence. Des centaines d'hommes sont tués. Les victimes se comptent surtout du côté gouvernemental.

Au petit matin, le prince Naef annonce néanmoins triomphalement que la victoire est totale. Présomptueux, il devra revenir sur ses déclarations.

L'assaut ayant une nouvelle fois échoué, les Saoudiens renforcent le blocus. Militairement, la situation est délicate, politiquement, elle est insultante. La dynastie royale est défiée par quelques centaines d'insurgés. Son incapacité de les mater la fait apparaître beaucoup plus fragile qu'on ne le pensait.

Au blocus s'ajoutent des opérations ponctuelles. Quelques combats dans le labyrinthe du sous-sol, une tentative d'électrocution des assiégés par les militaires, tellement mal montée que ce sont les soldats saoudiens qui en seront victimes.

Dans l'impasse militairement parlant, le roi d'Arabie Saoudite imagine de faire appel à une aide étrangère. Seulement il ne peut pas demander de l'aide aux pays arabes. C'eût été reconnaître que son autorité était menacée. Son orgueil ne l'aurait pas supporté. Chef du plus riche des pays arabes, Khaled ne peut se permettre ce faux pas. D'autre part, faire appel à un pays musulman, c'est le condamner à se retrouver dans la même situation que l'Arabie Saoudite face aux lieux saints. Pas question non plus de s'adresser à un pays de l'Est : c'est la certitude de perdre une partie de son indépendance et de se mettre à dos l'Occident. Et les États-Unis ? Les deux pays sont alliés mais en froid depuis la signature des accords Sadate-Begin à Camp David. À cause de la question de Jérusalem. Même si les accords ne font pas explicitement allusion à Jérusalem, il est clair que la ville sainte des trois religions monothéistes est sacrifiée sur l'autel de la paix israélo-égyptienne. Le roi Khaled, chef d'un État théocratique, ne peut l'admettre.

Demander l'aide des Américains présente un autre inconvénient : celui de provoquer la colère de l'Iran, et donc d'attiser la contagion islamiste. D'autant que les Saoudiens ne peuvent pas ignorer un bruit qui commence à se répandre dans le monde musulman : les Américains se trouveraient derrière cette opération de profanation des lieux saints. On verra que, d'une certaine façon, la rumeur n'est pas tout à fait dénuée de fondement.

Alors le roi Khaled, presque naturellement, se tourne vers la France. Il lance un appel à l'un des rares pays à qui il puisse s'adresser sans perdre la face.

La France n'a rien à refuser à l'Arabie Saoudite. Elle entretient d'excellentes relations avec le régime de Riyad. Elle a amplement participé à son armement et peut encore espérer de nouveaux contrats. Notre pays répond donc favorablement à cet appel au secours.

L'intervention de la France en Arabie Saoudite se doit évidemment d'être discrète. Il faut éviter de froisser la susceptibilité du roi Khaled, autant que dissimuler une opération militaire qui n'est justifiée par aucun accord diplomatique.

Le SDECE est bien sûr consulté. Alors même que nous sommes engagés dans une opération d'envergure contre la Libye, nous ne sommes pas trop mal informés sur les événements de La Mecque et, dans les services, nous pensons que l'insurrection est commanditée par un pays étranger.

Au plus haut niveau de l'État, on décide que le bras armé de l'opération sera le GIGN. Nos gendarmes d'élite se sont déjà taillé une réputation d'efficacité dans des domaines qui nécessitent ponctualité et discernement. Mais pas question de les laisser seuls ! Une équipe du SDECE participera aussi à l'action.

Tout commence par une convocation du numéro deux du GIGN par le ministre français de la Défense, Yvon Bourges. Le capitaine Paul Barril, qui n'est pas encore le mouton noir de son service et de la gendarmerie, est un spécialiste des coups difficiles. Un homme d'action qu'il est de bon ton de citer en exemple.

Les ordres du ministre de la Défense sont clairs : *« Vous partez immédiatement pour l'Arabie Saoudite... Il s'agit d'une prise d'otages. Les responsables sont des intégristes musulmans. Il faut donner un coup de main aux autorités locales. »*

Les gendarmes français ne peuvent pas apparaître officiellement. Le gouvernement français peut encore moins reconnaître avoir envoyé des forces armées dans un pays confronté à un état de guerre. Les gendarmes ont donc, officiellement, un rôle de conseillers. Des conseillers qui ne rechignent pas à mettre la main à la pâte, si besoin est. Toutefois, je ne peux pas apporter la preuve formelle qu'ils ont participé physiquement aux opérations.

Paul Barril ne discute pas. C'est un militaire. Son ministre le lui demande : il s'envole immédiatement en direction de Riyad dans un petit jet du Glam. Trois gendarmes l'accompagnent. Dans les soutes sont rangées quelques centaines de kilos de matériel. C'est *a priori* dérisoire face aux forces en présence. C'est beaucoup si on tient compte du haut niveau de technicité de ces hommes et des possibilités matérielles qu'ils peuvent employer.

Dès sa descente d'avion à Riyad, le capitaine Barril a un sérieux doute. Il est envoyé dans un pays étranger pour résoudre une prise d'otages et découvre la capitale saoudienne dans un état proche de la panique. Mais il n'a pas le temps de s'interroger. Il reprend aussitôt l'air pour La Mecque.

À proximité des lieux saints, les gendarmes français observent une désorganisation totale. Barril visite la Garde nationale saoudienne qui a été engagée contre les insurgés. Il constate qu'elle a subi des pertes considérables. Un bilan officieux fait état de mille hommes tombés face aux assiégés. Un vrai carnage. Les assiégés, toujours dans la place, consolident chaque jour un peu plus leurs positions.

Paul Barril est effaré. Il ne s'agit pas d'une traditionnelle prise d'otages, comme le lui a dit son ministre, mais d'une véritable insurrection armée. Un acte de guerre. Les hommes qui tiennent les lieux saints sont des adversaires coriaces, entraînés, au moral gonflé par le succès de leur opération, retranchés dans des lieux sacrés qu'il n'est pas question d'endommager. Il faut attaquer avec des moyens originaux, des moyens déjà utilisés par le GIGN mais sur une faible échelle. Ce ne sont pas les quelques centaines de kilos de matériel que le capitaine a chargés dans l'avion du Glam qui permettront de résoudre une pareille crise.

Paul Barril appelle Paris et exige des quantités considérables de gaz incapacitants. Pratiquement cela équivaut à vider les stocks de l'armée. Il exige aussi des centaines de masques à gaz, des instruments de détection, des lunettes de visée nocturne, enfin des explosifs et des armes. Un arsenal militaire indispensable pour faire face à un aussi grand nombre d'insurgés plus que jamais fanatisés par l'action.

À Paris, sa hiérarchie tente de discuter. Il n'est pas question de vider des magasins militaires pour soutenir un pays étranger face à une rébellion. Le président de la République, Valéry Giscard d'Estaing, tranche. Il connaît la gravité de la situation et décide de faire envoyer tout le matériel demandé par le capitaine Barril. Le ministre de la Défense a manifesté son opposition mais obéit à son tour. Il n'est plus possible de douter de l'importance de l'affaire.

Côté français, l'engagement va bien au-delà d'une simple assistance technique. On en est conscient à tous les niveaux de l'État.

Une Caravelle effectue la précieuse livraison. Le capitaine Barril prend aussitôt les choses en main. Il est le véritable commandant des opérations. Les Saoudiens lui font entièrement confiance. D'autant qu'ils ne savent plus comment faire face aux insurgés.

Paul Barril organise les assaillants, distribue armes et gaz de combat. Il met au point le plan d'attaque. Quand l'assaut sera donné, l'affaire sera réglée en trois heures !

Aujourd'hui encore, cela paraît incroyable. Mais il faut dire que, à la demande du capitaine du GIGN, Paris n'a pas lésiné sur le matériel. De leur côté, les soldats saoudiens, d'autant plus motivés qu'ils ont voulu se venger de leurs précédents échecs, n'ont pas économisé les bouteilles de gaz. Ils ont tout vidé. Tout !

Officiellement, on ne connaît pas le bilan précis de l'opération. Mais, de source arabe, on parle de milliers de morts depuis le début de l'insurrection jusqu'à l'assaut final, deux semaines plus tard. Je pense pour ma part, d'après, les renseignements que j'ai recueillis et le debriefing de nos hommes envoyés là-bas, que le chiffre réel dépasse dix mille morts. Un massacre, dont une part de responsabilité incombe à la France.

Les rares insurgés capturés vivants n'ont eu un répit que de quelques heures. Sans autre forme de jugement, ils ont eu la tête tranchée. Des dizaines de mutins ont été officiellement décapités en place publique dans les grandes villes du royaume. Pour l'exemple !

La France devait-elle participer à cette tuerie ? Certes, des intérêts puissants étaient en jeu. L'intérêt majeur étant la nécessité pour l'Occident de maintenir des espaces de paix dans un Moyen-Orient transformé en poudrière. Mais il existait aussi des intérêts mineurs, et pas du tout négligeables, par exemple la signature de fructueux contrats commerciaux entre l'Arabie Saoudite et la France.

En tête de ce commerce, on trouve des ventes d'armes ou d'équipements militaires. Si l'on examine les choses avec un minimum de cynisme, Paul Barril, le capitaine du GIGN, n'a pas été seulement un mercenaire compétent, sachant utiliser au mieux un matériel sophistiqué, il a malgré lui été aussi un remarquable représentant de commerce.

En effet, en mai 1980, six mois après les événements de La Mecque, Yvon Bourges, toujours ministre de la Défense, a signé un contrat de sept milliards de francs avec les Saoudiens, comprenant la livraison de patrouilleurs côtiers lance-missiles, de corvettes de lutte anti-sous-marine, etc.

Quant aux insurgés, qui étaient-ils ? Qui les soutenait ? Quelle puissance étrangère ?

Les morts portés en terre, l'analyse politique de la situation a été faite de façon bien incomplète. Il est certain que parmi les insurgés de La Mecque se sont glissés d'authentiques opposants à la dynastie saoudienne, des membres de tribus hostiles. Ces hommes étaient sincèrement scandalisés par la corruption du régime, par les fastes et les excès des innombrables princes de la famille royale. Il y avait aussi des Yéménites, des Égyptiens, des Algériens, des Marocains. Une vraie force internationale qui prouvait que l'affaire dépassait largement le cadre saoudien.

Car une telle opération implique une préparation minutieuse, des moyens matériels importants, de l'argent, beaucoup d'argent. Autant d'éléments qui laissent à penser que derrière cette intervention violente, au-delà des hommes, se profile un État.

L'Iran apparaissait comme le commanditaire le plus vraisemblable. L'ayatollah Khomeyni n'a jamais caché son rêve de propager la révolution dans tout le monde musulman. À sa décharge, il n'était au pouvoir que depuis quelques mois. Aurait-il eu le temps d'organiser une opération d'une telle envergure ? J'en doute.

Et pourtant, j'en suis certain, les Iraniens ont été mêlés à l'affaire. La conclusion est facile à tirer : le pouvoir en place à Téhéran a été aidé. Alors par qui ?

Fin 1979, nous sommes à un an des élections présidentielles aux États-Unis. La campagne électorale est déjà lancée. Les Iraniens ont pris en otages des membres de l'ambassade américaine à Téhéran. Le président en titre et candidat à sa propre succession, Jimmy Carter, veut se débarrasser au plus tôt de cette douloureuse épine. Ses adversaires républicains ont très vite compris le parti qu'ils peuvent tirer de la situation.

Des négociations ultrasecrètes ont lieu entre les Iraniens et les partisans de Reagan. Parmi ses conseillers se tient William Casey, qui sera nommé à la tête de la CIA dès son élection. Comment se passent ces négociations ? Je ne le sais pas. Mais j'en connais la teneur. Casey et ses hommes demandent aux Iraniens de ne pas relâcher les otages américains avant l'élection présidentielle. En contrepartie, les hommes de Reagan promettent livraisons d'armes et de pièces détachées. Et une assistance discrète.

Je pense que la première partie de cet engagement a été le financement et l'approvisionnement en armes des insurgés de La Mecque. Une façon de sceller un accord qui débouchera plus tard sur le scandale de l'Irangate !

En janvier 1980, dans Libération, *Jean-Louis Peninou a publié une enquête sur les événements de La Mecque.*

Il signale en particulier que de violentes manifestations chiites ont eu lieu à la fin novembre, c'est-à-dire en même temps que l'occupation de la Grande Mosquée. Le 27 novembre, écrit-il, deux cortèges religieux chiites ont été dispersés par la force dans des villages des environs de Dahran. Soulignant que le chiisme est pratiquement interdit en Arabie Saoudite, Peninou affirme que la répression a provoqué la mort de plusieurs personnes. Il ajoute que, deux jours plus tard, d'autres manifestations et de véritables émeutes ont eu lieu, encore plus sévèrement réprimées, en particulier à Qatif, au nord de Dahran, centre du chiisme de la région. Selon un homme d'affaires arabe qui est passé par Qatif le surlendemain des émeutes, les rues étaient encore jonchées de cadavres et la Garde nationale quadrillait les alentours. Les manifestants criaient : « À bas Khaled, vive Khomeyni ! » *Cela pouvait signifier que l'Iran était impliqué dans ces émeutes, premières opérations avant l'affaire de La Mecque.*

Dans leur livre L'Œil de Washington, *paru aux éditions Albin Michel, Thierry Pfister et Fabrizio Calvi affirment que les hommes de Reagan et les dirigeants iraniens étaient en contact dès janvier 1980 ! C'est-à-dire deux mois après les événements de La Mecque. Alors pourquoi n'auraient-ils pas négocié plus tôt, en octobre 79, juste après la prise de l'ambassade américaine de Téhéran, comme le prétend Monsieur X ?*

20

Nom de code : Farewell

Quarante-sept diplomates et représentants soviétiques montent dans un car en compagnie de leurs familles. Ce 5 avril 1983, la France expulse massivement des Russes. À la grande fureur du Kremlin !

Dans les annales de l'espionnage, c'est une grande première, non seulement à *cause du nombre de personnes concernées, mais encore parce que la DST, le contre-espionnage français, s'affiche en donnant de la publicité* à *ce départ massif.*

À l'époque, personne ou presque ne sait que cette affaire cache une extraordinaire histoire d'espionnage qui pèsera sur l'évolution politique de l'URSS. Certains vont jusqu'à penser que cela a joué un rôle dans l'effondrement du communisme, négligeant peut-être des raisons historiques autrement plus profondes.

1981, François Mitterrand est élu président de la République. Pour la première fois depuis 1947, des ministres communistes entrent au gouvernement. Bien que la France ait pris quelque peu ses distances avec l'OTAN, l'émotion est grande chez nos alliés occidentaux. Ils imaginent déjà que les secrets militaires touchant à la défense de l'Ouest vont passer à l'Est. Le gouvernement Mauroy à peine formé, George Bush, le vice-président des États-Unis, arrive à Paris. Il exprime officiellement les inquiétudes de Ronald Reagan.

Un mois plus tard se tient à Ottawa le sommet des sept pays les plus industrialisés. On s'attend à ce que le Président français soit considéré comme un pestiféré. Il n'en est rien. François Mitterrand, au cours d'un tête-à-tête avec Ronald Reagan, lui révèle un fabuleux secret : la France possède à l'Est une taupe particulièrement prolifique. Infiltrée au sein même de la direction du KGB, elle a déjà fourni des renseignements inouïs. Elle confirme que le monde occidental, et tout particulièrement les États-Unis, est littéralement pillé par l'espionnage soviétique. Cet espionnage s'attaque aux technologies les plus sophistiquées, les plus sensibles, et permet à l'URSS non seulement de rester dans la course mais aussi de faire de considérables économies dans le domaine de la recherche. L'URSS a patiemment mis en place un véritable parasitage économique et technologique.

Reagan est bluffé. Il n'analysera plus tout à *fait de la même façon la politique d'un pays où l'on ose nommer quatre ministres communistes dans le gouvernement et déclencher en même temps la plus vaste opération de contre-espionnage jamais menée face à l'URSS.*

Cette entrevue d'Ottawa a d'importantes conséquences. Ronald Reagan durcit son attitude vis-à-vis de l'URSS. La course aux armements, qui n'avait jamais cessé, repart de plus belle. Le Président américain prône la « guerre des étoiles ». Un peu partout, des diplomates soviétiques sont expulsés. C'est le retour aux heures les plus tendues de la guerre froide. Peu à peu, la fermeté occidentale porte ses fruits. Le numéro un soviétique lâche du lest. Des changements qui annoncent la venue de Gorbatchev à la tête de la Russie soviétique, la perestroika, la chute du mur de Berlin…

Il y a quelques années, le mur de Berlin rasé, j'ai eu la chance de rencontrer à Moscou un responsable du

KGB, Valeri Dimitrievitch Sergadeïev. La grande confrérie des hommes des services ! Nous avons discuté. De quoi ? Évidemment d'espionnage. Mon propos n'était pas tout à fait innocent, je savais que c'était lui qui avait mené à l'Est l'enquête sur le lieutenant-colonel Vladimir Ippolitovitch Vetrov, plus connu à l'Ouest sous son nom de code : Farewell.

Les connivences entre hommes de l'ombre, mes origines russes, m'ont permis de briser la glace sans que je puisse aujourd'hui prétendre que Sergadeïev m'ait tout raconté. Il m'a seulement donné suffisamment d'éléments pour me permettre de comprendre qui était Vetrov et quelle a été son action.

Vladimir Ippolitovitch Vetrov est un parfait produit du système soviétique. Issu d'une famille très simple, il fait de bonnes études d'ingénieur. Ce spécialiste reconnu des systèmes électroniques pour les avions et les missiles parle assez correctement le français – deux qualités qui le font tout naturellement remarquer par le KGB, et recruter.

Chaque pays a ses manies, mais dans l'ensemble les méthodes de formation qui ont fait leurs preuves se ressemblent. Vladimir Vetrov subit l'entraînement habituel d'un futur agent destiné à vivre dans un pays étranger. Dès le premier jour de son recrutement Vetrov connaît sa destination future, la France. Il perfectionne son français et, entre deux tests de ses capacités, il apprend les techniques indispensables à un agent opérationnel.

Vladimir Vetrov est un vrai Russe qui aime la vie. Bon vivant, chaleureux, un peu porté sur la bouteille. Rien de bien original dans un pays où, plus que chez nous encore, la boisson fait partie de la culture. Ingénieur de haut niveau, il ne se saoule pas. Mais il pratique ce qu'on appelle délicatement en Occident « l'alcoolisme mondain ».

Ce Slave au charme certain est marié avec une superbe créature, Svetlana, sculpturale championne d'athlétisme. À ses qualités physiques la jeune femme ajoute une grande intelligence et une parfaite culture. Ils ont un enfant, Vladik, un fils affectueux, très proche de son père.

C'est un couple équilibré, et Svetlana ne serait pas restée, me semble-t-il, avec Vladimir Vetrov si celui-ci avait été un véritable alcoolique. À l'inverse, la présence de cette femme d'une grande beauté aura un rôle déterminant dans la future trahison de son mari.

Vladimir Vetrov arrive en France en 1965. Un Russe parmi tant d'autres, attaché à l'ambassade de Paris, territoire étranger qui tient plus du bunker que d'un lieu d'habitation. Sa femme et son fils l'accompagnent. Officiellement Vetrov est membre de la représentation commerciale de son pays. Partout à travers le monde, les ambassades de tous les pays servent de refuge à leurs ressortissants qui sont en contact avec les services spéciaux.

Pour Vladimir Vetrov cette nomination à Paris est une chance extraordinaire. Un fonctionnaire russe, diplomate ou non, est assuré de se faire à l'Ouest une jolie pelote. Mille combines existent pour amasser de l'argent. La plus simple et aussi la plus légale est le commerce des produits détaxés que les Soviétiques peuvent acheter à la représentation commerciale. Plus discrets, mais d'un meilleur rapport, viennent les trafics de pierres précieuses et d'objets d'art.

Vladimir Vetrov est débrouillard et la voie est toute tracée pour lui permettre de revenir en Union soviétique avec un petit pactole. Cette volonté de s'enrichir est d'autant plus importante chez le jeune attaché commercial que les goûts de la ravissante Svetlana ne l'encouragent pas à la modestie relative que sa fonction implique.

Cette modestie n'est pas non plus de mise face aux fréquentations que lui imposent ses fonctions officielles. La représentation commerciale l'amène à fréquenter des industriels, des chefs d'entreprise, des ingénieurs français. Son rôle officiel consiste à favoriser des échanges de technologie. Sa vocation véritable est de recruter des informateurs qui permettront à l'industrie soviétique d'économiser bien des frais de recherche.

Le charme, la réelle prestance et la finesse certaine de Vladimir Vetrov lui permettent de ferrer quelques jolis poissons.

Parmi eux, un ingénieur de Thomson-CSF qui travaille sur la réalisation du satellite franco-allemand « Symphonie » et appartiendra plus tard à l'équipe qui mettra au point les fusées Ariane. Dans ce cas précis, l'ingénieur s'est laissé persuader par des arguments idéologiques. Dans d'autres cas, la motivation est plus matérielle : c'est l'argent.

Vladimir Vetrov prouve rapidement qu'il est un excellent agent. Il est en droit d'espérer une carrière tout à fait honorable au service d'un pays et d'une cause qu'il ne remet pas en question, même s'il profite avec plaisir des avantages du régime capitaliste.

Mais ses activités ne passent pas inaperçues. La DST l'a repéré et le surveille attentivement. Et bientôt elle décide de passer à l'action.

L'opération est a priori puérile. En réalité elle montre une excellente connaissance des rouages administratifs de l'adversaire et un art consommé de profiter de ses petites faiblesses.

La DST sait que Vladimir Vetrov a naturellement tendance à un peu trop arroser ses rendez-vous. Pour mieux faire parler ses interlocuteurs, mais aussi par goût personnel, il a l'habitude de dépasser les mesures raisonnables. Un soir, sortant de l'un de ces entretiens, il monte dans sa voiture de service, une 404, et file en direction d'un petit château situé au nord de Paris, lieu de villégiature des Russes en poste dans la capitale française. La DST connaît son itinéraire et sait que Vladimir Vetrov doit rejoindre dans cette propriété sa femme et son fils.

Vladimir Vetrov est sorti de Paris. À peine a-t-il le temps de réaliser qu'un véhicule fonce sur lui. La collision est inévitable, le choc violent. Vladimir Vetrov perd un instant connaissance tandis que la voiture tamponneuse disparaît.

Le temps de retrouver ses esprits, l'attaché commercial soviétique fait le point de la situation. Son état d'ébriété ne l'encourage pas à prendre contact avec les autorités françaises qui, de toute façon, ont peu de chances de retrouver le chauffard. Sa 404 est sérieusement endommagée, ses ennuis avec la bureaucratie risquent de tourner au drame. Endommager une voiture de service en état d'ivresse est une faute grave qui risque de se traduire par un retour immédiat en Union soviétique. Une catastrophe pour Vladimir Vetrov qui se trouve si bien dans le monde capitaliste.

La solution miracle va se présenter grâce à un cadre supérieur de la société Thomson-CSF, encore elle, qui est depuis des années une relation de Vladimir Vetrov. Le chargé commercial russe se confie à cet ami. Le cadre supérieur de Thomson-CSF se montre immédiatement compatissant et efficace. Il prend les choses en main et fait réparer la voiture dans la plus grande discrétion.

Évidemment, ce cadre supérieur, dont le rôle chez Thomson-CSF est de superviser tous les contrats que la société passe avec l'URSS, est aussi et surtout un discret collaborateur de la DST.

La voiture remise en état, reste à recruter Vladimir Vetrov afin de le faire travailler pour les Français. Une manœuvre classique. L'accident crée des liens privilégiés entre les deux hommes mais il serait maladroit de pousser la prise en main trop loin. Un but essentiel, et pas du tout évident, est atteint. Vladimir Vetrov a été fragilisé. Les services français ont la preuve qu'il a commis une faute, s'en est sorti grâce à un ami parisien et, faute beaucoup plus grave, n'a pas prévenu sa hiérarchie. On sait donc qu'il est vulnérable.

Mais soudain, et sans qu'il y ait un lien direct avec l'accident, Vladimir Vetrov est rappelé à Moscou.

Il considère ce retour brutal comme une punition. D'autant qu'il ne sait pas s'il est lié à sa faute ou à des jalousies. À Paris, ses supérieurs, comme ses collègues de l'ambassade, ont été obligés de constater qu'il vivait sur un grand pied, dépensait beaucoup et que sa femme était toujours très élégante. Le couple devait se livrer à des petits trafics, comme beaucoup d'autres Soviétiques, mais avec plus de succès...

À Moscou, Vetrov, très amer, constate que ses origines modestes le desservent. Il n'a pas de protecteur. Pas de ministre dont il soit le fils, le neveu ou le cousin. Membre du KGB, il sait qu'il n'est pas question de quitter le service. Il est voué à végéter dans un bureau, dans des conditions d'existence beaucoup plus modestes qu'à Paris. Son séjour parisien lui a toutefois permis de conforter sa situation, et son bas de laine l'autorise à mener un train de vie bien supérieur à celui de ses collègues. Dans un monde où chacun observe les autres, il intrigue, ce qui ne peut qu'être dangereux.

Ces quelques prérogatives venues des fastes passés ne lui suffisent pas. Vladimir Vetrov remâche sa rancune jusqu'en 1974, année où la chance semble à nouveau lui sourire. Il est envoyé à l'étranger, dans un pays francophone, au Canada, toujours sous le couvert de la représentation commerciale.

L'aventure canadienne est de courte durée. Une sombre histoire de trafic de pierres précieuses, dans la bonne tradition soviétique, provoque son rappel à Moscou. Cette fois il s'agit d'un rapatriement à titre de sanction. Vladimir Vetrov retourne dans un bureau moscovite et sait qu'il n'ira plus jamais en poste à l'étranger.

C'est alors que le service soviétique commet une erreur extraordinaire : le KGB affecte cet agent aigri à un service particulièrement sensible. Vladimir Vetrov est nommé au 4e département du Directoire T du KGB, en fait du PGU, c'est-à-dire le service de renseignement du KGB.

Ce département est chargé de collecter les informations technologiques et scientifiques piochées par les agents soviétiques dans le monde entier. Cela implique qu'à ce poste de bureaucrate, *a priori* banal, Vladimir Vetrov a une vue d'ensemble sur tout le système d'espionnage soviétique et peut identifier tous les agents en poste à l'étranger. Cela équivaut à confier la clé du trésor à un homme que, justement, on soupçonne de malhonnêteté !

Vladimir Vetrov a peut-être, plus que d'autres, des défauts, mais ses qualités d'intelligence sont indiscutables. Devant tous les documents qui défilent quotidiennement sur son bureau, il comprend immédiatement qu'il détient une arme fantastique contre ses chefs. Son patriotisme, déjà émoussé par ses séjours à l'Ouest, passe au second plan.

Les nantis du régime protègent leur progéniture. Vladimir Vetrov a eu l'occasion de constater cette corruption de classe dans un système vieillissant. Il sait aussi que, pour lui, toute promotion est illusoire. Fils du peuple, il stagnera dans les bureaux du KGB, réceptionnant les secrets de l'État sans en tirer un quelconque profit personnel. Avec le temps qui passe, naît en lui l'instinct de vengeance, cette volonté de nuire à un régime corrompu qui lui reproche des frasques qui seraient passées inaperçues s'il avait fait partie de la nomenklatura.

Vladimir Vetrov prend contact avec celui qui a toujours été son ami, qui l'a sorti d'un mauvais pas alors que sa voiture était accidentée. Spécialiste de l'URSS, ce cadre supérieur de Thomson-CSF fait de fréquents voyages à Moscou. Vladimir Vetrov lui fait passer un message, il veut le rencontrer.

Cette démarche laisse à penser que Vladimir Vetrov n'a pas encore été recruté par les agents de l'Ouest. S'il avait déjà été un agent double à la solde de la France, ses contacts auraient été permanents et aucune relance n'eût été nécessaire.

La prise de contact se fait en deux temps. Par ses fonctions au KGB, Vladimir Vetrov n'a pas le droit de fréquenter des étrangers. Aussi demande-t-il à l'un de ses beaux-frères d'envoyer une carte postale à destination du cadre de Thomson-CSF depuis un pays étranger. N'obtenant pas de réponse, Vladimir Vetrov, bien déterminé, multiplie les risques. Contrevenant aux ordres, il se rend dans un salon international d'électronique à Moscou. Il y croise un Français qu'il a connu à Paris, l'aborde et propose un contact avec le contre-espionnage de notre pays, c'est-à-dire la DST.

La démarche est particulièrement risquée, à la limite suicidaire. Côté français, le service joue la carte de la prudence. La première réaction est de craindre une manipulation. Vladimir Vetrov, agent du KGB, peut très bien agir sur ordre dans un but d'intoxication.

Le succès de l'opération dépendra de deux éléments complémentaires. La DST est un service de contre-espionnage. Son infrastructure est essentiellement française, son terrain de chasse l'Hexagone. Vladimir Vetrov le sait. Il est bien placé aussi pour savoir que ce service n'est pas pénétré par des agents de l'Est comme la CIA ou notre SDECE qui va devenir la DGSE en 1981.

Vetrov n'est absolument pas surpris lorsqu'il est contacté par un nouveau cadre de Thomson-CSF, un industriel français, choisi par son ami parisien et n'ayant eu jusque-là aucun rapport avec les services spéciaux.

La prise de contact entre cet industriel et Vladimir Vetrov tient d'ailleurs de la faute professionnelle. Naïvement, le Français appelle Vetrov à son domicile depuis une cabine publique. C'est ignorer les possibilités d'écoutes, ignorer les règles de base du renseignement.

Mais c'est tellement inhabituel que ça passe inaperçu. Et un rendez-vous est pris.

Vladimir Vetrov retrouve son interlocuteur dans un magasin pour étrangers. Aussitôt, il a la confirmation de ce qu'il pressentait : son interlocuteur est un parfait dilettante en matière d'espionnage. Qu'importe ! Vladimir Vetrov est bien décidé à se venger et, dès cette première rencontre, il remet des documents à l'industriel et fixe un autre rendez-vous.

La méthode de contact instantanément mise au point est la négation de tous les enseignements donnés dans les écoles de formation d'espions. L'industriel, nanti de sa liasse de documents, les photocopie dans son bureau, et retrouve le lendemain Vladimir Vetrov dans un autre lieu public pour rendre les documents et en prendre d'autres en charge. Bref, il multiplie les risques.

Mais les documents traités au siège de la DST à Paris se révèlent particulièrement importants. L'opération Farewell est lancée. Elle permettra de comprendre comment fonctionne le pillage systématique des secrets technologiques occidentaux par l'URSS. Cette recherche n'est pas liée au hasard, au coup par coup, mais coordonnée par un service de liaison qui prend les commandes auprès des différents ministères russes intéressés et donne ses ordres au KGB. Le KGB répercute les commandes auprès de ses informateurs ou agents infiltrés dans les entreprises sensibles de l'Ouest. Vetrov livre à la DST des plans entiers de commandes et permet ainsi au service français de percer les objectifs des Soviétiques. Les axes de recherches se dégagent d'eux-mêmes. L'un d'eux révèle que, contrairement à ce que l'Occident pensait, l'URSS a mis au point un plan très sophistiqué de « guerre des étoiles », en bien des points comparable au plan américain.

Au-delà des grands axes apparaissent les hommes qui aident à la sortie de ces données technologiques.

Très vite, comprenant l'importance exceptionnelle de cette mission, la DST met fin à l'amateurisme des contacts avec Vetrov. Exit l'industriel de Thomson. Désormais son agent traitant sera un professionnel, un attaché militaire de l'ambassade de France à Moscou. Première conséquence technique, Vladimir Vetrov dispose maintenant d'un appareil photo miniaturisé. Plus besoin de sortir les documents et surtout d'avoir un second rendez-vous pour que ceux-ci soient rendus une fois photocopiés.

Les meilleures organisations comportent des failles d'importance. Comment imaginer qu'un attaché militaire, c'est-à-dire un probable agent étranger d'un service de renseignement, puisse rencontrer un responsable du KGB sans que la police russe soit immédiatement au courant ? Le fait est pourtant là. Dans un pays réputé pour son maillage policier, l'opération se poursuit, semaine après semaine, mois après mois, pendant près d'un an.

Mais une fois encore l'affaire dérape dans le rocambolesque. En apparence, en tout cas. Vladimir Vetrov a une collègue de bureau, Valentina, pour maîtresse. La double vie de l'agent double. Il gère tout cela sans trop de problèmes, faisant preuve de son sang-froid habituel. Agent des services spéciaux détaché à l'étranger, Vetrov a démontré avec aisance à quel point il savait se contrôler. Et voilà que cet homme, exemple d'équilibre, de self-control, est pris d'un accès de folie furieuse sur un parking très fréquenté de Moscou. Près d'un arrêt d'autobus, un lieu fréquenté par la foule, il tente de tuer Valentina. La jeune femme se défend. Un policier en civil, cette police omniprésente et bien connue en URSS, s'interpose. Vetrov le poignarde.

J'ai une lecture plus personnelle de cette scène, lecture qui nécessite de se mettre quelques instants dans la peau d'un Russe qui se sait enfermé dans un système et ne voit plus d'échappatoire possible. En bon professionnel du renseignement, Vladimir Vetrov se doute que sa vengeance arrive à sa fin. Les meilleurs secrets ne peuvent être gardés bien longtemps, surtout à l'Ouest. Et puis il a livré tout son fonds de commerce. Il lui faut maintenant rompre le contact avec son officier traitant français. Il imagine donc ce scénario, une tentative de meurtre contre sa maîtresse. Au mieux, l'accès de colère simulé fait de lui un irresponsable qui échappe à la justice mais aussi et surtout au KGB et à son rôle d'agent double, devenu trop dangereux et qui le mine. Au pis, il sera exclu du système, isolé, oublié dans une prison pendant quelques années. Mais il y a ce grain de sable, ce policier qui s'interpose et qu'il blesse. Nul n'est à l'abri de l'imprévisible. Pour Vladimir Vetrov cela se solde par quinze ans de prison, une première catastrophe.

La seconde catastrophe vient de l'Occident. Paris a perdu sa taupe mais ignore où elle est passée. Le système soviétique est tel que cette histoire de tentative de meurtre est passée inaperçue, tout comme la condamnation de Vetrov-Farewell.

Côté DST, les mois passant, on pense que Vladimir Vetrov a été démasqué. Le matériel fourni par Vetrov-Farewell va alors être exploité à ciel ouvert. À la DST on rêve depuis toujours d'arrestations, d'expulsions massives d'agents de l'Est. Cette liste de noms d'agents étrangers qui, sous couvert de l'ambassade russe, sévissent en France, en Occident, il n'est pas question de la garder éternellement sous le coude. Et voilà que partout à travers le monde, grâce aux fuites organisées par Vetrov, des centaines d'espions sont démasqués, arrêtés ou expulsés lorsqu'il s'agit de diplomates.

En France, quarante-sept Russes et leurs familles doivent impérativement quitter Paris pour Moscou. Même pour des espions, lorsque l'on fait de tels lots, il faut se justifier. Un chargé d'affaires soviétique indigné est reçu par un fonctionnaire du Quai d'Orsay. Ambiance feutrée, propos acerbes. Le ton monte. Le fonctionnaire sort alors un des documents fournis par Vetrov et le met sous le nez de son interlocuteur. La cause est entendue. Le chargé d'affaires russe cède. Il n'a pas le choix. La discussion n'est plus possible. Mais il s'en va avec une information capitale. Grâce à ce document qu'il n'a vu que quelques instants, il détient des éléments précieux qui permettront d'identifier l'auteur de la fuite.

C'est un jeu d'enfant pour le KGB de remonter à la source, de mettre des noms sur les personnes habilitées à manipuler de tels documents et, par élimination, d'arriver à Vladimir Vetrov.

Retrouvé dans sa prison en Sibérie, celui-ci est interrogé et passe aussitôt aux aveux. Crime de haute trahison et peloton d'exécution au début de l'année 1985, à moins que… À moins que les Soviétiques n'aient jugé plus utile de le garder sous la main pour contre-attaquer. Vetrov serait toujours vivant ! Cela a toujours été mon intime conviction.

Après une longue enquête, le journaliste et écrivain Sergueï Kostine a écrit un livre, Bonjour Farewell, *édité aux Éditions Robert Laffont. Son portrait psychologique de Vetrov est juste et parfois émouvant. Sur son séjour en France, il écrit :* « Homme actif et doué pour les activités de renseignement, Vetrov travaille avec enthousiasme. À l'époque, il n'est pas le seul : toute cette fournée d'officiers d'origine modeste est de la même trempe. Souvent critiques vis-à-vis du régime brejnévien, ils n'en sont pas moins convaincus de la supériorité des idéaux communistes. Perméables aux valeurs occidentales, ils restent bons patriotes. Ils aimeraient bien vivre dans un pays riche et libre, mais chez eux, en Union soviétique.

Professionnellement bien formés et ambitieux, ils sont très motivés pour réussir. Réussir veut dire à la fois fournir du bon travail à leur centrale, moucher le GRU – il s'agit du service de renseignement de l'armée – et le ministère des Affaires étrangères, l'emporter sur les services secrets français et américains et, d'autre part, être décoré, prendre du galon, en un mot, faire carrière ! »

Le transfuge Oleg Gordievsky, qui a écrit avec le journaliste anglais Christopher Andrew une somme sur le KGB dans le monde, a connu personnellement Vetrov. Il soutient que quelque chose s'est détraqué dans la vie du lieutenant-colonel Vetrov à *son retour en Russie. Ses ennuis personnels, sur lesquels Gordievsky reste évasif, s'opposaient* à *ce qu'il fût* à *nouveau envoyé* à *l'étranger.*

Dans son ouvrage, Sergueï Kostine, lui, va plus loin. D'abord, il affirme que Vetrov buvait de plus en plus. Ensuite, il écrit que sa femme, la belle Svetlana, le trompait. Découvrant son infortune, Vetrov a rendu la pareille à *son épouse en devenant l'amant d'une collègue de bureau, Valentina, qui a été au cœur du drame qu'a vécu Vetrov.*

L'opération Farewell a été supervisée par le directeur de la DST de l'époque, Marcel Chalet. En 1990, dans un livre d'entretiens, Les Visiteurs de l'ombre, *rédigé par Thierry Wolton, Marcel Chalet dévoile une partie de la vérité sur cette affaire. Le « secret défense » étant encore en vigueur, bien des détails sont occultés. Marcel Chalet confirme que Vladimir Vetrov a fourni une manne d'informations considérable à la DST, certains de ces renseignements étant encore exploités en 1990.*

Marcel Chalet précise : « D'abord est-on bien sûr que Farewell a été exécuté ? La nouvelle de son exécution est certes parue dans le bulletin interne du KGB en 1985. Mais personne n'a vu son cadavre. Je ne donnerais donc pas ma tête à couper qu'on ne le verra pas réapparaître un jour, par exemple sur une photographie ou un reportage bidon lié à une opération de désintoxication. »

C'était avant la chute du mur de Berlin. Depuis Vetrov n'est pas réapparu.

21

Michel Baroin : le refus du chantage

Vivant, Michel Baroin était un homme secret ; mort, les mystères se sont multipliés. Pourtant, aujourd'hui, peu à peu le voile se lève.

Le 4 février 1987, à 22 h 45, un Lear-Jet de la compagnie Aéro-France décolle de l'aérodrome de Brazzaville au Congo. Direction Tamanrasset. L'équipage est confirmé, l'appareil en excellent état : les premières minutes du vol se déroulent sans incident. Soudain, au-dessus du Cameroun, alors que l'avion approche de la frontière du Nigeria, un incident se produit.

Quel incident ? Le mystère demeure. L'examen de l'enregistreur de vol, la fameuse boîte noire, indiquera seulement que l'alimentation électrique a été coupée. Est-ce le pilote qui a coupé cette alimentation avant de tenter un atterrissage de fortune afin d'éviter un risque d'incendie ? Ou bien cet enregistreur s'est-il mis en panne pour une autre raison ? Impossible de savoir. En tout cas, peu de temps après, le Lear-Jet s'écrase dans la forêt camerounaise. Les deux pilotes et les huit passagers sont tués sur le coup.

Les circonstances mal définies de cet accident laissent la place à toutes les supputations possibles. Surtout quand on sait que le Lear-Jet transportait l'un des hommes les plus puissants de France, Michel Baroin. P-DG de la Garantie mutuelle des fonctionnaires et de la

Fnac, ancien grand maître du Grand Orient de France, Michel Baroin venait d'être nommé par Jacques Chirac, avec le plein accord de François Mitterrand, à la tête de la mission pour la célébration du bicentenaire de la Révolution française.

C'était donc un homme d'influence. Intime du président de la République, ami du Premier ministre, il incarnait à lui seul la cohabitation. À l'époque de sa mort, Michel Baroin était candidat au rachat de TF1. On lui prêtait même des ambitions présidentielles.

Curieux parcours pour un citoyen aux origines modestes, devenu un grand homme d'affaires et un personnage politique peu à peu incontournable, tant sous Valéry Giscard d'Estaing que sous François Mitterrand.

Ayant fait ses débuts dans la police, commissaire à la DST puis aux RG, cet animateur de l'Opération Réconciliation au lendemain de la guerre d'Algérie était destiné aux missions délicates et discrètes.

Ses réussites successives l'ont donc conduit à être un interlocuteur privilégié dans de nombreuses affaires d'État, et cela jusqu'à sa mort[1].

Michel Baroin était un personnage fascinant, malgré un physique plutôt banal. Ambitieux et génial touche-à-tout, il était atteint d'une véritable boulimie d'activité. Je l'ai connu alors qu'ayant quitté la DST, le contre-espionnage français, toujours intéressé par le monde de l'ombre, il était commissaire aux Renseignements généraux. Il faisait volontiers état de ses origines provinciales, de son Morvan natal, de son père déjà policier. Jeune homme brillant, Michel Baroin a d'abord choisi de faire Sciences po où il a connu Jacques Chirac et Michel Rocard. À la différence de ses deux condisciples,

1. Voir chapitre 8.

il a échoué au concours de l'ENA et s'est rabattu sur l'école des commissaires de police.

S'il a été déçu par ce choix imposé, cela n'a pas duré longtemps. Il s'est lancé dans une brillante, quoique discrète, et très rapide carrière dans la police nationale.

Ce choix de carrière correspond bien à son sens du mystère. N'a-t-il pas été le premier à entretenir la légende qui voulait qu'il ait rejoint la franc-maçonnerie sur ordre de sa hiérarchie, en mission d'infiltration. Mission parfaitement accomplie puisqu'il est parvenu au stade suprême en étant élu grand maître ! Dommage pour la légende que cette affirmation soit fausse. Comme je l'ai déjà précisé, Michel Baroin était proche des francs-maçons avant même d'intégrer l'école des commissaires. Je me rappelle encore avec quelle fierté il aimait à raconter que son père lui-même était franc-maçon.

Michel Baroin est nommé commissaire de police pendant la guerre d'Algérie. Il est d'abord affecté à la lutte contre le FLN. L'indépendance acquise, il s'occupe avec succès de l'OAS et de ses repentis. Dès cette époque il noue des contacts au plus haut niveau avec le personnel politique du moment, le pouvoir gaulliste.

Côté Grand Orient, loge traditionnellement située à gauche, les amitiés maçonniques lui permettent de se lier avec des gens qui sont des proches de Mitterrand et aideront celui-ci lors de sa prise de pouvoir au PS. Le plus connu du grand public est Charles Hernu, futur ministre de la Défense.

La police a été pour Michel Baroin un formidable tremplin. D'autant plus formidable qu'il y a toujours occupé des fonctions de renseignement. Ce domaine peut se révéler extrêmement utile quand on veut avancer vite dans la vie. Ses détracteurs, dont certains de mes proches amis, l'ont même accusé d'avoir constitué de discrets fichiers sur les hommes politiques.

Ce que son échec à l'ENA lui a interdit, les concours internes de l'administration le lui ont permis. Michel Baroin quitte la police pour la préfectorale. Nommé sous-préfet de l'Aube, il n'en continue pas moins à se rendre régulièrement à Paris où il retrouve ses amis politiques, ses différentes relations.

Il nous arrive à l'époque de croiser des amis communs, appartenant tous au monde du renseignement. Tout sous-préfet qu'il est, Baroin continue à naviguer dans certaines eaux troubles et paradoxalement à beaucoup s'intéresser à l'Afrique.

Ses amitiés lui permettent de franchir bien des obstacles. Ainsi il entre au cabinet du président de l'Assemblée nationale, Achille Peretti, lui aussi un ancien policier. Quand Peretti cède la place à Edgar Faure, Michel Baroin change tout naturellement de monture et rejoint le cabinet de ce dernier.

Homme aux multiples casquettes, Michel Baroin informe le président mais, et ce sera très important pour le futur, s'occupe aussi des relations avec la commission de la Défense nationale, Michel Baroin brûle les étapes. Chez nous, il fait naturellement l'objet d'une observation attentive, comme tout acteur influent de la vie politique. Nous admirons sa fulgurante carrière construite sur des bases particulièrement solides. Il fait partie de ces hommes à qui nous prévoyons un avenir de première importance.

Sa qualité de fonctionnaire, confortée par celle de dignitaire de la franc-maçonnerie, lui permet d'entrer au conseil d'administration de la GMF. Personne ne pensera à nier que la GMF, émanation de l'esprit mutualiste, est tout naturellement un vivier de francs-maçons.

1974 est marquée par l'élection de Valéry Giscard d'Estaing à la présidence de la République, c'est aussi l'année de l'élection de Michel Baroin à la tête de la GMF. Cette coïncidence de date est un constat. Nous observons dans le même temps la naissance de rapports aussi nombreux que discrets entre les deux hommes.

Michel Baroin P-DG de la GMF, c'est un bouleversement pour la vénérable institution. Jusqu'alors la société mutualiste était une compagnie d'assurances plutôt vieillotte et tranquille. Baroin ne s'assied pas dans le fauteuil de président pour gérer ce conformisme. Il est bien décidé à faire de la GMF un instrument de pouvoir, un groupe tentaculaire qui va diversifier ses activités et peser un poids de plus en plus considérable dans l'économie française et même mondiale.

Son premier souci est de truffer la société d'hommes à lui. Ils viennent d'horizons parfois très différents mais ils ont en commun leurs relations avec un homme : Michel Baroin. Ils appartiennent à toutes les sphères influentes que le nouveau patron connaît bien. Cela va du milieu du renseignement en passant par celui des militaires et, évidemment, le monde très diversifié de la franc-maçonnerie. Michel Baroin se lance dans l'aventure sans retenue. Il achète des compagnies d'assurances, des forêts en Afrique, des grands crus du Bordelais, une chaîne de magasins, la Fnac, des journaux et des banques. En quelques années, le chiffre d'affaires de la paisible GMF décuple, tout comme le potentiel personnel de Michel Baroin.

Michel Baroin cherche de moins en moins à cacher son incontestable volonté de puissance. Il a ouvertement la fibre politique et se fait élire maire de Nogent-sur-Seine, une simple étape. Car il vise plus haut, beaucoup plus haut, et les services, comme tout un chacun, ne peuvent pas l'ignorer.

Lors des préparatifs de l'élection présidentielle de 1988, bien avant l'échéance, son nom est avancé. Il semble même qu'il ait commencé à se constituer un trésor de guerre pour mener sa campagne.

Toutefois, Michel Baroin reste un homme de l'ombre, l'homme des missions secrètes. À la limite, c'est dans ces fonctions occultes que les services l'observent avec le plus d'intérêt. La GMF lui offre un formidable alibi. Toutes ces activités de diversification nées de la compagnie mutualiste lui permettent de voyager, d'approcher les chefs d'État, de conclure des négociations qui ne concernent pas que la société mais nécessitent une tout aussi grande discrétion.

Le monde de l'ombre, qu'il n'a jamais quitté, est extrêmement dangereux. En avril 1986, c'est-à-dire dix mois avant sa mort, Michel Baroin est frappé dans sa propre chair. Un dramatique accident pour le public, un avertissement pour les initiés que nous sommes.

Un soir d'avril 86, sa fille Véronique, accompagnée d'une amie, a décidé d'aller en boîte, faire la fête. Elle traverse une rue en bord de Seine à Paris. Soudain, une voiture surgit dans la nuit. Le véhicule fauche la jeune fille.

Véronique est mortellement touchée tandis que l'auto disparaît. On ne retrouvera jamais le chauffard. Après ce drame qui l'affecte profondément, nous savons que Michel Baroin a compris l'avertissement : désormais il ne sort plus qu'accompagné d'un garde du corps armé.

Dans les services, l'analyse a été immédiate. Nous sommes persuadés que la fille de Michel Baroin a été assassinée. Les commanditaires de ce meurtre ont décidé de punir son père.

Un petit retour en arrière s'impose. Le 5 février 1986, le lendemain de la Sainte-Véronique, une bombe éclate dans le magasin Fnac situé au Forum des Halles. Le P-DG de la Fnac est Michel Baroin. Sa fille se prénomme Véronique.

Coïncidences, alors qu'en 1986 une vague d'attentats touche Paris ? Non ! En matière de terrorisme les coïncidences n'existent pas. Chaque détail compte, nous le savons par expérience. Un attentat, c'est toujours un message envoyé à un adversaire. L'acte meurtrier et spectaculaire destiné à toucher l'opinion publique ou une personne ciblée est doublé d'un message codé, souvent une date anniversaire, un détail connu des seuls initiés, et que le ou les destinataires, uniquement, doivent comprendre. Il faut se mettre dans la peau du ou des destinataires pour décoder le message. Alors on n'a plus de doute, face à la terrible réalité des morts et blessés, sur ce que le commanditaire a décidé de transmettre.

Le décryptage qui s'impose pour l'attentat de la Fnac est relativement simple. Il s'agit, sans nul doute, d'un avertissement destiné personnellement à Michel Baroin qui vient de prendre le contrôle de la Fnac. Cette première fois, il n'était pas visé physiquement mais devait savoir qu'il était la cible du message, volontairement épargné alors qu'il se trouvait à quelques mètres du lieu de l'attentat au moment de l'explosion de la bombe.

Le choix de la date, le lendemain de la Sainte-Véronique, prénom de la fille de Michel Baroin, est explicite et symbolique. La jeune fille devient la prochaine victime si son père ne cède pas au chantage dont il ne peut ignorer le contenu implicite.

La revendication qui suivra l'attentat de la Fnac est signée par un mystérieux comité de solidarité avec les prisonniers politiques arabes du Proche-Orient. Un organisme dont personne n'a jamais entendu parler. À l'évidence, un faux nez mais une vraie direction. Le problème de fond, qui est au centre du chantage, concerne directement le Moyen-Orient.

Deux mois plus tard, lorsque la jeune fille est fauchée par une voiture, s'agit-il d'un nouveau pas franchi dans les avertissements sanglants ? Les commanditaires de l'attentat de la Fnac estiment-ils que Michel Baroin n'a pas tenu compte de leur message ? Frappent-ils plus fort et plus près de lui ? Pour nous, comme pour tout initié à ce type de monstrueuse opération, c'est une évidence.

Les ennemis de Michel Baroin, les maniaques des attentats au service des États terroristes, adorent les symboles.

C'est encore un 5 février, en 1987, que Michel Baroin trouvera la mort en Afrique, soit tout juste un an après l'attentat de la Fnac. Plus que jamais, j'affirme qu'il n'est pas possible de croire à de simples coïncidences.

J'ai toujours été convaincu que Michel Baroin a immédiatement compris qu'il était le premier visé par les tueurs, des tueurs dont il connaissait les commanditaires. Ainsi, quelques mois après la mort de sa fille, invité de l'émission « 7 sur 7 » sur TF1, il n'hésite pas à parler du terrorisme. Il est clair qu'il s'adresse avant tout, et directement, à ceux qui le menacent. Je ne me souviens pas des termes exacts mais le sens général de son discours est gravé dans ma mémoire. Avec beaucoup de vigueur, Michel Baroin exprime sa conviction que, face à la menace terroriste, il ne faut jamais céder. Ne jamais négocier avec des gens qui tuent et pratiquent le chantage. Son message est destiné aux meurtriers de sa fille mais sonne aussi comme un avertissement à tous ceux qui, en France, sont tentés de prendre langue avec les terroristes ou leurs commanditaires.

Michel Baroin est de plus en plus précis dans ses affirmations. Il ajoute qu'on ne doit pas, par exemple, livrer des armes pour obtenir la libération d'otages, parce qu'on sait que ces armes serviront un jour ou l'autre à tuer.

Deux mois plus tard, Michel Baroin est mort. Les terroristes lui ont répondu à leur sinistre manière.

À l'époque, la situation en France est confuse. C'est la première cohabitation. Des Français sont détenus au Liban, la télévision le rappelle chaque soir. La libération de ces otages devient un enjeu politique. À droite comme à gauche, dans la perspective de la prochaine élection présidentielle, on compte bien utiliser le succès éventuel de cette libération des otages français. Sordide vérité du moment.

L'avertissement de Michel Baroin concerne le gouvernement comme les partis politiques. Il est opposé à toute tentative de négociation avec les terroristes parce qu'il sait ce qui se cache derrière ces prises d'otages et ces attentats qui ensanglantent Paris en mars, juste après la nomination de Jacques Chirac à Matignon, puis à nouveau en septembre.

L'enjeu lui paraît suffisamment important pour lancer un avertissement solennel tout en sachant que du même coup il confirme la signature de son arrêt de mort.

Nous décodons sans difficulté, presque en lecture directe, les propos de Michel Baroin. Les commanditaires de la série d'attentats qui ensanglantent Paris sont des Iraniens. Un secret de polichinelle, que les autorités françaises répugnent à reconnaître pour des raisons purement politiques. Les preneurs d'otages sont des islamistes du Hezbollah directement téléguidés par Téhéran, sans doute avec la complicité de Damas. Quant aux poseurs de bombes, ils sont aussi envoyés par les ayatollahs.

À cette même époque, une livraison massive et frauduleuse de munitions met en cause la société française Luchaire. Le matériel est destiné aux Iraniens qui sont alors en guerre avec l'Irak.

Cette partie visible de l'iceberg n'est pas précisément visée par les propos de Michel Baroin. Il s'agit tout au plus d'une recherche de compromis avec l'Iran. Une livraison de munitions traditionnelles peut avoir été échangée contre une rémission momentanée des attentats. Autant dire qu'il s'agit d'un pansement explosif sur une jambe de bois.

Non, à demi-mot, Michel Baroin évoque une affaire beaucoup plus grave, considérablement plus importante. Il est bien placé, et ses ennemis le savent, pour être au courant de ce qui demeure aujourd'hui encore un secret d'État.

Une des clés de cette affaire est une banque qui fait partie du groupe GMF, la Banque internationale pour l'énergie nucléaire.

Une fois encore, un peu d'histoire s'impose, une histoire récente concernant le nucléaire.

Eurodif, installé à Pierrelatte, traite de l'uranium irradié et produit du combustible neuf, de l'uranium enrichi. Comme son nom l'indique, Eurodif est le résultat d'un projet qui a été conçu en partenariat avec plusieurs pays européens.

En plus de ces partenaires européens, Eurodif a été financé par l'Iran. À l'époque du tour de table, en 1974, lors de la création d'Eurodif, l'Iran est gouverné par le Shah, un ami de l'Occident. Aux yeux des Européens, rien ne laisse pressentir l'arrivée de Khomeyni.

Vision à courte vue, le contrat prévoit que l'Iran, riche de pétrodollars, surtout après le choc pétrolier de 1973, financera dans de grandes proportions le projet Eurodif. En contrepartie le pays recevra du combustible nucléaire.

Officiellement il s'agit du combustible nécessaire pour faire fonctionner deux centrales commandées simultanément à la France. Officieusement, personne n'ignore que le Shah a l'ambition de doter rapidement son pays de l'arme atomique. À terme, nous savons bien que la livraison d'uranium enrichi lui donnera les moyens de construire un jour sa propre bombe !

Eurodif, l'Iran, le Shah, un renversement politique : un pays ami de l'Occident se métamorphose soudain en un pays redouté par nos républiques.

Apparemment on s'éloigne de la GMF et de Michel Baroin. Mais j'ai pu renouer les fils de l'histoire grâce à des tuyaux fournis par des amis proches des réseaux français en Afrique, cette Afrique où Michel Baroin a trouvé la mort.

Première information : 1974, l'année de la signature du contrat Eurodif, est aussi, on s en souvient, l'année où la GMF se dote d'un nouveau P-DG, et l'Élysée d'un nouveau pensionnaire, Valéry Giscard d'Estaing. Une droite qui se veut nouvelle, indépendante en particulier de certains barons du gaullisme. L'Élysée confie la supervision des affaires africaines à un outsider, Michel Baroin. Haut dignitaire de la franc-maçonnerie, il est un interlocuteur privilégié pour beaucoup de chefs d'État africains eux-mêmes francs-maçons.

Pour Giscard d'Estaing c'est une façon évidente, au nom des Républicains indépendants, de prendre ses distances avec le gaulliste Jacques Foccart qui, fort de ses réseaux, a prouvé sous de Gaulle et Pompidou qu'il avait la haute main sur le continent noir. C'est la bataille pour une chasse gardée qui revient constitutionnellement au président de la République et pour laquelle il montre un intérêt certain.

Dans les services, nous nous rappelons opportunément que Michel Baroin est un spécialiste des questions de défense. Il est parfaitement initié, pratiquement partie prenante lorsque le contrat Eurodif est signé.

Le principal fournisseur d'uranium de la république mère, la France, est le Gabon. Depuis le premier jour de son indépendance, le Gabon n'a jamais cessé d'être étroitement et contractuellement lié à la France pour tout ce qui touche à la fourniture de matières énergétiques. Cette coopération étroite avec un pays d'Afrique détenteur de ressources minières considérables doit se dérouler en toute discrétion, dans le plus grand respect de l'indépendance nationale du Gabon, en ménageant la susceptibilité quasi maladive de son président, Omar Bongo.

Michel Baroin est chargé de prouver à quel point la République française tient Omar Bongo en haute estime. Tout naturellement, une filiale de la GMF construit le nouveau palais du président gabonais. Marbre de Carrare, système de sécurité sophistiqué, rien n'est trop beau pour faire plaisir au président du pays ami. Michel Baroin et ses collaborateurs directs sont là pour satisfaire le moindre désir du dirigeant gabonais.

Car en haut lieu on a imaginé, pour des raisons de discrétion, que l'uranium promis à l'Iran proviendrait du Gabon. Mais il y a une difficulté technique : l'uranium, pour être utilisable dans une centrale et éventuellement pour la bombe, doit être enrichi. Le circuit via la France et Pierrelatte est un peu voyant. Alors les ingénieurs aux ordres des politiques imaginent de construire un discret établissement médical près des mines d'uranium. En fait, l'établissement dissimule des installations scientifiques permettant l'enrichissement de l'uranium sur place.

La combine est parfaite, habile, sous réserve d'une nouvelle donne imprévisible : en 1979, le Shah abandonné par l'Occident est remplacé par Khomeyni, et pour la France il n'est plus question d'honorer un contrat pourtant signé avec un pays étranger qui a investi une fortune colossale dans le projet.

Le pouvoir entre les mains d'islamistes jugés dangereux par l'Occident, il est exclu de faire des livraisons en direction de Téhéran. Seulement les Iraniens ne l'entendent pas de cette oreille. Un contrat, c'est un contrat – surtout lorsque le financement a été effectué –, et ils exigent la livraison d'uranium enrichi destiné à la fabrication de « leur » bombe atomique.

Le « non » de la France se solde par les représailles bien connues : des assassinats, plusieurs séries d'attentats, des prises d'otages.

Certains sont tentés de céder pour retrouver la paix dans les rues parisiennes. D'autres comme Michel Baroin s'opposent. Ils font front, annoncent leur volonté de ne pas obéir aux criminels, même face au chantage le plus sanglant. Pas question de donner la « bombe » à Khomeyni !

Michel Baroin n'est pas le seul intervenant du dossier Eurodif à mourir prématurément. Un autre personnage, ancien patron d'Eurodif, grand partisan de la filière nucléaire française, est mystérieusement assassiné :

Georges Besse. Devenu le patron de Renault, il voulait aussi faire face.

Son assassinat est attribué à Action directe, un sigle « libre » utilisable par tous. En fait il s'agit de l'un des assassinats qui font partie de ce cortège étrange où se multiplient les coïncidences troublantes.

Les pressions de Téhéran n'ont jamais cessé face aux gouvernements de la France, quelle que soit leur étiquette. La France a officiellement laissé échapper des miettes, un remboursement partiel du capital investi par Téhéran dans Eurodif. Mais il est impossible de ne pas avoir de doutes, de ne pas penser qu'entre deux séries d'attentats en France, l'accalmie a été acquise au prix de compromissions particulièrement dangereuses.

Michel Baroin, j'en suis certain, a payé pour son attitude de fermeté après avoir dit non une fois encore. Reste à savoir à qui ?

Peut-être à des intermédiaires séjournant en Afrique. À Brazzaville, lors de son dernier voyage, sous prétexte d'acheter une forêt, Michel Baroin a été reçu comme un chef d'État. Ce voyage au Congo dissimulait en fait une mission secrète auprès du président du Gabon voisin, Omar Bongo. Une mission qui aurait été précipitée et décidée après une rencontre avec le Premier ministre, Jacques Chirac.

Il est acquis que Michel Baroin a, au cours de ce voyage, rencontré Sassou Nguesso, le président de la République congolais, un ami d'Omar Bongo, un proche, si proche qu'il va devenir son beau-père. Or Omar Bongo, qui s'est spectaculairement converti à l'islam, entretient aujourd'hui les meilleurs rapports avec certains pays du Golfe.

Quant à l'enquête sur « l'accident » qui a coûté la vie à Baroin, menée conjointement par les autorités du Cameroun, l'Inspection générale de l'aviation civile française et des représentants du constructeur, elle démontre que le jet n'a pas explosé en vol. Il n'y a pas eu dépressurisation brutale. D'autre part, l'écoute des dernières minutes de l'enregistreur de vol indique que le pilote constate des symptômes d'anomalies des instruments de bord. Mais, nullement inquiet, il ne juge pas nécessaire de communiquer cette information au contrôle aérien de Douala.

Deux semaines après la mort du P-DG de la GMF, un magazine d'extrême droite évoque l'hypothèse d'un attentat. On prétend alors que, parmi les passagers, outre Michel Baroin, se trouvaient des agents de la DGSE, le service d'espionnage français. On commence à pénétrer dans un vrai secret d'État, je suis bien placé pour le savoir.

Autant d'éléments qui permettent de mieux comprendre pourquoi Michel Baroin, homme détenteur de trop de secrets, n'est pas revenu vivant de ce dernier voyage.

Un livre, La Guerre, *publié aux Éditions des Arènes en 1997, écrit par une jeune journaliste, Dominique Lorentz, et consacré à la mort de Michel Baroin, met en cause les intérêts iraniens dans Eurodif. L'auteur affirme s'être sentie constamment surveillée, écoutée, pendant cette dangereuse enquête. Elle a même l'impression d'avoir risqué sa vie.*

Elle évoque en particulier l'accord final conclu entre la France et l'Iran au sujet d'Eurodif, accord signé fin 1991. Elle cite un article du Monde *qui souligne le caractère secret de ces pourparlers et le fait qu'aux termes de cet accord l'Iran n'a pas renoncé à ses droits sur l'uranium enrichi. Or, souligne le journaliste du* Monde, *l'Iran souhaite toujours fabriquer la bombe atomique.*

Conclusion abrupte de Dominique Lorentz : la France a donné la bombe à l'Iran ! En catimini, après avoir tenu tête pendant douze ans et résisté à toutes les pressions.

Cela, cinq ans après la mort de Michel Baroin. La remarquable démonstration de Dominique Lorentz est pour le moins troublante.

22

Maxwell : l'œil de Tel-Aviv

Robert Maxwell était un personnage hors du commun, un véritable colosse. Celui que l'on surnommait le magnat de la presse internationale, celui dont l'existence fut parcourue d'ombres et de lumières, d'admiration et de haines, est mort mystérieusement dans la nuit du 4 au 5 novembre 1991. Sa vie était un roman, sa mort est un roman. L'affaire Maxwell est devenue l'énigme Maxwell.

Naturellement, toutes les hypothèses ont été émises sur les conditions tragiques de sa disparition, tant il est difficile de croire à la mort naturelle ou accidentelle d'un homme aussi peu banal.

Robert Maxwell, alias Jan Ludwick Hoch, est né le 10 juin 1923 dans un petit village de Ruthénie, une région nichée au cœur de l'Europe centrale. Issu d'une famille juive, très pauvre, à quinze ans il quitte ses forêts. Il s'installe d'abord à Budapest. Là, il fait des petits boulots. Mais la guerre menace. Jan Ludwick s'engage en France dans la Légion. Il a dix-sept ans. En 1940, il embarque à Marseille sur un bateau égyptien. L'armée britannique le recrute en 1941. Très vite, il commence à intéresser les services secrets britanniques, d'autant plus qu'il parle neuf langues couramment. Deux années passent et il change de nom. Il s'appelle désormais Leslie du Maurier et est devenu lieutenant. En 1944, il participe au débarquement des troupes alliées et est décoré de la Military Cross en 1945 par le maréchal Montgomery. Il se marie quelque temps après avec une jeune Française, Betty Meynard, qui lui donnera sept enfants.

Robert Maxwell commence sa fabuleuse carrière en Allemagne avant même la fin de la guerre. En 1954, il crée une maison d'édition, Pergamon Press, qui devient numéro un de l'édition scientifique. Il achète des imprimeries, des journaux, et sera même l'un des partenaires de Francis Bouygues dans l'achat de TF1. Il est alors riche, très riche. Passionné par la politique (il a été député travailliste pendant six ans), il continue d'entretenir des relations, parfois mystérieuses avec le Gotha international de la politique et des affaires, au point qu'il aime à se faire appeler le « Premier ministre du Monde ». Maxwell préside alors près de quatre cents sociétés et emploie vingt-sept mille personnes dans plus de vingt-six pays.

Une ascension fulgurante, mais son empire vacille et il s'endette… En 1991, on l'accuse d'escroquerie et, pour échapper à la meute de ses accusateurs, il se réfugie sur son yacht, le Lady Ghislaine. *Mais dans la nuit du 4 au 5 novembre 1991, Maxwell a rendez-vous avec la mort et passe par-dessus bord.*

Suicide ? Accident cardiaque ? Assassinat ? On ne sait toujours pas pourquoi ni comment Captain Bob est tombé cette nuit-là dans l'océan Atlantique, au large des îles Canaries. « La tragédie de la mort est en ceci qu'elle transforme la vie en destin », *écrivait Malraux.*

Maxwell répétait souvent : « Plus un homme meurt avec des secrets, plus il a réussi sa vie. » Eh bien, sur ce plan au moins, je crois qu'il a réussi sa vie, à défaut d'avoir réussi sa mort, tant aujourd'hui encore son existence recèle de mystères, tant sa mort a été longtemps controversée.

La première fois que j'ai rencontré Robert Maxwell, il était coiffé d'une casquette de base-ball. Sa voix basse et rauque dissimulait un tempérament colérique et provocateur. Captain Bob mesurait 1,90 m, l'allure était massive, les sourcils épais, le menton droit. Une vraie force de la nature. Son habileté dialectique et son sens de la réplique m'avaient laissé pantois.

En 1991, Maxwell, même si l'opinion publique l'ignore, est au plus mal. Il cède ses parts de TF1, cherche à liquider ses imprimeries. Mais le vrai signal d'alarme, c'est la publication quelques semaines avant sa mort d'un ouvrage intitulé *Option Samson*. Son auteur, le journaliste américain Seymour Hersch, soutient que Maxwell est compromis dans l'affaire de l'Irangate, ces livraisons secrètes d'armes aux Iraniens qui ont permis aux Américains de financer clandestinement les Contras nicaraguayens... Captain Bob attaque en justice, mais le journaliste riposte et déclare publiquement qu'il connaît beaucoup plus de choses qu'il n'en a écrit.

À la fin du mois d'octobre de l'année 1991, Maxwell, se sentant sérieusement menacé, s'envole seul pour Madère à bord de son jet privé, et embarque très rapidement sur sa forteresse : un splendide yacht de quinze cabines, pourvu d'un système de caméras vidéo qui fonctionne vingt-quatre heures sur vingt-quatre, bourré d'équipements électroniques... Un véritable palace flottant. Une fois en sécurité, il donne ordre au capitaine Gus Rankin de faire route vers les îles espagnoles voisines des Canaries. Maxwell se repose, travaille et réfléchit aux solutions qui lui permettront peut-être d'en finir avec ses problèmes.

Trois jours plus tard, le *Lady Ghislaine* jette l'ancre au large de Santa Cruz de Tenerife. Il est l'heure de dîner et Maxwell souhaite manger une langouste. Le cuisinier de bord détache un canot du yacht et accoste dans le petit port. Malheureusement, aucun pêcheur n'a de langouste à vendre ce jour-là, le cuisinier revient bredouille. Captain Bob décide alors de dîner à terre. Il fait appeler un taxi qui le mène à l'hôtel Moncey. Sur le trajet, il fait stopper la voiture à deux reprises.

Il revient à bord deux heures plus tard de très bonne humeur.

Ensuite, il part travailler dans son bureau plusieurs heures. Maxwell travaille tard. Il se couche aussi très tard. Il passe quelques coups de téléphone puis se balade sur le pont supérieur. Nu. Une habitude étonnante, mais qui correspond à son image. L'image d'un être marginal, excentrique, peu pudique... Plus personne ne s'étonne. Et surtout pas les matelots faisant partie de l'équipage. Vers 2 heures du matin, Maxwell téléphone à la passerelle et demande qu'on baisse la climatisation. Il est donc toujours à bord, et si l'on en croit l'homme de quart, il se trouve encore sur le pont à 4 h 30 du matin. Une affirmation difficilement vérifiable.

En effet, curieusement, cette nuit-là, le système de caméras de surveillance ne fonctionne pas. Un incident bizarre... parce que c'est justement au cours de cette nuit du 4 au 5 novembre 1991 que Robert Maxwell passe par-dessus bord.

Le corps de Robert Maxwell est repêché le 5 novembre 1991 vers 17 h 15, à 20 miles du *Lady Ghislaine*. Les premières déclarations ont beau être explicites, il semble difficile de croire à une mort accidentelle et encore moins à une mort naturelle. Quant au suicide, il est improbable. Non seulement Maxwell semblait en pleine forme cette nuit-là, mais le suicide était à ses yeux un signe de lâcheté et, de surcroît, un acte qui allait à l'encontre de sa religion.

La première autopsie, effectuée par le médecin légiste espagnol, Carlos Lopez Lamela, conclut à un malaise cardiaque. Pourquoi ? Parce qu'il affirme avoir décelé dans les viscères des traces de Xamoterol, un médicament utilisé par les cardiaques. Pourtant, aucun praticien n'a délivré ce médicament à Maxwell, qui était d'ailleurs, d'après son médecin personnel, en très bonne santé avant son départ. D'autre part, s'il était mort d'un accident cardiaque, on l'aurait retrouvé sur le pont, pas dans l'eau. Autre question : comment détermine-t-on une mort par noyade ? En examinant, en particulier, les poumons. Or ils n'ont pas été analysés par le médecin légiste.

Alors l'accident ? Maxwell est accoudé au bastingage. Il a un malaise. Il bascule dans le vide, tombe dans la mer. Une mort banale. Non, allons ! Les hommes de mystère ont tous des morts mystérieuses...

Une deuxième autopsie est faite en Israël, plus sérieuse cette fois, mais il manque une analyse essentielle, celle des viscères qui, étrangement, sont restés en Espagne. Néanmoins, cette autopsie révèle une série d'hématomes qui n'ont rien à voir avec, comme le prétend le médecin espagnol, l'hélitreuillage du cadavre. Des blessures au front, une fracture du nez, une déchirure de la lèvre supérieure et des chocs sur l'épaule gauche sont mis en évidence. Une vidéo de cette autopsie est réalisée dans la nuit du 9 au 10 novembre 1991 à l'Institut médico-légal de Tel-Aviv. Les commentaires des médecins israéliens sont précis : le corps est couvert d'hématomes. De plus, la dépouille de Captain Bob ne présente aucune brûlure de soleil alors qu'il est resté à la surface de l'eau pendant plusieurs heures...

Une troisième autopsie, plus secrète, est demandée par la famille de Maxwell. Celle-ci confirme les hématomes et les fractures. Les circonstances de sa mort deviennent un peu plus claires... La thèse de l'assassinat se profile. Mais cela gêne beaucoup de monde. Les commanditaires de l'assassinat, bien sûr, mais aussi les assureurs, car en cas d'assassinat ou d'accident, ils sont contraints de verser plus de 200 millions de francs à la famille. La thèse officielle reste donc la thèse de l'accident cardiaque. Et pourtant !

Qui se trouvait sur le yacht ? Maxwell était seul avec treize membres d'équipage, des nouveaux, pour la plupart. Même le capitaine venait d'être engagé. Un type plutôt grand, légèrement bedonnant, sans trop d'élégance, comme le reste de l'équipage, c'est Mme Maxwell qui l'a souligné lorsqu'elle est montée à bord après la mort de son époux. Il était donc facile d'intégrer des tueurs professionnels sur le yacht parmi les matelots et autres membres de l'équipage.

Autre chose, cette nuit-là, la mer est calme et l'air doux, mais il y a beaucoup de va-et-vient autour du *Lady Ghislaine.* Des bateaux de pêcheurs s'approchent du yacht, repartent. D'autres jettent l'ancre. Pourquoi ne pas imaginer que des plongeurs aient pu accoster le yacht à la faveur de la nuit ? Encore un fait curieux : à peu près à l'heure présumée de la mort de Captain Bob, le yacht change curieusement son cap pour faire demi-tour vers le sud-ouest au sud de Tenerife ! Enfin, pourquoi personne ne s'est-il étonné de ne pas voir Captain Bob ce matin-là ? Et pour quelle raison le capitaine du yacht ne prévient-il la capitainerie que plusieurs heures après avoir constaté la disparition du magnat ?

Robert Maxwell est inhumé en Israël. Recouvert du tallit traditionnel, le châle de prière hébraïque, le lourd cercueil en zinc est transporté au cimetière du Mont des Oliviers. Des obsèques quasi nationales ont lieu. Une foule gigantesque vient écouter l'éloge funèbre prononcé par le président d'Israël, Chaïm Herzog, qui, de façon solennelle, remercie Maxwell pour les services rendus à Israël.

Des services rendus ? Quels services exactement ? Depuis longtemps, nous savions que l'existence de Maxwell dissimulait beaucoup de zones d'ombre. Mais cette petite phrase du président israélien donnait incontestablement à penser.

Durant ce mois de novembre 1991, nos services s'activent. La thèse de l'assassinat se confirme. On repense aux révélations de Seymour Hersch. Maxwell et l'Irangate ? Maxwell et le Mossad ? « Moins de 10 % de ce qu'il faisait est connu », témoigne à nouveau le journaliste. Et bien que dans les services nous connaissions bien plus que ces 10 %, nous n'allons pas moins aller de surprise en surprise en nous penchant sur le personnage Maxwell.

Pour nous, Robert Maxwell était depuis longtemps identifié comme un « espion », mais pas n'importe quel espion : un espion multicartes. Captain Bob, qui entretenait des relations avec tous les grands de ce monde, a travaillé à la fois pour les services secrets britanniques (MI6/MI5), soviétiques, américains et israéliens... Un parcours étrange et bien sinueux. En voici le détail, autant que je peux le connaître.

Son appartenance aux services britanniques date des années 40. Maxwell, sous le nom de Leslie du Maurier, est devenu lieutenant. Après la chute du IIIe Reich, il est affecté à la sécurité militaire et au renseignement. Là, il tisse des liens étroits avec les services secrets. Il suit différentes formations. Il sait que cela peut l'aider à construire son empire. Mais il n'oublie pas ses amis soviétiques du KGB, avec qui il est lié depuis les années 40.

À cette époque, Maxwell signe un document l'engageant à assister « l'agence » en cas de besoin. Dans quelles circonstances signe-t-il ce document ? Peu importe. Il n'empêche que ses affaires ne cessent de croître en Union soviétique, et Maxwell entretiendra des relations plus que privilégiées avec Gorbatchev. Il publie aussi des biographies, parfois très élogieuses, sur les dictateurs de l'Est. C'est le cas de Ceaucescu en Roumanie, Honecker en Allemagne, Jivkov en Bulgarie. Il est le seul de ce monde à pouvoir à la fois entretenir d'excellentes relations avec James Baker, le secrétaire d'État américain aux Affaires étrangères, et cultiver de l'autre côté l'amitié de Valentin Pavlov, Premier ministre russe de l'époque.

Alors Maxwell, agent du KGB ? Non, ce serait trop simple. D'autant que le magnat ne passe pas inaperçu et qu'il est l'un des hommes les plus surveillés de ce monde. Non, je crois plutôt qu'il joue un rôle d'intermédiaire non officiel entre Londres et Moscou. Il ne fait que des œillades aux pays de l'Est. En réalité, dès les années 80, il favorise Israël…

À cette époque, il se rend très régulièrement en Israël. Il semble vouloir renouer avec ses racines juives. Il se rapproche d'ailleurs du Premier ministre israélien Yitzhak Shamir. Une amitié naissante qui étonne. Pourquoi Maxwell, homme de gauche, se lie-t-il avec Yitzhak Shamir, l'expression de la droite dure ? Eh bien, Maxwell ne se souvient pas seulement du petit Jan Hoch, il veut simplement se mettre au service d'Israël, quelle que soit la politique menée. Il s'associe alors, d'une manière sans équivalent, à la lutte pour la sécurité et l'économie d'Israël. Sa solidarité va-t-elle jusqu'à collaborer avec le Mossad, les services secrets israéliens ? Je le pense. À cause de l'affaire Vanunu. Une affaire où le Mossad est impliqué et où Maxwell tient un rôle de premier ordre.

1986, Israël mène une politique d'armement nucléaire très intense. Tout se passe au centre atomique ultrasecret de Dimona, dans le désert du Neguev. Mordechaï Vanunu, l'un des experts nucléaires israéliens les plus réputés, y est employé. Écœuré par la politique d'armement nucléaire de son pays, et par la politique d'Israël au Liban et dans les territoires occupés, il décide de se réfugier en Angleterre. Là, il propose de révéler les secrets du nucléaire israélien au *Sunday Mirror,* qui appartient au groupe Maxwell. Les informations parviennent au grand patron qu'est Robert Maxwell. Captain Bob avertit alors Nicholas Davies, le rédacteur en chef du *Daily Mirror.* Celui-ci, bien connu de nos services, entretient des relations très régulières avec le Mossad. Après leur entretien, Maxwell décide, contre l'avis de la rédaction, de ne pas publier les révélations de Vanunu.

Ce dernier entre en contact avec un journaliste britannique du *Sunday Times,* un journal n'appartenant pas au groupe Maxwell. Vanunu lui dit qu'il est prêt à tout lui dire sur la bombe israélienne, et à lui apporter la preuve qu'Israël fabrique du plutonium et des bombes nucléaires. Maxwell apprend cette rencontre par une indiscrétion. Et il intervient pour la deuxième fois. Il a en effet gardé les photos remises par le savant israélien. Des photos de Dimona. Il les fait envoyer à l'ambassade d'Israël, au risque de mettre Vanunu en danger. Le Mossad, apprenant la trahison du physicien, cherche à le localiser. Les Israéliens veulent le ramener en Israël et le juger.

Vanunu est attiré par une belle espionne du Mossad à Rome. Maxwell met à la disposition des Israéliens tous les moyens personnels dont il dispose : hélicoptère, jet privé. Vanunu est filé en permanence. Lorsqu'il se trouve dans sa chambre d'hôtel avec la femme, les agents du Mossad le kidnappent. Une affaire opérée dans la plus grande discrétion.

Vanunu, ramené en Israël, est condamné à dix-huit ans de prison pour avoir dévoilé les secrets du programme d'armement nucléaire israélien. Et avant même que l'article du *Sunday Times* soit publié.

En réalité, nous l'avons découvert ensuite, la vraie collaboration de Maxwell avec le Mossad a commencé par sa rencontre avec un certain Ari Ben Menasche.

Spécialiste en informatique, Ari Ben Menasche a été recruté en 1974 par les services secrets militaires israéliens pour l'écoute des signaux électroniques. Il est né à Téhéran et parle très bien le persan. C'est important, parce qu'il est certain que Ben Menasche a joué un rôle important dans deux affaires touchant l'Iran. C'est lui qui a servi d'intermédiaire dans la négociation des otages de l'ambassade américaine de Téhéran. Proche du Parti républicain de Reagan, il a aussi participé aux livraisons secrètes d'armes américaines aux Iraniens pendant la guerre irako-iranienne. Il était donc au cœur de l'Irangate. Mais il y a une troisième affaire encore plus considérable, peut-être la plus grande affaire d'espionnage de notre siècle. Maxwell va y être directement impliqué. Et il paiera le prix maximum.

À la fin des années 1980, le ministère américain de la Justice lance un appel d'offres pour fabriquer un logiciel permettant de connecter tous les systèmes informatiques des tribunaux entre eux afin de lutter contre la criminalité. Un ancien agent de la NSA (Agence nationale de sécurité) répond à cet appel d'offres et crée un logiciel informatique surnommé « Promis ». Un logiciel permettant de relier toutes sortes de fichiers entre eux : les fichiers des consommateurs d'électricité, des consommateurs d'eau, des abonnés au téléphone. « Promis » peut donc être aussi un outil d'investigation considérable. Les services secrets américains s'y intéressent aussitôt. Et une idée commence à germer dans quelques cerveaux tortueux : ce logiciel est appelé à avoir un grand succès. Beaucoup de services de police, d'agences de renseignement vont vouloir l'acquérir. Alors pourquoi, avant de le vendre, ne pas le piéger ? C'est ainsi que l'as de l'informatique, Ari Ben Menasche, avec le concours des services de renseignement américains et de la NSA, piège le logiciel à l'aide d'une puce invisible et indétectable. « Promis » est désormais ultra-performant. Une fois connecté, il permet de lire toutes les mémoires des ordinateurs où il sera installé. Où que ce soit dans le monde !

Les États-Unis ont ainsi vendu le logiciel piégé à la Jordanie afin que les Israéliens puissent se connecter aux fichiers palestiniens. Et ce, en pleine guerre de la première Intifada. En échange, Israël a vendu le logiciel piégé au Guatemala et les Américains ont pu s'emparer de fichiers de guérilleros. Une stratégie efficace pour une source d'information maximale !

Et Maxwell ? Eh bien, pour vendre un tel produit, il faut des vendeurs. Or les Israéliens savent que Maxwell entretient d'excellentes relations avec les pays de l'Est et leurs dirigeants. C'est donc lui qui sera chargé de commercialiser le logiciel piégé, en liaison avec le Mossad. Captain Bob accepte. Il vend « Promis » dans différents pays, et notamment en URSS, pour une somme de douze millions de dollars. Ses amis soviétiques lui font confiance. L'opération fonctionne. Israéliens et Américains sont désormais directement « branchés » sur les mémoires informatiques des Soviétiques. Mais est-ce que Maxwell savait qu'il vendait un logiciel piégé ? Je ne le crois pas. Je pense même que ce sont ses amis soviétiques qui l'ont averti. Quand ils ont découvert le piège.

Maxwell est désormais détenteur d'un secret considérable puisqu'il sait que les Américains et les Israéliens, grâce à ce logiciel miracle, peuvent pénétrer un peu partout dans les mémoires informatiques des services de renseignement hostiles ou alliés qui ont acquis « Promis ». Un secret mortel !

Arrive 1991 et la publication du livre de Seymour Hersch, *Option Samson*. L'auteur y révèle une partie des liens de Maxwell avec le Mossad et son implication dans l'Irangate. Manifestement, il est très bien informé. Et il laisse entendre qu'il en sait encore plus !

Captain Bob panique. Il entre en contact avec Ari Ben Menasche qui se trouve alors en Australie. Ce dernier, qui craint pour sa vie, lui rétorque qu'il n'a qu'à organiser une conférence de presse et tout avouer. Une idée folle !

Mais ce que ne sait pas Maxwell, c'est que Ari Ben Menasche est l'informateur de Seymour Hersch. L'agent du Mossad joue un double jeu et n'a aucune intention de l'aider. Pourquoi ? Parce qu'il se sait inscrit sur une liste rouge. Il en sait trop. C'est pourquoi il se cache. Cependant Maxwell aussi figure sur cette même liste. Pour les mêmes raisons. Maxwell est donc directement menacé !

Seul dans cette bataille, Maxwell prétexte une grippe et décide de se réfugier quelque temps sur son magnifique yacht. Il fuit les questions et les accusations. Il est déjà traduit en justice pour avoir détourné l'argent des cotisations de retraites de ses vingt-sept mille salariés, soit quarante-sept millions de livres. Il est endetté de plus de vingt milliards de francs et il est de plus en plus surveillé par tous les services secrets.

Seulement, il a une ultime carte en main : si on ne lui prête pas main-forte, si on ne le protège pas, il peut parler et révéler une partie des secrets qu'il détient. Révéler le secret de « Promis » par exemple.

Sur le *Lady Ghislaine,* seul au milieu de son équipage, il met au point ce qu'il faut bien appeler un chantage. Mais c'est déjà trop tard !

Maxwell est condamné. Il faut le faire taire à jamais et lui organiser une mort à l'image de son personnage, une mort qui lui ressemble, mystérieuse !

Un journaliste français, de Paris-Match, *Jacques-Marie Bourget, enquêtant sur la mort du Captain Bob, s'est rendu à Tenerife. Et là, le hasard l'a conduit* à *surprendre une conversation téléphonique donnée depuis une cabine publique. L'homme, un Américain de grande taille, a dit en substance : « Tout va bien, ça s'est passé comme prévu ; les Espagnols n'y comprennent rien ! » Intéressant lorsqu'on sait que cet homme appartenait à l'équipage du* Lady Ghislaine. *Et que le numéro qu'il appelait était un numéro réservé, c'est-à-dire appartenant à un service officiel, dans l'État d'Arkansas.*

Récemment, deux autres journalistes, Fabrizio Calvi et Thierry Pfister, ont écrit un ouvrage intitulé L'Œil de Washington, *issu d'une enquête très minutieuse sur la propagation du logiciel piégé par les Américains et les Israéliens, et ils rejoignent* à *peu près la thèse de Monsieur X quant à l'implication de Robert Maxwell dans cette affaire. Ils donnent aussi un détail qui prouve la réalité de cette extraordinaire opération d'espionnage informatique : en 1989, les ordinateurs du GRU, le service de renseignement de l'armée soviétique, se sont arrêtés brusquement pendant une semaine. Les Russes venaient de comprendre qu'ils étaient espionnés au cœur même de leur système le plus secret. Pendant une semaine, ils ont donc nettoyé la mémoire de leurs ordinateurs.*

Maxwell emporte avec lui ses secrets, et laisse derrière lui l'image d'un homme mystérieux et redoutable : « Un lourd sanglier, avec des sourcils poussés en buisson, une allure massive de bûcheron… une voix basse et séduisante, mais dont on devinait qu'elle pouvait rouler en tonnerre et briser net le propos de celui qui risquait la contradiction ! » *Tel était Maxwell d'après Jean Cau.*

Bibliographie complémentaire

P. Alexandre, *Le Duel de Gaulle-Pompidou,* Grasset, 1970.

C. Andrew et O. Gordievsky, *Le KGB dans le monde,* Fayard, 1990.

J. Bacelon, *L'Affaire de Broglie,* Picollec, 1981.

J. Bacelon, *Dans les dossiers de la Gestapo,* Jacques Grancher, 1988.

J. Barron, *KGB, The Secret Work of Soviet Secret Agents,* Readers Digest.

M. Bar-Zohar et E. Haber, *Le Prince Rouge,* Fayard, 1983.

F. Calvi et T. Pfister, *L'Œil de Washington,* Albin Michel, 1997.

A. Cave Brown, *Guerre secrète,* Pygmalion, rééd. 2000.

M. Chalet et T. Wolton, *Les Visiteurs de l'ombre,* Grasset, 1990.

Château-Jobert, *Feux et lumière sur ma trace,* Presses de la Cité, 1978.

E. H. Cookridge, *Mettez l'Europe à feu,* Fayard, 1968.

Y. Courrière, *La Guerre d'Algérie,* Fayard, 1970.

J. Delarue, *Trafics et crimes sous l'Occupation,* Fayard, 1968.

P. Eddy, E. Davenport, P. Gillman, *Un Pavillon sans complaisance,* Fayard, 1978.

S. Eytan, *L'Œil de Tel-Aviv,* Édition spéciale, 1970.

R. Faligot et P. Krop, *La Piscine,* Seuil, 1985.

Général Gamelin, *Servir,* 1946.

S. et C. Giancana, *Notre homme à la Maison Blanche,* Robert Laffont, 1992.

A. GIRESSE et P. BERNERT, *Seule la vérité blesse,* Plon, 1988.
J. HARSTRICH et F. CALVI, *RG, 20 ans de police politique,* Calmann-Lévy, 1991.
Colonel JACQUIN, *La Guerre secrète en Algérie,* Olivier Orban, 1977.
R. KAUFFER, *OAS,* Fayard, 1986.
S. KOSTINE, *Bonjour Farewell,* Robert Laffont, rééd. 1999.
P. KROP, *Les Secrets de l'espionnage français,* Lattès, 1993.
F. KUPFERMAN, *Laval,* Balland, 1987.
J. de LAUNAY, *Les Morts mystérieuses,* GV Service, 1970.
M. LEROY-FINVILLE, *SDECE, service 7,* Presses de la Cité, 1981.
D. LORENTZ, *La Guerre,* Éditions des Arènes, 1997.
W. MANCHESTER, *Mort d'un président,* Robert Laffont, 1967.
H. NAVARRE, *Le Service de renseignement,* Plon, 1978.
C. NICK et P. PÉAN, *TF1, un pouvoir,* Fayard, 1997.
H. NOGUÈRES et M. DEGLIAME, *Histoire de la Résistance,* Robert Laffont, 1967.
P. PÉAN, *L'Homme de l'ombre,* Fayard, 1990.
G. PERRAULT, *Le Secret du Jour J,* Fayard, 1964.
G. POMPIDOU, *Pour rétablir la vérité,* rééd. 1992.
D. PORCH, *Histoire des services secrets français,* Albin Michel, 1997.
P. ROBRIEUX, *Histoire intérieure du Parti communiste,* Fayard, 1980.
L. SCIASCIA, *L'Affaire Moro,* Plon, 1988.
H. SERGG, *Joinovici,* Le Carrousel, 1986.
P. SIMMONOT, *Les Secrets de l'Armistice,* Balland, 1990.
D. VENNER, *13 meurtres exemplaires,* Plon.
T. WOLTON, *La France sous influence,* Grasset, 1997.
T. WOLTON, *Le KGB en France,* Grasset, 1986.
R. WYBOT, *Batailles pour la DST,* Presses de la Cité.
H. ZOLLING et H. HÖHNE, *Le Réseau Gehlen,* Calmann-Lévy.

Revues : *Histoire, Historia.*

Journaux : *Le Monde, Le Figaro-Magazine, Libération, Valeurs actuelles, Le Soir de Bruxelles. Le Point, L'Événement du Jeudi, Le Monde diplomatique, Paris-Match, France-Soir, Daily Mail, La Croix, Les Dernières Nouvelles d'Alsace, Der Spiegel, Journal du Dimanche.*

Documents : *Commission d'enquête de l'Assemblée nationale sur les événements de 39-45.*

Table

Cet ouvrage a été composé
par Atlant' Communication
aux Sables-d'Olonnes (Vendée)

Impression réalisée sur CAMERON par

BRODARD & TAUPIN

GROUPE CPI

La Flèche (Sarthe)
en août 2005
pour le compte des Éditions de l'Archipel
département éditorial
de la S.A.R.L. Écriture-Communication

Imprimé en France
N° d'édition : 775 – N° d'impression : 31261
Dépôt légal : août 2005